CHRONIQUES BARBARES

LE MASSACRE DES INNOCENTS

MALLOCK

bz &cie

Prologue

Mercredi 31 juillet, dix minutes avant midi

Tout aurait été parfait pour Noémie, si seulement elle n'avait pas eu envie de faire pipi.

Depuis 10 h, une file d'attente interminable serpentait entre les quatre jambes de la tour Eiffel. Au-dessus, le ciel était bleu, résolu et sans nuage. En dessous, anonyme parmi les touristes en short, il y avait une petite Noémie, jolie rouquine de sept ans en robe jaune à pois blancs. Elle se trémoussait d'un pied sur l'autre en se gardant bien de se plaindre. C'était elle, et personne d'autre, qui avait insisté pour s'arrêter à Paris et monter sur la girafe en fer, avant « d'attraper l'autoroute du Sud », comme disait Papa.

Deux jours avant de partir pour Ramatuelle, cédant aux assauts répétés de son petit ange, le papa en question avait fini par se résigner. Elle s'était précipitée dans ses bras pour l'embrasser :

– Tu es le plus grand gentil papa de tout l'univers du monde.

En riant, « super Papa » avait précisé :

– C'est d'accord, mais on partira tôt le matin. En attaquant l'autoroute vers midi, ça devrait nous permettre d'arriver à temps pour le dîner.

Les rapports que son père entretenait avec la grande route qui menait au sable et au soleil fascinaient Noémie. Car, non seulement, il les attrapait les autoroutes, son papa, mais il les attaquait aussi. Après, il les prenait, leur remontait les bretelles et les abandonnait.

– Noémie, n'oublie pas que Papi et Mamie nous attendent. Et qu'il faut compter avec le temps de…

– Je préparerai des sandwichs, l'avait interrompu Maman. Comme ça, on n'aura pas à s'arrêter pour déjeuner.

Papa avait alors bougonné :

– C'est vraiment pour vous faire plaisir.

Car lui, il aimait bien déjeuner devant une table avec des couverts, des plats chauds, et tout ça. Mais Noémie faisait partie de ces adorables petites crevettes à qui un papa digne de ce nom, malgré sa volonté farouche et ses poils partout, était incapable de dire non.

Pour aggraver son cas, la roussette, comme l'appelait son grand frère, avait décliné le matin même l'invitation de sa maman à « prendre ses précautions ».

C'était pour toutes ces raisons que, maintenant, Noémie se contentait de se dandiner le plus discrètement possible, d'un pied sur l'autre, en se gardant bien de ramener, une fois encore, sa jolie petite fraise.

Même ville, même heure. Dans un appartement étriqué, aux odeurs de médicaments, un policier nettoie ses armes en retenant une nouvelle envie de vomir.

Pour se préparer à sa mission, Stéphane Dessacre commença par démonter son revolver Manurhin Spécial Police F1, ainsi que le pistolet-mitrailleur Beretta Mle 12.S, arme collective empruntée hier à l'armurerie de son commissariat.

Pour des raisons d'économie, comme la plupart de ses collègues, il n'utilisait pas de 357 et se contentait des cartouches à bourrelet 38 spécial, données en dotation avec le revolver. Il en ouvrit une boîte neuve, ainsi que deux de calibre 9 mm, afin de garnir les trois chargeurs droits qu'il avait pris avec le PM. Chaque chargeur pouvait contenir trente-deux cartouches à piles imbriquées, mais le manuel recommandait de n'en placer que vingt afin de ne pas fatiguer le ressort. Il décida qu'il s'en foutait et enfonça trente cartouches entre les lèvres de distribution de chacun des chargeurs.

Malgré sa fièvre et l'intensité de la chaleur, son corps était étrangement sec. Entre ses cuisses, l'érection qui avait commencé depuis quelques heures était devenue douloureuse. Dans l'obscurité de la pièce, seuls ses yeux et ses mains, pleines d'huile, brillaient. Autour de la tige de nettoyage, il enroula un chiffon de flanelle et le fit soigneusement coulisser dans le canon, ainsi que dans chacune des chambres du barillet.

Il venait de passer quatre jours en vacances. Cent plombes de suite à se la couler douce. C'était, en fait, le maximum autorisé pour une jonction, lorsqu'on demandait à quitter son SGAP[1] entre le 1er juin et le 30 septembre. En fait, pour partir voir sa mère au fond du bassin d'Arcachon, entre Arès et Andernos, le policier avait cumulé son jour ministre, plus trois journées d'HF. Alors aujourd'hui, plus question de poser un ticket et de se faire porter pâle, il devait impérativement reprendre son service, quel que soit son état.

Nausée, haut-le-cœur, spasme. Dessacre cracha, en râlant, dans une bassine posée à ses pieds. Puis il regarda son œuvre. Après avoir rendu tripes et boyaux, la bile qui sortait maintenant de sa bouche était mélangée de sang. Pistil de safran, son sang était presque fluorescent, comme les curieuses idées morbides qui lui zébraient le crâne.

– Bordel, murmura-t-il, pense à autre chose, concentre-toi sur tes armes, crétin !

1. Secrétariat général pour l'administration de la police.

Le Spécial Police qu'il nettoyait, était une arme bronzée, non phosphatée, à porter dans un étui dégagé afin de lui éviter toute oxydation. Mais Dessacre était un méticuleux. Il passa soigneusement le chiffon sur le guidon penté de l'arme puis fit sortir l'éjecteur pour le nettoyer avec un pinceau en soie de porc.

C'est en replaçant la tige de cette pièce, à cet instant précis, qu'il donna enfin un nom à cet incroyable désir qui lui avait donné la force de sortir du lit. Ni le devoir ni la peur de sa hiérarchie, mais quelque chose de beaucoup plus impératif, plus pure : l'envie de tuer !

Coïncidence divine, Dessacre avait été choisi pour une mission ponctuelle dans le cadre du plan Vigipirate : surveillance renforcée des monuments publics. C'était un signe du Ciel. Et qui était-il pour se permettre de désobéir à Dieu ?

Il se leva brusquement, ajusta sa tenue devant la glace et abandonna son appartement. Dehors quelques vieux se promenaient, tenant leur tristesse en laisse. Dessacre se dirigea vers le métro.

Sept stations plus tard, il descendit à Bir-Hakeim, sortie Champ de Mars–Tour Eiffel. Il ne lui restait qu'à remonter la Seine par le quai Branly : trois cents mètres sous une chaleur de plomb.

Lorsqu'il arriva sur les lieux, entre les jambes écartelées de la fameuse femelle parisienne, son cerveau ne lui appartenait plus. Sa peau était glacée et son sexe, toujours en érection, lui faisait terriblement mal. Dans le bas de son ventre, un désir avait pris place… dévorant.

Vision ou délire, il avait envie de vomir du plomb, hurler des araignées et éjaculer de l'acide pur sur des visages d'enfant.

Pilier sud. C'était enfin au tour de Noémie de monter sur la grande dame de fer. Son frère s'était arrangé pour quitter la file et lui rapporter une barre de chocolat. Noémie leva la tête vers sa mère à l'instant précis où elle-même se baissait pour la regarder. Elles se sourirent :

– Alors, tu es contente ?

Oh ! oui ! Noémie était contente. Peut-être même plus que ça, heureuse. Heureuse d'avoir de si merveilleux parents. Comment les autres faisaient-ils pour vivre sans avoir la chance d'avoir ses parents à elle ? Heureuse aussi d'avoir un grand frère aussi gentil. Folle de joie, à la perspective de toutes ses journées de vacances au soleil, pieds dans l'eau. Et puis, à Ramatuelle, elle allait retrouver Mamie et Papi, ses grands-parents gâteaux qu'elle adorait. Oh ! oui, ça, elle était contente !

– Méga-contente, dit-elle simplement, en oubliant momentanément son envie d'aller au petit coin.

Alors qu'elle pénétrait dans l'ascenseur vermillon qui menait directement au troisième étage, un policier la bouscula. Il était grand et sentait mauvais. En se refermant, la porte les repoussa l'un vers l'autre, grosse toile bleu marine contre lin jaune délicat à pois blancs. Noémie essaya de se reculer un peu. À la hauteur de ses yeux, il y avait la crosse en bois de la mitraillette du monsieur de la police et son ceinturon en cuir craquelé. Noémie pensa que c'était du carton. Quant à l'arme, elle lui fit peur. Elle semblait gigantesque, terriblement métallique et si différente des fusils en plastique qui traînaient dans la chambre de son grand frère. L'odeur du policier aussi était bizarre. Écœurante.

Elle fut la première à sortir de l'ascenseur en arrivant au troisième étage.

Culminant à trois cents mètres, le plus haut niveau de la tour était entièrement grillagé pour décourager les candidats au suicide. Dans cette cage, il y avait des enfants – petits danseurs faisant les pointes pour mieux voir –, des hommes greffés d'appareils photo et des femmes souriantes, qui regardaient au loin, jouant à se reconnaître dans ce

Paris miniature, soudain exhaustivement exposé à leurs regards.

Noémie, poussée par une prémonition, se retourna vers la sortie de l'ascenseur. Le policier était resté là, comme en faction, mais il était en train de manipuler son arme. Pareil que dans les films…

En fait, l'ordre partit des organes génitaux du brigadier Dessacre. Relayée ensuite par son cerveau malade, l'impulsion traversa son visage avant de se diriger vers sa main droite, en parcourant tout son bras à la vitesse de la lumière jusqu'à l'index. Puis le temps sembla ralentir brusquement, s'étendre comme une guimauve sur son crochet, transformant les secondes en minutes.

À l'explosion de la première cartouche, la culasse recula lentement. La douille de cuivre venait d'être déterrée de la chambre par la griffe de l'extracteur. Buttant contre l'éjecteur, l'étui métallique s'était alors envolé en tournoyant vers la droite, tandis que le ressort récupérateur déclenchait l'avance de la culasse, dégageant ainsi une nouvelle cartouche des lèvres du chargeur. À son tour, tiède et luisante, la nouvelle balle de 9 mm pénétra dans la chambre, pour y être percutée. Les dix-huit autres suivirent ainsi, dans une régularité et une discipline de paras sautant sur une cible. Un peu moins de deux secondes s'écoulèrent avant que le premier chargeur ne soit vide. Un terrible silence s'ensuivit, ponctué par les rebonds métalliques des dernières douilles sur le sol.

Trois personnes étaient déjà mortes, dont le père de Noémie. Le plus gentil papa de tout l'univers du monde avait reçu une balle en pleine gorge et son sang giclait encore par saccades sur le sol. Quatre autres gémissaient, blessées. Dessacre appuya tranquillement sur le poussoir du chargeur pour l'éjecter et le remplacer par un nouveau. Puis il jeta un coup d'œil circulaire, tout en ramenant le levier d'armement en arrière. Il fallait qu'il en tue le plus possible. À ses pieds, une femme touchée à la pommette droite, poussait des gémissements aigus tout en recrachant des morceaux de dents. Il lâcha une courte rafale sur elle, plus pour éteindre ce son désagréable que par pitié. Il était bien au-delà, dans un monde terrifiant et délicieux, où tout était enfin simple, d'une pureté absolue. Il recommença à tirer.

Trois minutes passèrent. Hurlements, ricochets métalliques des balles sur la structure de fer, sang, terreur et déchirement de chair. Dessacre avait vidé tous ses chargeurs. Alors, il se baissa pour les récupérer et les recharger. Il y avait maintenant une vingtaine de morts et une cinquantaine de blessés autour de lui. Personne ne tentait le moindre geste pour l'arrêter. Comme des lapins que l'on tire dans un enclos, ils ne songeaient qu'à s'éloigner le plus possible de la bouche du canon, allant même jusqu'à faire le tour complet du monument pour retomber sur leur bourreau.

Depuis les premières détonations, Noémie avait laissé l'urine s'écouler de son ventre et, debout, elle se concentrait sur son immobilité. Sa mère et son frère avaient été blessés. Elle était, à l'instar des derniers survivants, internée dans une terreur sans nom. En fait, l'univers se restreignait désormais à cette surface annulaire et grillagée à trois cents mètres du sol : l'enfer dans le ciel, un carrousel d'épouvante d'où s'écoulait une rivière de sang, léchant les poutrelles beiges de la tour.

Stéphane Dessacre mit en place un nouveau chargeur et recommença à tirer.

Première

PARTIE

1

Andernos-les-Bains, une semaine plus tard, lundi 4 août

Mélancolie chez les anges. Nuages, cris d'enfants, voiles qui claquent, soleil, soleil encore et le sel qui s'accroche. Mallock est depuis trois minutes parfaitement immobile. Il vient de sortir de la mer. Venu de l'ouest, un vent tiède caresse sa graisse de commissaire. Dix kilos qui se sont accrochés sur lui pendant l'hiver, comme la subérine du liège sur les chênes. Il écoute son cœur ralentir et sa respiration se faire plus longue, plus profonde. Sur son corps, l'océan lentement s'évapore. De sa peau, une brume s'élève, subtil mélange de pensées et de matières aquatiques. Une goutte de mer glisse, l'obligeant à bouger pour écraser l'insecte salé.

Après tant de temps, il aurait dû ressentir bonheur et béatitude à retrouver son corps, à le sentir réagir ainsi à la mer et au soleil. Mais Mallock n'éprouvait plus grand-chose. Comme d'autres paument leurs clés, lui, il avait perdu la joie.

Depuis quand ? Tous ses amis le savaient. Et ils pouvaient même en donner la date, ainsi que l'heure précise. Le lieu également, un aéroport, et le nom du meurtrier, un policier, directeur de la PJ : Dominique Dublin. Le patron du 36 avait eu la pénible tâche d'aller à la rencontre de son meilleur flic, de retour d'une mission aux États-Unis, pour lui annoncer le décès de Thomas, fils unique de Mallock, le bébé de désespérance qu'il portait depuis dans son ventre. Petit Tom, mort à cinq ans, dans des conditions tragiques, comme on dit. Comme si la mort d'un enfant pouvait être autre chose qu'une infinie tragédie.

Depuis, la joie, pour Amédée, il n'en avait plus été question. Il avait beau tenter d'en rassembler les diverses composantes, la moindre des épices, rien n'y faisait. Il ressentirait toujours cette peine immense, trop grande pour qu'un cœur d'homme puisse en faire le tour et ainsi la circonscrire. On n'éteint pas un feu de forêt avec ses seules larmes.

Le commissaire en deuil décolla une algue restée accrochée sur son avant-bras. À travers ses paupières, le soleil créait de larges taches. Plus il fermait les yeux, plus elles devenaient rouges. Lorsqu'il les relâchait, les cercles reprenaient leur aspect lumineux ; un jaune éclatant percé de blanc. Ces figures avaient l'étrange vertu de le calmer. Ne plus penser, laisser son âme partir en voyage. Arrêter de souffrir… Alors, il se concentrait sur ces disques de couleur.

À quelques mètres de lui, une petite fille aux yeux noirs le regardait du coin de l'œil. Il était drôle le monsieur. Gros et solide comme une montagne. Elle sentait qu'il devait être gentil, un peu comme l'ours en peluche qu'elle traînait partout avec elle. Sa tignasse blonde et son nez trop fort l'intriguaient. Comme ses poignets fins et ses mains énormes qui semblaient avoir été greffées d'un autre corps, celui d'un boucher ou d'un étrangleur. Et puis surtout son regard qu'elle avait croisé. Deux pupilles vertes, presque transparentes, trouant son visage comme deux lasers fiévreux.

En fait, le monsieur allongé l'attirait tout autant qu'il lui faisait peur. Un mélange enivrant pour une aussi petite fille.

Elle arrêta soudain sa contemplation pour se précipiter vers la mer. Les enfants courent toujours vers l'océan, comme vers les bras d'une maman. Plus elle vieillira, plus elle ira lentement vers les vagues.

Mallock-le-Mélancolique, Mallock-le-Roc, Dédé-le-Devin, les surnoms donnés au commissaire par ses collègues ou par les journalistes ne manquaient pas, et tous lui allaient comme un gant.

Comme tous les ans, Mallock était venu se reposer à Andernos-les-Bains, au fond du bassin d'Arcachon. Une réserve ornithologique naturelle, les ruines d'une basilique paléochrétienne, une fabuleuse légende de chèvre en or enterrée par les Anglais au XVe siècle, des parcs ostréicoles, un bonheur de marché couvert, une médiathèque, un centre de balnéothérapie, une piste cyclable étendue et une mer rendue chaude par les kilomètres carrés de plage et de vase qu'elle remontait tranquillement sans faire de vagues à l'heure que lui souffle la Lune. Et partout, des fragrances de pins et d'iode.

Malgré ces charmes, la ville était restée le parent pauvre du bassin d'Arcachon, rejetée dans l'anonymat par la notoriété snobinarde de ses voisines.

Il est vrai qu'ici, il n'y avait pas de vedettes ni de propriétés somptueuses, juste une morphologie curieusement étendue, quadrillée de multiples rues tranquilles où s'accolent des maisons rivalisant de modestie.

C'était précisément cette simplicité-là qui plaisait à Mallock. Comme les odeurs un peu fortes de la vase et cette mer dénuée de vagues.

Treize heures, la plage se vide et, sur le corps de Mallock, l'eau a évaporé ses toutes dernières gouttes. Sa peau commence sérieusement à chauffer. Soit il replonge, soit il rentre. Pendant qu'il s'interroge, pères, grands-mères et enfants passent à côté de lui. En marchant, leurs pieds dispersent le sable qui s'envole, comme les mots qu'ils disent :

« Dessacre, le fou furieux, ils le connaissent bien… Il est pratiquement du pays… Qu'un bon p'tit gars comme ça, venant d'ici, se soit livré à un tel massacre… Ça, pour sûr, personne ne l'aurait jamais pensé… Quelle horreur, je… Même les enfants qu'il aurait tué ce monstre… Un policier bien noté et si gentil avec ça… Moi, j'ai bien connu sa mère et mon fils a fait son CM1 avec lui… Comme quoi que ça n'arrive pas qu'aux autres… »

Mallock ronchonne. Il s'en serait bien passé de ces commérages qui le ramenaient de force une semaine en arrière, entre les jambes de la tour Eiffel. Ce fameux massacre, lui, il l'avait vu. Et il ne s'en était pas encore remis.

Vers quinze heures, on l'avait appelé en renfort. Pour différentes raisons administratives, il n'était et ne serait sans doute pas chargé du dossier, mais sa présence avait été requise par le préfet, et même un peu plus haut. Tout en haut, avaient murmuré les jaloux. Alors Mallock s'était exécuté.

C'était un beau bordel qui l'avait accueilli. Tout le périmètre du Champ de Mars était envahi par une jungle de câbles et de véhicules techniques : police, identité judiciaire, SAMU, postes sanitaires mobiles, pompiers, sans oublier, maintenue tant bien que mal à distance, l'armée des journalistes.

Il avait fallu parvenir jusqu'à la base des pylônes pour trouver enfin un espace sécurisé, hors d'atteinte des charognards.

Le commissaire de police de l'arrondissement l'avait accueilli. Il était blond, très jeune, choqué et tout recouvert de peur. Difficile d'assumer un tel carnage. Mallock avait ressenti de la peine pour lui. Il était passé par là. Et même si l'on ne s'y habitue jamais, les premières fois font encore plus mal.

Demain, le commissaire Gérald Moncousin se réveillera, il se lavera les dents, se coiffera, mais il ne sera plus le même, avait pensé Mallock. Pour lui, le monde aura changé. Il ne croira plus au Père Noël ni à la petite souris sous l'oreiller. Il saura toutes ces choses qu'il est douloureux de savoir, sur la cruauté, la souffrance et la barbarie. Pour de vrai. Il verra qu'on est agglutinés et éphémères, semblables et uniques, comme les écailles de couleur sur les ailes des papillons. Et pas vraiment plus grand.

Une fois dans l'ascenseur, Mallock lui avait demandé :

– Combien de survivants ?

– Une trentaine de personnes, pour l'instant et une petite fille, Noémie, mais on ne sait pas encore si elle va s'en tirer. Ses parents sont morts et elle a reçu une balle dans la moelle épinière… À se demander s'il vaut mieux qu'elle s'en sorte !

Mallock n'avait rien répondu. Il n'y a pas de réponses toutes faites à ce genre de question.

L'ascenseur s'était arrêté au second étage, et ils avaient dû terminer leur escalade à pied. Mallock n'avait pas demandé pourquoi. Le commissaire devait avoir ses raisons, l'ascenseur principal était sans doute réservé à l'évacuation des blessés. Ce devait être le seul chemin autorisé depuis le gel des lieux. Amédée avait simplement regretté la sale habitude qu'il avait de ne pas porter de chaussettes. Avec les frottements, il s'était exposé aux cloques. En fait, il ne mettait ces horribles accessoires que l'hiver et pour se coucher. Comme il dormait la fenêtre ouverte, sa chambre était tout le temps glaciale. Alors, avant de se glisser sous ses draps, il en mettait assez régulièrement. Il avait aussi une autre raison pour ce faire : l'extrême plaisir qu'il avait de les retirer, une fois qu'il avait assez chaud. Il le faisait langoureusement, en utilisant le pouce du pied opposé qu'il glissait sous la chaussette pour la repousser et libérer ainsi ses pieds, tout heureux de la fraîcheur et la liberté retrouvée.

En haut de la tour Eiffel, et bien que certains corps aient été rapidement évacués, de nombreuses victimes attendaient d'avoir été « techniquées », stabilisées sur le plan hémodynamique et cardio-respiratoire, pour rejoindre le PMA[2] installé près du pied Nord. Pompiers, infirmiers et médecins du SAMU allaient de corps en corps pour tenter de bien évaluer l'état de chacun, et optimiser ainsi leur intervention.

Mallock s'était énervé. C'était l'une de ses nombreuses techniques de protection contre l'angoisse et l'effet que les tragédies avaient sur lui. On lui avait dit qu'il devait venir en renfort. Mais en renfort de quoi ? Pourquoi ? Qu'aurait-il pu bien faire ? Il n'y avait plus rien à faire.

Plus que des yeux pour pleurer, avait-il songé.

Le SAMU était en train d'emporter la petite fille en robe jaune. Son visage était rouge de sang et ses yeux fixes regardaient encore l'horreur. Elle avait été intubée et entièrement entourée par un matelas coquille. Elle était passée, minuscule brindille, devant Mallock. Le groupe de pompiers et de médecins, qui la transportait, avait pris la direction de l'escalier. L'ascenseur devait donc être en panne, avait pensé Mallock, sans avoir eu le temps de poser la question à Moncousin. Devant eux, c'était l'enfer.

Du rouge partout. Des flaques de sang et d'urine qui se rejoignaient pour prendre la couleur du cuivre, avant de se précipiter, léchant les poutrelles, trois cents mètres plus bas. Ici et là, des débris d'os et de cervelle tentaient d'imposer, en surnageant, leur blancheur tragique.

Mallock avait entrepris son inspection. Il essayait calmement d'analyser la position des corps et des restes humains. De cette réflexion, il ne tirerait sans doute pas grand-chose, mais il fallait absolument qu'il s'occupe l'esprit. Ce n'est pas naturel de marcher sur un lac de sang humain en faisant semblant de ne pas s'en apercevoir.

Arrivé devant l'ascenseur principal, celui qui montait directement au troisième, il avait constaté qu'une bâche avait été posée pour en cacher la vue.

2. Poste médical avancé.

– Depuis tout en bas, personne n'a entendu les détonations, précisa le jeune commissaire en captant le regard interrogatif de Mallock, et ils ont renvoyé tout un nouveau contingent de touristes. Dessacre n'a pas fait le détail. Trois grenades. L'ascenseur a résisté, mais dedans ce n'est plus que de la bouillie. Je ne crois pas utile que vous subissiez ce spectacle ?

Mallock avait été d'accord.

– Ça nous emmène à combien de victimes, ceux-là compris ?

Il aurait voulu retirer le terme irrespectueux de « ceux-là », mais c'était trop tard.

– Impossible à dire, il faudra du temps pour trier les membres et essayer de retrouver des documents d'identité. Mon estimation dépasse la centaine.

Mallock avait hoché la tête à plusieurs reprises comme un petit chien articulé sur la plage arrière d'une automobile. Quoi faire, quoi dire ? Était-ce seulement utile ? Il ne serait pas en charge de l'affaire et elle était malheureusement aussi simple que tragique. D'un côté, des victimes, et de l'autre, Dessacre, le coupable ou plutôt le forcené, comme le qualifieraient sans doute les journalistes. Il avait cependant demandé :

– Pourriez-vous me montrer l'emplacement où le policier a mis fin à ses jours ?

Alors, Gérald Moncousin l'avait conduit sous une plaque de cuivre. Il y avait à cet endroit une énorme éclaboussure de matière cervicale et, au sol, des déjections corporelles et du sang. Tracés à la craie, on pouvait observer les contours du corps ainsi que celui de l'arme automatique, tombée à un mètre du côté droit. Même esquissé, Mallock avait reconnu le profil et le format du Beretta de fonction, donné en dotation. Plus loin, un type de l'Identité était en train de dessiner un rectangle, là où se trouvait un autre chargeur, avant de le retirer et le mettre dans un sac en plastique. Un peu partout sur le sol du troisième étage, des petits cercles blancs indiquaient les endroits où l'on avait relevé des douilles.

Mallock fit alors une chose qu'il s'était toujours refusée au début d'une enquête : suivre directement la partie la plus irrationnelle de ses intuitions. Sans doute parce qu'il n'avait rien d'autre à apporter à cette affaire, déjà considérée comme classée dans l'esprit de tous. Il s'était avancé vers la flaque de sang et, pliant les genoux, avait posé sa main droite bien à plat, les doigts écartés, à l'intérieur du tracé du corps. Il reconnaissait, par ce geste peu orthodoxe, l'aspect le moins cartésien de ses facultés. Pas vraiment aux yeux des autres – car seul le commissaire Moncousin en avait été témoin – mais surtout vis-à-vis de lui-même, peut-être son plus grand détracteur.

Lorsque sa paume avait trempé dans le sang et touché le sol, il n'avait rien ressenti, sinon qu'il était ridicule. Pour qui se prenait-il ?

Pour oublier ce geste, il s'était fait reconstituer le déroulement du carnage par les gars de l'Identité. Depuis la sortie de l'ascenseur jusqu'au suicide du… forcené.

Il apparaissait clairement que l'autre policier, en faction à l'étage inférieur, n'avait pas immédiatement compris ce qu'il se passait. Lorsqu'il avait entendu les déflagrations au-dessus de lui, il avait d'abord essayé de prendre l'ascenseur, mais Dessacre avait bloqué la machinerie en faisant exploser ses grenades. Le policier avait alors perdu un temps précieux à chercher l'escalier.

L'homme en bleu était encore sur place, blanc comme un linge. Il s'en voudrait toute sa vie de ne pas être intervenu plus tôt. Surtout qu'il avait eu des doutes en apercevant Dessacre montant dans l'ascenseur :

– Mais j'ai pensé que c'était la chaleur et la fièvre qui le mettaient dans cet état ! n'arrêtait-il plus de répéter.

Mallock lui avait murmuré des mots de réconfort, même si, lui aussi, il lui en voulait. Leur métier était de prévoir et ,parfois même dans le doute, agir. Ce n'était pas simple, jamais facile. Pour parler d'autre chose, il lui avait lancé :

–Vous devriez aller au PMA, vous aussi.

– Mais je n'ai pas été blessé. Et je ne sais pas si…

– Croyez-moi, vous avez été blessé. Allez vous faire prendre en charge.

Le flic avait fait demi-tour.

Au même instant, le téléphone avait sonné. C'était le lieutenant Tremolha, l'un de ses collaborateurs. Il l'avait envoyé directement fouiller l'appartement de Dessacre.

– Rien, patron. En tout cas, aucun tract d'organisation terroriste, de groupuscule ou de secte, ni même un mot laissé par la victime pour expliquer son geste. Par contre, on a trouvé pas mal de médicaments et d'alcool…

– OK, préviens l'Identité et fais mettre les scellés.

–Vous avez une idée, patron ?

– Attendre, répondit Mallock en raccrochant.

Il était fort possible que Dessacre ait confié son secret aux PTT.

Mallock était resté une demi-heure en compagnie du jeune commissaire à renifler dans les coins, interroger gardiens et témoins. Réfléchir. Puis il était redescendu.

Arrivé en bas, après quelques secondes d'hésitation, il s'était rendu dans le PMA. Une quantité de blouses blanches étaient affairées autour des blessés, qui n'avaient pas encore été évacués. Une ou deux heures plus tard, la répartition dans tous les hôpitaux de Paris serait terminée et le PMA démonté. Dans une annexe, les corps des victimes avaient été alignés et recouverts. Mallock n'avait pu se retenir d'aller les examiner un par un. Pour le commissaire divisionnaire qu'il était, rien ne devait être laissé au hasard. Qui sait, peut-être reconnaîtrait-il, parmi les victimes, une personnalité connue ou parviendrait-il à détroncher un type fiché par ses services, voir un meurtrier en cavale qui aurait déclenché chez Dessacre le besoin de tirer dans le tas ? En tout cas, c'était une piste plausible, à ne pas écarter.

Le dernier à passer à l'inspection fut Dessacre. Il avait encore sur lui son uniforme. Son corps dégageait une odeur bizarre, sucrée, écœurante. Tout son visage – nez, dentition et mâchoires – avait été emporté et sa langue, encore accrochée, pendait en une grimace obscène. Il n'avait pas insisté.

Protégé du sable brûlant par sa serviette, Mallock n'arrêtait pas de ruminer. Cette histoire Dessacre lui restait dans la tête. Avant de partir en vacances, il était passé à l'hôpital pour procéder à l'interrogatoire de quelques survivants. Il y avait rencontré la petite Noémie. Pour elle, rien n'était et ne serait jamais terminé. La mort était encore assise à son chevet. Et même si elle s'en sortait, elle resterait marquée à vie, la petite chérie.

Sur la plage, les dernières mamans rappelaient leurs enfants. On pliait les transat et les parasols : « Aide-moi au lieu d'embêter ta sœur. ». On recherchait, fébrile, la seconde méduse, noyée dans le sable chaud : « Où les as-tu enlevées ? À chaque fois, c'est pareil. » On enroulait les maillots de bain pleins de sable dans les serviettes : « Tu te doucheras à la maison. Mamie nous attend. » C'était comme des mantras familiers, des chansons populaires.

Des mots comme des cris d'oiseau.

Il ne devait pas être loin de midi et demi et la chaleur devenait difficilement supportable. Mallock se leva lourdement. Debout, il entreprit de chasser de la main les grains de sable qui s'accrochaient à sa peau. Depuis trop longtemps, il n'avait plus personne pour lui frotter le dos.

Bleue et blanche, une pinasse quittait lentement le port. Mallock la regarda glisser, tout en continuant à marcher. Ses pas s'enfonçaient profondément dans le sable brûlant. Les premiers jours, c'était difficilement soutenable ; après, on s'habituait.

Claquement de haubans, coups de maillet : amarrée au quai, une des dernières *péougues* était en cours de restauration. Au-dessus, un vol de sarcelles pointillait le ciel de suspensions noires…

Il s'arrêta pour se laver les pieds à l'un des robinets du port : en chasser les derniers grains de sable avant de remettre sa paire de sandales et enfourcher son deux-roues pour rejoindre le centre-ville.

À une heure moins le quart, c'était au Grand Café – centre géographique d'Andernos – que Mallock s'arrêtait pour boire son premier whisky. Ce jour-là ne fit pas exception à la règle. Il amarra son cheval d'acier à un poteau avant de s'asseoir dans l'un des fauteuils en plastique rouge et blanc. Il le fit avec d'autant plus de plaisir qu'il souffrait encore du dos. Cruralgie de la jambe droite pour ce premier lundi de vacances. La douleur variait chaque jour, passant d'un côté à l'autre.

– C'est une petite hernie centrale qui n'est pas opérable. Partez tranquille en vacances, mais à la rentrée, il faudra revenir me voir. Vous risquez de ne pas pouvoir échapper au lombostat.

La rhumato lui avait expliqué que c'était un corset en résine synthétique, moulé sur le corps, qu'il fallait porter pendant six semaines. Un cauchemar.

Face à la Pharmacie du Centre, le Grand Café occupait l'un des angles du carrefour. Il faisait penser à l'une de ces vieilles *cantinas* mexicaines que l'on découvre dans les films de Sam Peckinpah, au détour d'un règlement de comptes. Une vaste pièce carrelée bien sombre avec, tout autour, de larges arcades mordant sur le trottoir. Une bâtisse de caractère qui, paraît-il, allait être rasée l'année prochaine pour laisser place à une autre « putain de succursale de bordel de banque de merde », comme disait élégamment Mallock.

Il avait déjà repéré d'autres endroits, où il pourrait se replier. Notamment un petit café, au carrefour du boulevard principal et de la rue du Moulin. Et puis là, il y aurait moins de peuple.

Les gens, la foule… En fait, il ne s'était toujours pas décidé entre son amour du prochain et sa haine des autres. Au singulier, il les appréciait, parfois les aimait. Au pluriel, il les haïssait. Tous, sans exception. Même lui, lorsqu'il était dedans.

Bien que le rond-point de la pharmacie fût souvent envahi de voitures, comme les trottoirs, de bicyclettes et de piétons, Amédée aimait se retrouver là. Il finissait par regarder ce flot comme on regarde la mer ou les nuages traversant le ciel. Avec les mêmes yeux absents. Un regard apparemment indifférent, fixant des continents lointains, insulaires et chimériques. Cette foule qui traversait, ça l'apaisait, sans qu'il sache trop pourquoi. Il se disait que c'était peut-être simplement dû aux mouvements qu'ils faisaient avec leurs bras et leurs jambes, leurs têtes qu'ils tournaient à droite et à gauche, autant de signes qui rappelaient au commissaire qu'il y avait bien une vie avant la mort.

Soudain, accroché juste à côté du bar, le téléphone résonna dans la grande pièce froide. Amédée Mallock sortit de sa rêverie. À part deux voisins pochards et une copine de la patronne, venue causer, la salle était vide. La jeune propriétaire décrocha et, d'un regard machinal, fit le tour de la pièce pour recenser ses cinquante chaises vides et y trouver, assis, quelqu'un qui puisse ressembler à un commissaire.

– Vous êtes le commissaire Mallock ?

– C'est moi. Je me suis permis de donner votre numéro de téléphone afin que l'on puisse me joindre.

Mallock résistait encore à la pression du téléphone portable. Hors de question de se faire sonner par n'importe qui, n'importe où. La gérante lui tendit l'appareil en murmurant :

–Vous avez bien fait.

Comme la plupart des gens du coin, elle avait un gentil sourire, un vrai.

– Merci infiniment, lui répondit-il, en attrapant le combiné.

Il reconnut immédiatement la voix de Francis…

– C'est toi ? J'espère que c'est important.

– Ne m'engueulez pas. C'est un de vos amis qui vous cherche, le commissaire principal Gilles Guédrout. Ça vous dit quelque chose ?

– Ouais, évidemment. Ç'avait l'air urgent ?

Toujours anxieux, Mallock voulait vite savoir à quel point il devait s'inquiéter. Il détestait les messages mal pris ou les avis de passage du facteur glissés sous sa porte en son absence.

– Ça m'a semblé sérieux. En tout cas, il a rudement insisté. Si j'ai bien compris, il voudrait vous voir à Bordeaux, si possible demain. Il m'a simplement précisé qu'il y aura un rendez-vous à la morgue parmi les diverses réjouissances.

– OK. Rappelle-le, Francis, et donne-lui rendez-vous à huit heures tapantes devant la gare Saint-Jean.

– Frank, pas Francis. Frank. On était d'accord ?

Mallock essaya de laisser le silence répondre à sa place. Il n'arrivait pas à s'y faire. Francis Tremolha, d'origine auvergnate, avait demandé qu'on l'appelle désormais Frank. Il devait trouver ça plus viril ou plus mode ? Mallock avait déjà le Robert qui voulait qu'on l'appelle Bob. Il finit par lâcher un simple grognement en guise de réponse. Francis-Frank en profita pour demander, comme une compensation face à cet oubli :

– Je peux venir ? J'suis un peu *short* côté autopsies. Je pourrais prendre le train et vous retrouver ? Ici, c'est le calme plat et puis j'suis pas seul, il y a…

– D'accord, coupa Mallock qui n'avait pas envie de discuter.

Il raccrocha en regrettant déjà sa décision. Il préférait toujours être seul. Même lorsque ses amis insistaient pour le voir. Alors se coltiner Francis ! En bougonnant, il paya sa consommation, lança quand même un grand sourire à la patronne et traversa la rue en direction de la pharmacie.

Arrivé à bon port, il prit sagement la queue. Il venait chercher les anti-inflammatoires pour son dos et les antalgiques pour sa migraine. Il aperçut, derrière le comptoir, le même vieux monsieur qu'il rencontrait pratiquement chaque année au même endroit.

Comme il se tassait et se courbait de plus en plus avec le temps, il apportait avec lui ses trois cannes et le pharmacien en retirait les embouts en caoutchouc avant de passer dans l'arrière-boutique pour en scier un centimètre. Puis il remettait les embouts et rendait les cannes à leur propriétaire. Le vieux monsieur repartait en souriant.

Le temps nous fait grandir, et puis le temps nous soumet, nous coupe en rondelles. Même pas grave. Ce que Mallock aimait, c'était la gentillesse du pharmacien. Sa gentillesse, et puis le sourire de béatitude du petit vieux repartant encore pour un tour. En fait, ça le réjouissait plus que tout, ce genre de scène.

Mallock n'était rien d'autre qu'un brave bougre sentimental avec un caractère de chien, chiant et avec des états d'âme. Dur et sensible, violent et pacifique, autoritaire mais bienveillant, irascible et zen, orgueilleux et simple, Amédée était un gros ours paradoxal. Pas vraiment beau mais séduisant, il avait appris, sur le tard, à se servir de son charisme comme d'une arme de précision. Autodidacte, il mélangeait le bon sens du paysan à la culture du vieil aristocrate. Mallock était un anarchiste qui défendait l'ordre, un homme libre, emprisonné dans sa mélancolie, un libertaire libéral, un professionnel tout aussi sûr de lui que plein de doutes. C'était un flic sans pitié avec un cœur en porcelaine.

En un mot, une putain d'énigme pour les autres, comme pour lui-même.

2

Bordeaux, mardi 5 août

Le lendemain, Mallock se réveilla vers 6 h 30. Bien que le ciel fût gris, il s'était installé sur la terrasse qui donnait sur le petit bois de pins. Alors qu'il commençait son petit déjeuner en trempant une énorme tartine de beurre dans son thé, un rayon de soleil se glissa entre deux branches pour se plonger dans sa tasse. Trace de joie jaune, inespérée.

À sept heures tapantes, sa vieille Jaguar et lui partirent, le ventre et le réservoir pleins, à leur rendez-vous. Après avoir traversé en bâillant Biganos, s'être trompé de chemin à Facture, Mallock sentit son cœur se serrer. Son ventre était devenu dur et ses mains moites, son souffle court et ses doigt tremblants ; tous ces signes qu'il connaissait trop bien. Putain d'intuition ! Tandis qu'il se rapprochait de Bordeaux, et sans qu'il ne puisse rien y faire, les morts continuèrent à s'accumuler dans son esprit à la même vitesse que les insectes s'écrasant sur le pare-brise. Cadavres de batailles à venir.

Une petite heure plus tard, après un petit tour de manège sur la rocade, il se gara devant la gare Saint-Jean, à côté de la Peugeot de son vieil ami.

– Comment vas-tu, mon commandant ? lui lança Gilles, en s'extrayant de son véhicule.

– Commandant toi-même, répondit Mallock, en souriant.

Les deux amis se serrèrent la main. Ils s'appréciaient comme tous les gens qui ont traversé des épreuves sans jamais faillir l'un vis-à-vis de l'autre. Et puis, ça faisait près de deux ans qu'ils ne s'étaient pas revus.

Gilles avait les yeux rapprochés, le nez busqué et une bouche fine. En fait, il n'était pas bien beau. De plus, il devait peser la moitié du poids de Mallock. Bien plus petit et sec comme une trique, il n'était fait que de nerfs et de muscles. Champion d'aïkido et autres arts martiaux aux noms imprononçables, il était redoutable au corps à corps. La plupart des méthodes apprises par Mallock venaient de son ami Gilles.

À part cela et un goût immodéré pour l'intégrité, tout aurait pu opposer les deux commissaires. Gilles venait d'une grande famille de Bordeaux, Mallock de sa campagne. Amédée faisait fonctionner son esprit, Gilles était un homme de terrain. Lorsqu'il était sur la trace d'un voyou, c'en était fini pour lui. Il le mordait au mollet et ne le lâchait plus. Mallock recourait à ses déductions et à ses fulgurances, Gilles à toute une armée de « cousins » qu'il savait traiter et manipuler. À eux deux, c'était la fin de toute impunité. Malheureusement, Gilles avait rapidement demandé sa mutation à Bordeaux, pour retrouver son Sud-Ouest natal. Ensemble, il n'avait suivi que trois enquêtes, chacune pliée et résolue en moins d'une semaine. Chacune avec, à la clé, de beaux crânes et de beaux mecs, comme on dit dans le métier.

Ils avaient affection et respect l'un pour l'autre. Jamais Mallock n'aurait pu connaître et occuper le terrain comme Gilles le faisait. Quant à ce dernier, il avait vu, de ses yeux vu, les intuitions et les miracles dont son collègue était capable. Ultimes différences : Gilles était courtois et diplomate, Mallock devait faire des efforts pour rester poli, fréquentable ; le premier était marié avec une femme de toute beauté qui le dépassait de quinze bons centimètres et il était père de trois superbes filles, le second vivait des aventures compliquées et n'était plus père de personne.

– Si ça ne t'ennuie pas trop, lança Mallock, on va attendre un de mes gars.

– Le jeunot que j'ai eu au téléphone ? Il a pas l'air rapide du ciboulot. Le temps qu'il comprenne ce que j'essayais de lui expliquer, j'aurais eu le temps de tuer un âne à coups de figues molles

– Mouais… Je l'ai justement autorisé à quitter le Fort pour m'accompagner. C'est une occasion pour lui de faire un tour à la morgue, histoire de lui sortir le nez de son ordinateur. J'en profiterai pour lui donner un petit cours d'anatomo.

– Le Fort, c'est le 36 que tu appelles comme ça ?

– Non, pas tout le 36, mon service seulement. Ils l'ont appelé Fort Mallock, en fait. Avec un peu de foutage de gueule au début, mais maintenant, avec un infini respect !

Mallock éclata de rire.

– Alors j'ai fini par faire comme eux, ou presque. Mais toi, comment vas-tu ? Allez, raconte-moi tout.

Gilles raconta. En fait, tout ce ramdam ressemblait fort à un bon vieux crime passionnel : un mari tué par sa femme. Et dans la foulée, la femme de ménage et la cuisinière.

– Sans doute pour des problèmes de cul, avait précisé élégamment Gilles. Une des deux devait se faire le mari et l'épouse a fait le ménage. Mais j'aimerais avoir ton avis, le mort n'était pas n'importe qui. On a affaire à un député et sa femme est conseillère générale. On a dit beaucoup de trucs sur elle. Moi, je l'ai vue, y'a pas un mois, lors d'une remise de médaille. Elle était éblouissante. Plus sexy, tu meurs. Enfin, quoi qu'il en soit, ça nous fait trois macchabées. Peut-être quatre si elle passe, elle aussi, l'arme à gauche. Pas le droit de laisser le moindre doute traîner sur cette affaire, tu connais les journalistes !

Mallock sourit. Oui, il les connaissait bien. Eux et la « dictature de l'angle », cette manie qui leur fait tordre la réalité jusqu'à ce qu'elle rentre bien toute mâchée et déformée dedans. Angle et polémique, les deux mamelles du pigiste en mal de copie

En ce moment, c'était l'affaire Dessacre, la nouvelle vache à lait. Quelle belle occasion ! Ce massacre avait « ému » toute la classe politique et chacun y était allé de son indignation. Il fallait, pour les uns, désarmer tous les policiers ; pour les autres, la démission du ministre de l'Intérieur et la dissolution de l'Assemblée nationale. Bande de guignols !

– Et puis, mon petit doigt m'avait prévenu de ta présence sur mon territoire, reprit Gilles. C'était aussi une bonne occasion de se revoir. Tu jettes un œil, tu me dis ton sentiment et je te ramène à la plage, directement sous ton petit parasol, OK ?

Gilles lui tapa amicalement sur l'épaule pour ponctuer sa question :

– Alors, il arrive à quelle heure, ton Francis ?

– Son train a dû entrer en gare vers sept heures et quart, il doit nous attendre depuis un p'tit bout de temps. Au fait, faut plus l'appeler Francis, il préfère Frank comme prénom. Moi, j'en ai rien à foutre. Si ça lui fait plaisir…

– Et dis, si j'me trompe pas, y'a déjà Robert Daranne qui t'avait demandé à être appelé Bob ? Maintenant un autre… ! Qu'est-ce qui se passe dans le Fort ? Une réunion de chochottes ?

Mallock ne répondit rien. Gilles n'avais pas tort, mais c'était pas une raison pour lui donner raison.

Francis ne faisait pas encore partie pleinement de l'équipe de choc du commissaire. Son statut de dernier arrivé et de simple lieutenant l'avait cependant désigné pour être « de doublure », c'est-à-dire assurer la permanence du Fort durant le mois d'août. Mais il n'était jamais seul et avait pu, pour cette raison, s'absenter pour la journée.

On laissait rarement Francis seul de garde. Pour dire les choses simplement, il ne faisait pas l'unanimité. Toute l'équipe s'accordait à penser que le jeune homme était plein de bonne volonté et abattait une quantité de travail impressionnante, mais qu'il avait une mentalité et un cerveau un peu troubles. Grand, les cheveux coupés en brosse, façon GI, le nez mou et les yeux d'un enfant d'alcooliques, il n'avait rien de très séduisant. Pourtant, depuis quelques mois, une jeune femme, blonde, rose, pas laide mais un peu grasse, avait dépucelé le Francis, avant de le mettre sous ses jupes. Avec la culotte, elle s'était approprié le volant et squattait désormais la place du conducteur. Bob, le plus ancien collaborateur de Mallock, l'avait mis en garde. Lui, il connaissait les femmes : « Faites gaffe, elle va vouloir péter plus haut que son cul à lui. » Et puis : « Votre Francis, il fonctionne à la survie. Il sait recevoir, y sait pas donner. C'est jamais bon. » Mallock l'avait trouvé sévère. Jaloux, peut-être.

Il acceptait les réserves, mais ne comprenait pas trop ces critiques. Le petit n'était pas méchant et il s'était révélé assez doué pour le piratage informatique. Il était dévoué et toujours sur le pont. Même s'il avait l'imagination d'une moule, une fois assis devant un clavier avec les bonnes instructions, il pouvait travailler deux jours de suite sans fermer la paupière. Paupière au singulier, car il était borgne de naissance.

– Un œil sur deux pour un demi-cerveau : le compte y est, avait lancé Ken, son supérieur direct et rigolo de service.

C'était surtout pour cela, un déficit de chou, que Mallock ne l'avait pas encore fait entrer officiellement dans son « groupe de sang ». Ni dans cette main droite virtuelle que formaient ses plus proches collaborateurs.

Au bout de ce bras séculier, la main, avec ses cinq doigts, n'était composée pour l'instant que de quatre collaborateurs : trois capitaines et un commandant formaient la garde rapprochée de Mallock. De ce membre virtuel, Ken

Kô Kuroda, Japono-Polonais de trente-cinq ans, était le pouce, car il était toujours partant pour l'action, prêt à rire, et lançait ses « OK » plus vite que son ombre. On écrivait son nom KKK mais on l'appelait Ken. Très physique et doué pour tous les formes de combat, il adorait aussi mettre ses mains dans l'ordi et faire parler les bases de données.

Julie, bien entendu, en était le petit doigt. Elle en avait la morphologie – avec son 1,54 m – et aussi la réputation. Julie Gemoni n'avait pas son pareil pour dénicher les informations les plus… « réservées ». C'était la petite reine du « triage de lentilles ». Mallock la soupçonnait de profiter de différents réseaux, corse, francmac et même mafieux. Quand il disait que c'était son petit doigt qui lui avait dit, la plupart du temps, il faisait référence à sa petite Julie.

Son compagnon, Jules. Mallock lui avait moralement attribué la position de l'annulaire. Il en avait la fidélité, rivée au corps. Droit et rigoureux, il avançait sans se poser de questions mesquines sur la vie. Il avait l'amour du devoir et du travail bien fait. Son intelligence, bien que de structure primaire, était brillante et de tout premier ordre. Simplement, les méandres de l'esprit humain, les calculs et les manipulations, c'était pas son truc. Il était tout aussi bien capable de traits de génie que de sortir une bêtise plus grande que lui.

L'index, c'était Bob, Robert Daranne. S'il avait le rang de commandant, échelon exceptionnel, c'était par ancienneté. Les trois autres, pourtant encore capitaines de 5e échelon – anciennement inspecteur principal – étaient largement à son niveau. Mais Bob avait de la bouteille et Amédée, il n'y avait aucun doute, lui était redevable.

Tout au début de sa carrière, l'inspecteur Daranne, alors son supérieur, lui avait montré les obstacles, les recoins, les verbes et le vocable, le bon comportement qui fait le bon policier. Il lui avait désigné les pièges à éviter, les hommes à combattre ou contourner. Son intelligence, à lui, s'appelait expérience et mémoire. Il n'était plus que ça aujourd'hui : un vieux disque dur rempli à craquer de données aussi précieuses qu'inutiles, tout dépendait du moment et de l'usage que les autres en faisaient. Longtemps, il avait aimé jouer ce rôle puis, peu à peu, il s'était lassé jusqu'à en éprouver autant de rancœur pour ceux qui l'utilisaient que de ressentiment pour les autres, ceux qui le jugeaient inutile. Bob était un brave homme en butte aux regards des autres, car incapable de se considérer autrement qu'utile ou inutile.

Il restait donc le majeur à attribuer à un cinquième loustic de la bande à Mallock et là, il n'était pas question de distribuer le rôle à un Francis. Il n'en avait pas le poids, ni l'expérience ou le savoir, et encore moins la stabilité. Un majeur, ça doit être grand, droit, plein de connaissances et de sagesse. Et puis, ça doit pouvoir se dresser seul et envoyer chier la terre entière. Non, vraiment, le Francis ne collait pas au personnage. Mallock devrait attendre pour finaliser sa métaphore morphologique et compléter le « groupe de sang » qui, à ses côtés, dirigeait le Fort.

Fort Mallock, c'était le nom donné à ce secteur du 36, qui occupait une partie du quatrième et les soupentes du cinquième étage. Avec, notamment, l'ancien « séchoir » où l'on mettait à sécher traditionnellement les habits des victimes, la « population flottante », comme disaient les gars de la fluviale. Le reste de l'étage supérieur appartenait à la Crime et aux Stups. Mallock, patron du Fort, dépendait de Dublin, grand chef de la Citadelle. Son service était au même niveau que les trois sous-directions : « Techniques et Scientifiques », « Affaires Criminelles », et « Économiques et Financières », formant ensemble les douze divisions. Les envieux appelaient Mallock et son service, la TDF : Treizième Division Fantôme. En dehors de ses trois capitaines, son commandant et son lieutenant, le Fort incluait également deux brigadiers, douze gardiens et le procédurier de service. Ce dernier était chargé de tout ce qui touchait à la forme, car il fallait respecter un nombre incalculable de procédures, si l'on ne voulait pas être retoqué par les hommes en robe.

Trop content d'avoir déjà une bonne occasion de quitter sa permanence parisienne et prendre un cours de médecine légale, Francis avait sauté dans le train sans demander son reste. Toujours un peu couillon, descendant vers le Midi, il avait eu peur d'avoir trop chaud et s'était couvert le plus légèrement possible. Sans même prendre la peine de se renseigner.

Mais le matin, même dans la région, il faisait frais.

– Il est resté à l'ombre, le con, s'exclama Gilles. Avec sa petite chemisette à manches courtes, il a dû se les cailler.

Front bas, nuque lourde et deux yeux en con d'chatte, le dit Frank, né Francis et alias le benêt, attendait les bras croisés et la tête refugiée entre les deux épaules.

Ils le prirent à bord de la voiture et l'emmenèrent se réchauffer sur une terrasse au soleil. Grand chocolat chaud, petit café, croissants, addition et direction le « frigo » du coin. Un nouveau chaud-froid en perspective.

L'institut médico-légal du coin, le « macabo » était un bâtiment bizarre, bateau de briques sinistre repoussé à la limite de l'agglomération, loin des regards et des consciences. Vingt minutes après avoir avalé leur boisson chaude, ils se retrouvèrent face au cadavre de l'ex-député. Debout, bras ballants, avec la même légère trace de dégoût dessinée au coin des lèvres. Eux trois, plus le médecin légiste chargé du corps, un certain Duflau qui, en accord avec le parquet, avait commencé à pratiquer l'autopsie. Après tous les morts que Mallock avait été obligé de regarder durant l'année écoulée – depuis les suppliciées du Maquilleur lors de l'affaire des Visages de Dieu, jusqu'à ceux de la tour Eiffel – il eut l'impression furtive qu'il avait, devant lui, le macchabée de trop. Celui qu'il n'aurait pas dû être obligé d'ausculter.

Mais il fit comme si de rien n'était et commença ses explications à l'intention de Franck. Bien lentement, pour laisser à son cerveau le temps d'enregistrer :

– Il faut savoir lire une plaie, commença-t-il. Pour cela, tu dois t'affranchir de toute réaction d'aversion. La répulsion, face à une blessure mortelle, est tout à fait naturelle. Alors, dégoûte-toi une bonne fois pour toutes, puis passe à l'observation.

Visiblement, Frank était en pleine première phase. La bouche fermée en cul de poule, il tentait de retenir dans son grand corps la tristesse du spectacle et les deux croissants au beurre qu'il venait de vigoureusement tremper dans un double-crème. Certes, ce n'était pas sa première autopsie. Il avait déjà donné et vomi tripes et boyaux. Mais il avait décidé que c'était comme les huîtres. Quand, petit, on ne les aime pas, il faut réessayer jusqu'à ce que ça passe. Et puis, dans son métier, il n'aurait pas le choix. Il y avait du courage et de la ténacité chez Frank.

– Regarde bien, commença Mallock. Dans les blessures dites à bout touchant, on trouve toutes sortes de particules groupées provenant de la fusion de la balle, de l'amorce et de la douille. Il y a aussi de la poudre, de la suie et des traces de monoxyde de carbone.

Mallock s'arrêta pour se tourner vers le médecin légiste :

– Je parle bien entendu sous votre contrôle, docteur Duflau. N'hésitez pas à me corriger ou à apporter toutes précisions utiles.

Alain Duflau se rapprocha de la table avec l'ombre d'un sourire. Il s'attendait sans doute à devoir intervenir rapidement et, pourquoi pas, à se payer un peu la tête de ce commissaire parisien un peu envahissant.

– Ici, reprit Mallock, tout autour de l'orifice d'entrée de la plaie, sur la zone de peau parcheminée par les gaz de combustion, la suie s'est incrustée dans la peau.

– On dit qu'elle a été tatouée, précisa Duflau.

Frank s'était penché pour mieux voir. Mais, prudent, il avait posé sa main gauche sur sa bouche. Non pour en retenir le contenu, mais parce qu'elle était encore imprégnée d'après-rasage.

– Déjà là, on peut commencer à en tirer certaines conclusions. Les trois impacts ont été faits de face, ante mortem et pratiquement à bout portant.

– Autrement dit, lança Frank dans une tentative désespérée de faire de l'esprit, en pleine tronche.

Sans sourire, Mallock continua son cours.

– Non, pas exactement. À « distance de murmure », comme disent joliment les légistes américains. Et toi, au lieu de faire le mariol, tu ferais mieux de bien observer les différentes lésions provoquées par les paillettes de poudre. Je te rappelle que tu es là pour ça. Alors tu devrais déjà te poser des questions. Par exemple, pourquoi les traces de tatouage sont-elles au-dessus des ouvertures des balles ?

Frank acquiesça. Oui, hein, pourquoi ? Certes, tout cela l'intéressait mais, pour être honnête, sa priorité était surtout de ne pas se laisser aller à dégueuler devant une paire de commissaires, dont le sien.

Imperturbable, Mallock continua :

– Comme les abrasions punctiformes, la taille de la zone noircie par la suie pulvérulente augmente en même temps que sa densité décroît. Toutes deux t'indiquent, outre la distance, l'angle d'incidence de la bouche de l'arme et par conséquent, dans le cas qui nous intéresse, la position de la meurtrière par rapport à sa victime.

Tout en parlant, Mallock avait entré la pointe d'un instrument métallique dans l'orifice de l'une des plaies, petites cavernes de chair brûlée. Frank passa nerveusement ses doigts dans la brosse qui recouvrait son crâne. Sa préoccupation personnelle s'était faite plus pressante. Il s'efforçait de regarder et de comprendre, tout en évitant la vision directe des orifices de balles. Surtout celle du cou et la partie droite, heureusement opposée, du visage avec son oreille arrachée. Ça n'allait définitivement pas avec le petit déjeuner. Surtout le croissant trempé dans le chocolat chaud.

– On peut même déterminer, enchaîna le médecin légiste, quand on ne l'a pas retrouvée sur place, le type et le calibre de l'arme, la longueur du canon et la charge propulsive employée. Dans notre cas, cela nous a permis de confirmer, avant même l'étude des projectiles, que l'arme suspectée et prélevée sur les lieux était vraisemblablement celle qui a été utilisée.

– Tiens, aide-moi, l'interrompit Mallock.

Avec horreur, Frank comprit ce que voulait faire son patron. Retourner le cadavre pour observer les orifices de sortie. Tout en s'exécutant, Frank pria le ciel et son estomac. Pendant la manœuvre, des gaz pestilentiels s'échappèrent. Sans en avoir l'air incommodé, Mallock continua son cours :

– Regarde bien, les blessures de sortie sont toujours plus grandes et plus irrégulières, mais sans collerettes érosives. L'effet de rotation qui stabilise la balle dans l'air s'accentue quand elle pénètre les tissus.

– On appelle ça l'effet de lacet, se hâta de préciser le médecin, enfin conscient d'avoir un sérieux concurrent à côté de lui.

– Frank, tu nous suis ? demanda Mallock.

Franck acquiesça de la tête sans se risquer à ouvrir la bouche.

– Quant à sa forme, reprit son patron, elle dépend de l'endroit. Là où la peau est flasque, comme le ventre ou les cuisses, la plaie de sortie aura la forme d'une déchirure. Ça peut ressembler à un accroc dans une chemise mais ici, on est pratiquement dans le scalp et les blessures ressemblent donc à des étoiles. Tiens, c'est bizarre ! Regarde sa mâchoire. C'est une anomalie de l'articulé dentaire, très rare.

Gilles était muet d'admiration.

– Je ne suis pas mauvais en médecine légale, mais toi, tu as pris des cours du soir ou quoi ?

– En quelque sorte, mais pas avec n'importe qui, avec B. B le Mordome. C'est lui qui m'a formé et me forme encore en médecine médico-légale. Sincèrement, ne l'ébruite pas, mais si j'ai résolu pas mal d'affaires, c'est en partie grâce à lui.

Le médecin légiste approuva d'un grand sourire. Il connaissait le fameux Mordome et il appréciait que l'on rende pour une fois à César ce qui appartenait aux « anapates ». Le commissaire se tourna vers Frank pour enfoncer le clou :

– C'est sur écran, en labo et sur les tables d'autopsie, auprès des anatomo-pathologistes, que se fait maintenant l'essentiel des enquêtes. Il y a des professionnels dans toutes ces disciplines, mais l'on doit être, sinon aussi bon, au moins aussi informé que chacun d'entre eux dans sa discipline. Les spécialistes ont une vue perçante, mais ils sont borgnes. Ils ne regardent qu'un angle de l'affaire. C'est à nous de leur indiquer le chemin, leur donner des pistes, puis faire la synthèse, tout prendre en compte et tout regrouper.

Frank acquiesça d'un imperceptible mouvement de tête. Il était d'accord avec son patron, mais il ne pouvait pas faire plus pour exprimer son enthousiasme. Côté nausée, tout se passait maintenant entre l'estomac et le fond de la gorge. Bouger ou prendre le risque d'ouvrir la bouche était hautement déconseillé.

– Pour en revenir à notre cas, reprit Mallock, on peut en tirer une autre conclusion. Regarde bien, les surfaces de tatouages et de suie sont situées juste au-dessus des orifices. La meurtrière se trouvait par conséquent en plongée par rapport à sa victime, peut-être dans un escalier, trois ou quatre marches plus haut.

– Bingo, c'est en effet chez elle et dans l'escalier que ça s'est passé, confirma Gilles.

Mallock eut alors le premier début de soupçon de ce qui allait aboutir à la plus meurtrière de toutes ses enquêtes :

– C'est surprenant qu'il n'ait pas du tout bougé. La première balle lui a emporté l'oreille et lui, au lieu de se retourner instinctivement pour s'enfuir, ou bien même reculer, il est resté figé sur place ! Il ne devait vraiment rien soupçonner. Pour moi, il a été totalement surpris par ce qui lui arrivait.

Pensant enfin pouvoir coincer Mallock en flagrant délit de conclusion hâtive, Duflau lui lança :

– Et comment pouvez-vous savoir que la balle qui lui a arraché l'oreille l'a atteint avant les deux autres ?

– On sait que les autres étaient létales, répondit Mallock calmement. Or, regardez sa main et son avant-bras droit, ils sont couverts de sang. Pourquoi ? Parce qu'il les a naturellement portés à son oreille, après l'impact. Il a eu le temps et la possibilité physique de le faire. Ça nous précise l'ordre, et nous indique que les trois tirs n'étaient pas instantanés. D'où mon étonnement concernant son immobilisme. Soit il voulait mourir et a attendu les autres impacts, soit il est resté figé par le choc émotionnel. À la fois, la violence de l'acte, mais aussi son aspect totalement inattendu. Il est resté paralysé sur place, comme on l'est souvent devant l'impensable. Pétrifié, en quelque sorte.

– OK, bravo, l'interrompit Gilles, mais ne va pas plus loin. On connaît l'assassin. Tout ce qu'il me faut, c'est une version bien crédible et bétonnée jusqu'au moindre détail. Histoire de pas avoir d'histoires. Prochaine étape ?

– Puisque je suppose que vous en avez assez, sourit Mallock, et que je fais toute confiance au docteur Duflau pour nous fournir un rapport détaillé sur les deux autres victimes, je propose une rencontre avec Madame la

Conseillère générale et après, détente, un bon resto sur ta cassette. Puis retour de chacun dans ses pénates.

Alors que Guédrout et compagnie tournaient déjà les talons, Mallock repositionna consciencieusement le cadavre du député Demanteau. Il le recouvrit avec la délicatesse d'un prêtre refermant son calice après les saints sacrements. Frank crut même le voir articuler quelques mots.

Il ne s'était pas trompé. C'était bien en effet deux ou trois phrases d'excuse et de bénédiction à l'adresse du défunt. Rien de religieux, certes. Seulement une prière, un au revoir bienveillant, de mécréant à mécréant !

3

Bordeaux, mardi 5 août, 13 h

Une fois de retour dans la voiture, Gilles mit le chauffage à fond. Ils avaient devant eux un bon gros quart d'heure de tranquillité, le temps de parcourir le chemin qui les mènerait à l'endroit ou Madame Demanteau avait été hospitalisée.

Elle faisait la première page de tous les journaux. Depuis les années soixante et le pauvre notaire de Bruay-en-Artois, les notables étaient devenus les coupables désignés. Dans toutes les séries policières dégueulées par la télévision, les marginaux de tous poils – blancs, blacks ou beurs – étaient innocents. Résultat, plus le moindre suspense. Soit c'était le fils du député, celui efféminé avec le petit foulard de soie, souvent drogué en plus, soit la femme du maire avec le collier de perles à trois rangs et les boucles d'oreilles, sans oublier le chef d'entreprise du coin, forcément brutal, fatalement avide. Ne cherchez pas, c'était l'un des trois qui avait fait le coup. « Ordure de riches » était devenu la synthèse rachitique des luttes et de toute la philosophie poétique d'un Mai 68 plein de promesses. Triste moisson pour un été qui avait vu arriver un Amédée Mallock encore tout crotté dans la capitale.

Cette fois encore, la presse s'en était donné à cœur joie. Une grande bourgeoise « folle du cul », une « riche garce pleine de grâce », une « milliardaire aux mœurs légères ». « Le ballet rose tourne au rouge ! »

Les sièges étaient encore froids, mais il faisait tiède à l'intérieur. Mallock ressentit une envie pressante de s'endormir et, comme tout bon insomniaque, décida de ne pas laisser passer l'occasion. Avec le temps et l'âge, il avait appris à saisir cet ineffable éphémère, le présent, lorsqu'il se faisait moins cruel.

– *Carpe diem*, nom de Dieu, murmura-t-il en fermant les yeux.

La voiture entreprit sa traversée de Bordeaux en suivant le fleuve. À l'intérieur, un grand corps de commissaire dormait... Avec le temps et les multiples apparitions oniriques de son fils, Amédée avait fini par, en quelque sorte, rêver de ses propres rêves. Photocopiés par ce jeu de miroirs, les détails avaient disparu, alors que les couleurs étaient devenues plus contrastées, saturées et flamboyantes. Des pierres précieuses, ces rêves avaient désormais toute la luminescence, le chatoiement bigarré. Le rouge du rubis, le vert de l'émeraude, le bleu du saphir : R, V et B. Trois couleurs primaires mélangées à l'infini et qui donnaient à ses rêves des ambiances hindoues. Il s'y mêlait les jaunes des épices safranées, le parme et le rose des soieries indiennes, le bleu des cieux polaires et le vert des sous-bois amazoniens.

En ce lieu, aujourd'hui, Tom lui parla de nuages cannibales, de la danse des âmes indécises et de la nostalgie des arbres. Amédée l'écouta sans l'interrompre. Lorsque le moment fut venu de se quitter, il lui caressa le front et lui murmura :

– Ne bouge pas d'ici, Papa revient !

Et, sans lui laisser le temps du regret, un nouveau rêve entraîna Mallock autre part...

Soleil. Vagues d'aiguilles, rapières de lumières à travers les arbres. La voiture traversait la forêt de pins, hors bord silencieux découpant l'océan végétal. Les mains gantées de pécari, l'homme souriait. Il se retrouvait enfin au cœur de l'un de ces rares moments où l'on se croit en paix avec le monde. Il jeta un regard satisfait à son reflet dans le rétroviseur, même aux rides de sa bouche et à celles de ses yeux, à l'ivoire un peu jauni de ses dents. Vieil éléphant.

Là-bas, au bout de sa route, le calme et la seule femme qu'il ait jamais vraiment aimée…

À quelques kilomètres de là, elle vérifiait son apparence dans le miroir central d'une armoire. La femme du député s'était préparée à lui avec un mélange de calme et d'excitation, une sensation qu'elle n'avait jamais ressentie auparavant. Depuis deux jours, elle avait rangé la maison de fond en comble et n'était sortie qu'une fois, hier, pour aider une amie à tenir la billetterie de la fête traditionnelle du bassin d'Arcachon. Tout était prêt, il serait content.

Il descendit de la voiture pour ouvrir le portail, redémarra et décida de laisser la grille ouverte derrière lui.

Elle avait entendu le bruit du moteur. Il arrivait. Depuis plus d'une heure, les pointes de ses seins étaient dures. Elle sentit entre ses cuisses deux perles de liquide couler, aussi lentes et chaudes que des gouttes de cire sur le cylindre d'une bougie. Elle le désirait à en être malade.

Il referma la porte de la voiture sans se donner la peine de relever la fenêtre. Par un temps pareil, aucune pluie n'oserait tomber. Les marches de l'entrée furent gravies lentement. Il est des moments que l'on se doit de savourer.

Au centre de la maison, un vaste escalier de marbre se séparait à cinq mètres de haut pour partir, à droite vers les chambres d'ami, à gauche vers leur appartement privé. C'est là, le pied posé sur la première marche, qu'il décida de l'attendre, le visage levé vers la beauté.

Éblouissante dans sa robe de soie jaune, elle descendit à sa rencontre. À chaque marche, la fente de sa robe faisait apparaître sa jambe nue. De sa bouche, sa langue sortit, animal rose pâle, pour lécher une larme qui venait de rejoindre ses lèvres. Sel tiède. Le temps et le reste, le globe lui-même s'était arrêté. On n'entendait plus que le cri des hirondelles et le froissement de la soie sur ses cuisses.

Arrivée à deux mètres de lui, elle leva, en souriant, son bras droit. Au bout, il y avait un objet chromé qu'il regarda sans en comprendre la nature. Elle tira trois fois, trois déflagrations en plein visage. L'une des balles lui arracha l'oreille, la deuxième lui éclata le front, scalpant la partie droite de sa tête. La dernière le toucha au cou. Le sang se mit à gicler par saccades dans tous les sens, taguant de mots accablants les murs et les marches.

Sans le quitter des yeux, elle s'allongea sur l'escalier, écarta les jambes. Entre ses cuisses, la flamme jaune aux contours blancs accrocha la lumière. Rencontre d'un sexe féminin et du dernier rayon de soleil. Toujours souriante, elle glissa sa main entre les lèvres de ce feu et, tout en le regardant mourir, elle commença à se caresser.

Trois minutes passèrent. Dehors, une troupe d'hirondelles vint survoler la voiture de l'homme mort. Leurs cris rejoignirent ceux de la femme, alors qu'éperdue de folie, elle jouissait.

Mallock se réveilla en sursaut, trente secondes avant que la voiture ne s'arrête. Pas étonnant qu'il ait rêvé du meurtre, après tout ce qu'on lui avait raconté sur la femme et le temps qu'il avait passé à observer les différentes blessures sur le corps du député. Son inconscient avait tenté sa propre reconstitution. Il y avait de la barbarie et du sexe dans cet assassinat, quelque chose d'étrange et malsain qu'il n'avait pas rencontré auparavant.

Mallock se redressa sur son siège. La voiture de Gilles venait de s'immobiliser devant le département psychiatrique du Centre hospitalier universitaire. Belle dénomination pour ce qui serait toujours, pour Mallock, un bon Dieu d'asile. Sa mère avait séjourné par deux fois dans ce genre d'endroit et son père y avait passé la dernière partie de sa vie. Neuf années de cauchemar.

On conduisit les deux commissaires dans la partie du bâtiment réservée aux malades sous surveillance policière. Frank resta dans l'entrée. Inutile de venir en force.

– Vous verrez, elle est très calme, leur annonça l'interne. Le docteur a même allégé son traitement. Mais son état général nous préoccupe.

– Qu'en pense-t-il ?

– Ce n'est pas à moi de vous le dire, c'est à mon patron…

– Soyez gentil, reprit le commissaire diplomate, c'est très important, je suis le commissaire chargé de l'enquête et cet autre monsieur, commissaire divisionnaire, est descendu de Paris uniquement pour voir votre patiente.

– Vous auriez dû prévenir…

Il avait visiblement envie de se faire un peu prier. Mais l'accumulation des « commissaires », et surtout l'utilisation abusive du possessif, astucieusement mis par Gilles devant le mot « patiente », firent leurs effets.

– Enfin, dans ce cas, je pense, malgré tout, pouvoir vous donner quelques informations.

Il réajusta son stéthoscope et son air de médecin-docteur, avant de lâcher :

– Le professeur, avec lequel je collabore, ne la juge ni dangereuse ni même psychotique ; en fait, pas plus névrosée que vous et moi.

Mallock se demanda ce qui pouvait bien lui permettre de lancer une telle affirmation. Qu'il parle pour lui, ce con. Mais il le laissa poursuivre :

– Elle n'aurait, semble-t-il, aucun antécédent. Je crois que l'ensemble des symptômes l'a laissé perplexe. Il a parlé d'une bouffée délirante isolée, d'un passage à l'acte, mais sans plus de précision. Elle commencera une thérapie dès que son état général le permettra. D'après ce que je sais, il a l'intention de diminuer son traitement chimique pour pouvoir le relayer rapidement par une analyse. Mais elle a encore de terribles poussées de fièvre et des vomissements brutaux, dont on ne comprend pas l'origine. Le professeur a même hésité à la faire transférer dans un service d'urgence.

– Merci infiniment, j'appellerai le professeur dès demain pour plus d'information. En attendant, peut-on voir votre patiente, docteur ?

La politesse mâtinée de flagornerie de Gilles leur ouvrit la porte de madame l'ex-député des cinglés.

Mais, à la seconde même où il entra, Mallock sut ce qui s'était passé. La couleur et l'apparence de la peau, même à cinq mètres de distance, ça ne trompait pas. Il partit vers la fenêtre, l'ouvrit et, en s'allumant un cigare, lâcha :

– Votre patiente est morte, Monsieur l'interne.

À partir de cet instant, tout le petit monde de l'hôpital partit en accéléré. L'interne se mit à tourner autour du lit comme une girouette. Deux infirmières apparurent en poussant devant elles un chariot de réanimation.

– Ce n'est plus la peine de faire du zèle, les p'tits gars, ça ne la ramènera pas. C'était avant qu'il aurait fallu vous bouger le cul, lança Mallock, furieux devant tant d'incompétence.

– L'enquête est close. J'ai été con, je t'ai dérangé pour rien, voulut conclure Gilles. Comme pour s'excuser également de ce qui venait d'arriver.

Mallock laissa une bonne minute s'écouler avant de répondre. Le temps de ravaler sa rage, à petites gorgées, sagement, comme un enfant prend gentiment ses médicaments.

– Ce n'est pas si sûr, finit-il par lâcher.

– T'inquiète, lui répondit Gilles. Je vais quand même mener une enquête classique. À qui profite le crime ? Y aurait-il une maîtresse dans le coin ? Ou d'autres pistes, genre magouilles financières, immobilières ou judiciaires ? Je vais faire mon enquête à la bonne vieille manière, incidence de proximité, presser les cousins, aller à la pêche aux ragots, tout le toutim.

– Tu feras bien. Comme ça, si tu ne trouves vraiment rien, tu seras couvert, bougonna Mallock.

– Comment ça, couvert ? Je suis déjà couvert ! C'est elle qui a tiré. Les tests de détection de résidus de tir, nitrates et nitrites sont sans appel.

– Diphénylamine ou activation neutronique ? demanda Mallock.

– Ni l'un ni l'autre, absorption atomique, et c'est plus que fiable. On a écouvillonné les mains de cette pauvre femme et la FAAS[3] nous a permis de détecter, autant sur les doigts que sur ses poignées, toute la panoplie des substances : baryum, antimoine et plomb provenant de l'amorçage, ainsi que le cuivre de la douille et du blindage vaporisé lors de la mise à feu. Désolé pour toi, mais il n'y a pas le moindre doute sur sa culpabilité.

Mallock bredouilla un truc incompréhensible, qui signifiait cependant quelque chose à ses propres oreilles. Lui, il en avait des doutes. Ou plutôt un doute, au singulier. Alors il lâcha :

– Alors, mon pote, demande-toi au moins de quoi elle a bien pu mourir. Les remords, ça ne tue pas. En tout cas, pas si vite ! Moi, j'appellerais le parquet pour ordonner une autopsie…

– D'accord pour l'autopsie, mais pour le reste, désolé, je ne te suis pas. Pour moi, c'est du classé et du bon. Te connaissant, et pour te faire plaisir, je te promets quand même de rester vigilant. En attendant, détente. Si on se le payait ce p'tit resto ?

– Pas « on », bougonna Mallock, « toi ». Et puis pas « p'tit », je veux du « grand ». Quand je suis contrarié, il me faut du sérieux dans l'assiette.

– Je sais, répondit Gilles en souriant.

3. *Flame Atomic Absorption Spectroscopy.*

Le commissaire de Bordeaux les emmena dans un délicieux restaurant. Du sérieux qui ne se prend pas au sérieux, l'idéal pour Mallock que la prétention « auteurisante » des nouveaux chefs gonflait sérieusement.

De son côté, soulagé d'avoir passé ces deux pénibles épreuves, Frank mangea avec ravissement les spécialités que Gilles avait décidé de leur faire goûter. Rien de très original, mais la qualité était exemplaire.

Stratégiquement placé entre la mer et le Périgord, Bordeaux avait toujours su prendre le meilleur des productions régionales limitrophes sans trop de sectarisme. Ils commencèrent par un foie gras d'oie mi-cuit merveilleusement parfumé, continuèrent par des anguilles cuites au vin et aux échalotes violettes, tout en accompagnant l'entrée d'un Jurançon glacé, et la suite d'un Clos d'Estournel, majeur par l'âge et la grandeur. Pour assurer, Frank s'était commandé un confit d'oie.

Il écouta, fasciné, Gilles et Mallock parler de la flambée des prix dans les premiers grands crus classés et des divines surprises que l'on pouvait avoir lorsque l'on prenait les chemins plus discrets des « seconds » de ces mêmes vins, voire de certains crus bourgeois. Leurs parcelles jouxtaient les « grands », désormais totalement hors d'atteinte du Français moyen, notamment « à cause des Japs et de ces putains d'Amerloques ».

À l'instant où Mallock se préparait à mettre fin à l'enchantement, en refusant de sa part et celle de Frank dessert et cognac, le téléphone portable de Gilles vibra. Il le porta à son oreille et son visage perdit instantanément toutes les couleurs que la bonne chair et le vin y avaient apportées. Il referma son téléphone sans avoir rien dit d'autre que : « J'arrive ! »

– Je dois vous laisser, c'est du sérieux.

Ses doigts tremblaient.

– On peut savoir ? demanda Mallock. Ça sent le camphre ?

Gilles hésita, puis lâcha :

– Pire. C'est la super merde. Un membre de mon club de tir, un ancien professeur de mon fils, aurait tiré sur ses gosses avant de se flinguer…

– Ses enfants ? demanda Frank.

– Non, ses élèves, en classe.

Sans même lui demander son accord, Mallock coupa sobrement :

– On t'accompagne !

Parce qu'il n'y avait trop rien d'autre à dire dans un cas pareil, parce que tout s'accélérait soudain trop vite, parce que Mallock pensait bien les avoir déjà entraperçus, tous ces morts sur son pare-brise. Et parce qu'il avait toujours eu le sens de l'ellipse.

4

Bordeaux, mardi 5 août, 18 h

Quand ils arrivèrent sur place, Bordeaux pleurait. La police n'avait pas encore eu le temps de tout canaliser. Ni les corps ni les larmes. La foule des parents, l'école et ses alentours bougeaient lentement, ensemble, à l'image d'un seul grand corps supplicié se tordant sous le poids de la douleur. Une forêt secouée par la tempête.

Mallock traversa le troupeau assassiné. Il regarda les visages morts de l'inquiétude et ceux de l'incertitude. Parents et proches. Lèvres tordues, cous pliés vers le sol, regards noyés et toute une rue qui semblait s'étreindre convulsivement, alors qu'un gémissement terrible s'élevait vers le ciel. Vers un Dieu qui, au mieux, ne pouvait rien faire d'autre que pleurer avec eux.

Mallock se surprit à hésiter. Comment fendre cette foule ? S'annoncer fièrement comme la police ? Sans honte ? Et puis, exiger le passage ? De quel droit ? Comment déranger une telle douleur ? Au nom de quoi ? La justice ? Quelle justice ? Elle n'existait plus jamais pour eux.

Après des centaines de « pardons » proférés d'une voix douce, Mallock pénétra enfin dans l'école. Poussé par le devoir et toutes ces mains qui attendaient on ne sait quel miracle, quelle dénégation, il traversa la cour, monta les escaliers, parcourut des couloirs. Sa lombalgie accentuait le caractère plantigrade de sa démarche. Le trajet était interminable, mais il regretta qu'il ne fût pas plus long. Lorsqu'enfin il s'arrêta, il vit l'horreur. Elle avait des petites mains crispées et dégageait une odeur abjecte.

Le matin même, comme tous les autres matins de sa longue carrière, le professeur était arrivé un quart d'heure en avance. Il avait mal au cœur et des crampes d'estomac. Des sueurs froides avaient complètement détrempé sa chemise bleu ciel. Il ne se sentait vraiment pas bien, mais il avait décidé de venir quand même. Après tout, ce n'était que des classes de vacances : deux heures de révision des programmes de l'année passée, avant de laisser la place à des moniteurs d'EPS pour s'occuper de tout ce petit monde. Il tiendrait le coup.

Et puis, on était mardi. Tous les mardis depuis dix-huit ans, Stéphane Carnot se rendait à dix-huit heures à son club de tir. Il se demanda si, aujourd'hui, il ne ferait pas exception à la règle. Au moment de partir de chez lui, il avait hésité à prendre le coffret en bois qui contenait ses armes.

Lorsque les enfants entrèrent, par petit groupe, en lançant leurs sourires et leurs « Bonjour, Monsieur Carnot », un quart d'heure s'était écoulé et monsieur Carnot n'était plus le même. Un nain enragé, emprisonné dans ses viscères, avait déjà pris les commandes et lui avait donné l'ordre d'ouvrir la boîte en bois. Puis, il lui avait ordonné de poser sur le bureau ses trois pistolets : un 9 mm Parabellum Walther qu'il chargeait avec des cartouches de 11,43, un 357 Magnum Ruger SA, et sa dernière acquisition, un 44 Magnum Smith & Wesson. À sa droite, il avait disposé six chargeurs pleins. L'ensemble était dissimulé par la boîte au couvercle entrouvert.

Les enfants, occupés à prendre place et à sortir leurs cahiers, ne remarquèrent rien avant la première détonation.

La munition de 357 qu'il tira alors était une balle de plomb demi-empennée d'une dizaine de grammes. Elle fut expulsée à plus de 400 mètres seconde et eut, sur le front de la fillette du premier rang, un effet dévastateur.

À vingt mètres de la salle de classe, à l'entrée du couloir où s'alignaient, pendus, les blousons et les tricots des petites victimes, on avait disposé un cordon de sécurité. Derrière, il y avait, livides, en vrac, flics, professeurs, pompiers et infirmiers. Leurs visages étaient figés ou tremblants. Silencieux, mouillés et blancs. Certains se cachaient derrière leurs mains, d'autres serraient les poings. Mais tous, effondrés ou debout, dans une même révolte, un même traumatisme, pleuraient la mort de ces enfants et celle de l'enfant-mémoire, dont chacun avait, au fond du cœur, une représentation personnelle.

Pas de quartier. Filles et garçons avaient été abattus, certains près de la porte, d'une balle de 44 dans le dos, d'autres de plusieurs tirs. Le nain enragé, au fond du professeur, ne s'était pas arrêté là. Il avait fait bien pire. Les globes oculaires des enfants assemblés sur son bureau en témoignaient. Pour ses élèves, la mort laïque, païenne, sauvage, gratuite et obligatoire ; pour le reste du pays, le début d'un cauchemar…

Dans les yeux de Mallock, il n'y avait pas de larmes. Il n'en avait plus guère à donner. Et puis, c'était inutile et c'était trop tard. Bien trop tard pour tous ces petits destins aux doigts collants de confiture qui s'étaient coiffés ce matin, en se préparant à l'une des milliards de journées dont ils pensaient que leur vie serait faite. Tendres et immortels car insouciants, si confiants en ce grand autre, l'adulte, avec ses yeux attendris et ses mains protectrices. Tant de mains tout autour d'eux pour les porter, caresser leurs cheveux, les aider à traverser la rue… la vie.

Dans les yeux de Mallock, les corps défilèrent, un par un, petits d'hommes mutilés qui n'auraient jamais pu imaginer pareil outrage. Par miracle, la moitié de la classe était parvenue à échapper au carnage en profitant de l'intervention suicide du proviseur et du surveillant général, tous deux maintenant effondrés sur le pas de la porte dans une mare de sang. Mallock, en enjambant leur cadavre, avait pris soin de ne poser la semelle sur aucune tache humide. À la fois par répugnance et par réflexe professionnel : préservation des traces et indices.

Dans les yeux de Mallock, s'inscrivirent des noms et des chiffres. Indépendamment des PV de constatation, il nota, compta, dénombra, comme si rien ne pouvait plus le toucher. Il rajouta sur son calepin le nom d'un parent d'élève qui avait tenté une deuxième attaque suicide. Et termina son macabre inventaire par le cadavre sans visage du forcené, qui s'était tiré une balle de 44, à bout touchant, sous le menton. Le professeur dégageait une odeur pestilentielle. Il avait éjaculé et uriné sous lui. Mallock se détourna.

Chacun de nous a l'enfer en lui. Non pas enfoui aussi loin que l'on voudrait bien le croire, sous des siècles de civilisations et de repentirs. Mais juste là, tout prêt, tapi au bord de nos putains de lèvres.

Après avoir examiné le dernier corps, Mallock se sentit mal. Un terrible malaise au fond du ventre, toutes les entrailles qui se tordent de peur, la prescience d'un plus grand malheur encore.

Les morts de la tour Eiffel, qui étaient encore inscrits sur ce même calepin, qu'il avait pensé pouvoir oublier et repousser dans son esprit en partant au soleil, réapparaissaient soudain. Là, en plein Midi, dans une classe inondée de lumière, en écho à ce premier massacre, la camarde avait de nouveau frappé.

Sans se retourner, d'un pas rapide, Mallock traversa en sens inverse les couloirs et la cour. Il passa la grille pour enfin quitter l'école, le dos voûté, blessé mais encore debout. Il ne s'en allait pas, en fait, il fuyait.

Bouleversé, il se fraya un chemin parmi les corps des proches en larmes.

– Pardon, pardon, reprit-il, comme s'il avait lui-même appuyé sur la gâchette.

Deux rues plus loin, le trottoir commença à se dégager. Mallock marchait et Frank le suivait, tous deux figés dans le même mutisme. De quoi peut-on parler après ? Pourra-t-on encore parler ? Oui, on pourra, murmura une voix à l'oreille de Frank. Et on oubliera aussi. Marcher sur des tombes, c'est bien la seule chose qui nous rende égaux.

Gilles les avait rejoints et, lui aussi, avançait en silence derrière son ami. Il s'était arrêté à la hauteur de Frank. Soudain Mallock se retourna pour vérifier qu'ils l'avaient bien suivi. Les yeux humides, la voix rauque, il murmura :

– Si le diable est en nous, peut-être avons-nous Dieu aussi ?

Dans le ciel, le soleil était gros, tout orange. Soldats survivants d'une bataille perdue, Mallock, Gilles et Frank avaient rejoint leur véhicule. À l'intérieur, le silence avait pris place, terriblement expressif, presque en pleurs lui aussi. Les trois policiers regardaient dehors les immeubles et les gens qui défilaient. Les trottoirs étaient recouverts de fruits et de marchandises. Deux petites filles en patins à roulettes faisaient la course. Un chien dormait. On reste un enfant, songea Mallock, même lorsque la barbe a poussé et que des coups de crayon sont venus rayer les traits de notre visage. On garde à jamais le souvenir du lait et la mélancolie des siestes tièdes. On reste ce même enfant qui a peur. Du noir et du monde. Sans même s'être consultés, les trois hommes s'étaient dirigés vers la gare pour déposer Frank à son train. Il ne pouvait pas s'absenter plus d'une journée du Fort.

À l'intérieur de la voiture, la température était montée jusqu'à 30°. Personne n'avait pensé à arrêter le chauffage. L'esprit blessé, le corps physiquement douloureux, chacun s'occupait de son âme, s'attachant à en recoller les morceaux, à la réconcilier avec l'homme qu'elle habitait. Chacun d'eux lui promettait qu'il était différent, que jamais il ne ferait une telle monstruosité. Et l'âme écoutait, prête à le croire, prête à lui pardonner mais triste, à jamais blessée de ce qu'elle avait découvert sur cette race humaine qu'elle habitait. Une âme qui, malgré toutes ces dénégations, s'était mise à regretter de ne pas avoir plutôt élu domicile dans le cœur d'un chien, d'une chose immobile ou d'un papillon.

Arrivé à la gare, malgré le cri blafard qu'il avait au fond de la gorge, Mallock parvint à articuler un « Salut, mon gars » à l'attention de Frank qui lui répondit par un « Au revoir, patron », un peu tremblant. Puis il se dirigea vers sa vieille Jaguar, garée à côté.

Les deux commissaires restèrent seuls, silencieux, chacun appuyé sur sa propre voiture. Ils avaient du mal à se quitter comme ça. Sans doute avaient-ils encore besoin d'en parler, de toute cette horreur, l'exorciser entre eux. Mais les mots ne venaient pas. Ce fut Gilles qui rompit le silence :

– C'est la loi des séries, grommela-t-il. Il y a deux jours, une adolescente de quinze ans, championne de tir, s'est levée à cinq heures du matin, elle a pris son arc et a massacré son père puis sa mère, une flèche pour chacun. Après, elle a tiré sur son petit frère qui tentait de s'échapper. Mais, elle ne s'est pas arrêtée là, putain de bordel de Dieu, elle a fait des trucs dégueulasses avec les cadavres… Je n'oserais même pas te raconter. Hypergrapholo-je-sais-pas-trop-quoi, qu'ils ont dit. C'est pour ça qu'on avait tout gardé secret, lâcher les médias sur une truc pareil, on s'était dit… Maintenant, avec cette histoire-là…

Gilles respira un bon cou en décollant son dos de sa Peugeot. Pour conclure et repartir vite vers l'école où le devoir l'attendait, il lança :

– Enfin, on a les victimes et on a les meurtriers. Alors point à la ligne. Pour moi, c'est terminé. Je vais faire mon boulot de flic et assister aux enterrements. La ville va mettre du temps à s'en remettre. Mais… bon. Enfin !

Amédée resta silencieux. Son intuition lui disait autre chose. Mais il ne savait pas encore quoi. La loi des séries, il n'y croyait pas. S'il avait été honnête avec lui-même, s'il n'avait pas tant voulu retourner vers ses amis, sur la plage et dans l'océan, il aurait sans doute hurlé. Tout cela était effrayant et rien, même le large dos du destin, ne pouvait en endosser la seule responsabilité.

– J'ai été content de te revoir, dit-il simplement.

– Moi aussi, répondit Gilles.

Les mots étaient simples, aussi réglementaires que leur poignée de main. Mais les sentiments étaient présents, silencieux, à côté d'eux.

– Putain, on est totalement impuissant devant ce genre de crise de démence. Tu crois que c'est fini, toi ? En tout cas, j'espère que tu ne m'en voudras pas trop. Je suis sincèrement désolé d'avoir foutu tes vacances en l'air. Venir te faire chier pour simplement te forcer à regarder toutes ces horreurs. Je me sens un peu con.

– Ne t'en veux pas, Gilles. Je suis un grand garçon.

Mallock tenta un second sourire, avant de se tourner vers son ami pour ajouter :

– Tu sais, j'en ai déjà tant vu que seul le bonheur m'étonne encore.

Après cette triste conclusion, Amédée monta à bord de sa vieille Jaguar et reprit la direction d'Andernos. Sans s'en rendre compte, il se mit, lentement mais sûrement, à augmenter la vitesse de son véhicule. Sur la rocade, il roulait maintenant à cent soixante, les mains crispées sur le volant, les mâchoires serrées. S'éloigner de ses propres pensées et du lieu du massacre, voilà ce qu'il tentait de faire. Comme si les kilomètres pouvaient rendre floues ces images, les effacer de sa vue.

– Ralentis, crétin, se morigéna-t-il.

Arrivé au fond du bassin, Mallock regarda sa montre. La marée devait être haute. Il longea le Bétey pour arriver jusqu'au port. Il sortit son corps de la carcasse d'acier et se dirigea vers la plage déserte. Et là, il fit ce que son âme lui demandait.

Il était près de huit heures. Le soleil enflammait l'océan. Il se déshabilla pour ne garder que son caleçon de bain ridicule, rouge à rayures noires, un cadeau de Margot.

Et il entra dans l'eau.

Ses bras, veinés de marbre, se mirent à brasser les vagues. Son corps était une galère ; son visage, une falaise. Rapidement, le froid raviva sa vigueur, mais le chagrin resta là, quelque part, à roder bien au chaud dans son cœur.

5

Andernos, mardi 5 août, 20 h 12

Ses amis l'attendaient. Ils avaient entendu la nouvelle, mais ils surent se taire. Ils connaissaient Mallock et devinaient sa douleur. Il avait beau être commissaire à la Crime depuis quinze ans, ils le savaient toujours fragile. Le dîner avait été préparé en pensant à lui. Mais il s'excusa, il n'avait pas faim. Ils l'excusèrent.

Ils n'étaient qu'indulgence pour le gros ours. Et l'indulgence, Mallock en avait bien besoin. Pour lui remonter le moral d'abord et l'accompagner lors de ses grandes traversées dépressives. Mais aussi pour se faire excuser ses sautes d'humeur ou sa vision du monde. Mouette triste, il pouvait plonger toute une tablée euphorique dans des abysses de mélancolie pessimiste.

Ni parents, ni frère ni mère, ni même cousins, c'était eux, sa famille. Et aucun ne lui en voulait lorsqu'il quittait un repas en plein milieu, sans rien dire ou qu'il les laissait sans nouvelles pendant des mois. De toute façon, Mallock ne téléphonait jamais. Il avait pris cet engin en grippe pendant la longue agonie de son père, alors qu'il devait appeler les cliniques ou les maisons de retraite médicalisées pour tenter de lui trouver une place. On ne voit pas son père se traîner dans ses propres déjections sans en avoir le cœur brisé. Après, il y avait eu la mort de Thomas.

Oui, un cœur rafistolé comme le sien, ça a bien besoin d'amis pour continuer à battre.

Ce jour-là, après avoir dîné, Claude, copain d'enfance et hôte d'Amédée, lui proposa une partie d'échecs. Il déclina et préféra l'aider à découvrir son nouveau boîtier. Pour le Claudius, c'était son premier reflex numérique et Mallock en avait déjà un, un Nikon D100, la génération d'avant. Les deux amis testèrent les possibilités du nouveau capteur numérique. Jusqu'à 800 iso, pas ou peu de bruit. Claude allait pouvoir photographier bâtiments et projets. Il était content. Vers neuf heures trente, Mallock se retira dans sa chambre.

À Paris, il s'était procuré différents CD remplis de bruits de vagues en bord de plage. Sur certains, il y avait également la présence du vent, d'orages au lointain et quelques variations sur la pluie. Il ne pouvait s'endormir que la fenêtre grande ouverte, un cigare entre les doigts, un verre de pur malt tourbé à portée de main et un CD qui lui murmurait des histoires d'océan.

Ce soir, ce serait pire. Mallock savait qu'il aurait du mal à s'assoupir. Des enfants morts. Mission impossible. Son cerveau le lui interdirait et son cœur aussi. Il ne pourrait s'empêcher de continuer à ruminer, à chercher. Même s'il savait qu'aucune hypothèse ne pouvait relier tous ces massacres et qu'ils étaient certainement tous indépendants. Malgré cette quasi certitude, il y avait assez de similitudes dans l'horreur et la connotation sexuelle des meurtres pour qu'un Mallock têtu ne se contente pas de la loi des séries comme seule explication.

On frappa à sa porte.

– Tu dors ? demanda Claude, sans entrer.

– Non, pas vraiment. Pourquoi ?

– On va faire un tour à la fête de l'huître. C'est la dernière nuit et j'ai envie de prendre des photos pour tester l'appareil. Tu nous accompagnes ? Ça te changera les idées. Allez viens, insista Claude.

Dès qu'il avait un nouveau boîtier, il se mettait à mitrailler tout ce qui l'entourait.

– Entendu. Partez devant, je vous rejoins.

Mallock s'était ainsi donné le temps de reprendre ses esprits, et faire le nécessaire pour se donner la force de ressortir, entrer de nouveau dans une foule. Il mit des vêtements propres et s'alluma une pipe remplie de tabac oriental trempé dans une certaine huile libanaise. Puis il s'avala un grand verre de whisky *Single Cask*. Petit à petit, il se sentit redevenir normal. Sans les nœuds dans son ventre, l'angoisse qui lui coupait le souffle et l'envie de hurler. Une demiheure s'était écoulée, il partit les rejoindre.

Dehors, dans la ville, la terre et l'asphalte recrachaient la chaleur de la journée. Malgré l'heure tardive, la nuit sentait encore le jour. Arrivé à trois cents mètres de la fête locale, Mallock en aperçut les lumières. Elles dégoulinaient de chaque stand pour venir mourir en flaques au milieu de l'allée centrale. Il entra dans l'allée des forains, une masse compacte de couleurs, de cris et d'odeurs sucrées.

– Allez, cadeau, cadeau, cadeau ! Ça gagne, une ficelle, une peluche.

Le micro au poing, une grande brune haranguait la foule. Son clone, le même modèle en plus jeune, sans doute sa fille, tendait des ficelles vers la forêt de petites mains levées vers elle. Plus loin, au stand Rambo, les ados du coin frimaient en tirant à la carabine. Mallock fut surpris de voir qu'à côté des inoffensives armes à air comprimé, il y avait un fusil d'assaut 22 mm et même un fusil à pompe de calibre douze. Le vacarme était étourdissant. Sur le côté droit de ce même stand, paniqués, des ballons emprisonnés tentaient d'échapper aux tirs rageurs des plus petits.

Un peu plus loin, pour animer son manège, une énorme bonne femme aux cheveux jaunes criait dans un micro tout enrubanné de scotchs de couleur :

– Allez, je vous ai laissés respirer. Fini la récrée, on y retourne, c'est reparti ! Je veux vous entendre crier ! Allez, vitesse supérieure, ça vous apprendra. Dernière sensation, dernière accélération, dernier délire…

Et les rires fusaient, comme si les massacres de l'école et de la tour Eiffel n'étaient jamais arrivés. Tout va de plus en plus vite, songea Mallock, les deuils et les modes, les trains et les sentiments. Ce qui importe désormais, c'était de changer pour changer, zapper, s'abrutir en une mutation perpétuelle, qui s'accélère tellement qu'elle en devient paradoxalement quelque chose de parfaitement statique, vide de sens… impuissant.

Devant lui, Claude testait son appareil en mitraillant ses amis et les divers stands. Curieusement, il ne l'avait pas encore cassé. Claude et les objets mécaniques n'avaient jamais fait bon ménage. C'était l'un des sujets de plaisanterie préférés de Mallock, surtout que le Claudius s'évertuait à toujours s'équiper des produits les plus modernes. Ses déboires avec une caméra seize millimètres, il y a vingt ans, ou sa confrontation avec son premier ordinateur restaient dans toutes les mémoires.

Claude et lui avaient mis trente ans pour instaurer une relation de tendresse et devenir frères adoptifs. Il faut du temps pour les choses importantes. Il regarda son ami cadrer l'échoppe d'un vendeur d'huîtres du bassin qui annonçait sur un panneau qu'il vendait ses mollusques « Au poids… Au choix ». Avec cette autre remarquable accroche, « Hip, Hip, Huître… Hourra », qui arracha le même sourire aux deux complices.

– Bonbons, guiguis, bonbons, guiguis, bonbons, guiguis !

Dans un fracas de cymbales désaccordées, un autre forain racolait à pleins poumons.

Brusquement, alors qu'il se dressait sur la pointe des pieds pour tenter de repérer ses autres compagnons, un effet rebond de la drogue et de l'alcool le fit tituber. En un instant, les sons disparurent et tout ce qui bougeait autour de lui se mit à ralentir. Comme dans un film.

Monstre flou, apparition ou révélation, le coupable qu'il recherchait existait, mais il avait plusieurs têtes, trois crânes dissemblables. Hormis cela, il ne put voir ni son corps ni ses visages. Il reçut également trois autres indications. L'une olfactive, une odeur écœurante et sucrée ; l'autre visuelle, l'un des principaux visages de sa vision correspondait à quelqu'un de jeune, luisant ; et… un son, celui de tôles frappées ensemble, convulsivement.

Nausée.

– Ça va, Amédée ?

Claude le regardait, inquiet. Le visage de Mallock était pâle, couvert de sueur.

– Ça va, merci. Ce doit être la fatigue.

– Probablement. Tu as dû te rendormir. Il est une heure du matin. Je venais de rentrer quand je t'ai entendu crier.

C'est à ce moment que Mallock se rendit compte qu'il était encore dans son lit. Il n'avait pas quitté la villa. Avait-il fait un cauchemar ou était-ce l'un de ses fameux rêves de voyance ?

Il chassa cette interrogation d'un mouvement de tête. On verrait bien plus tard si tout cela signifiait quelque chose. Pour l'instant, rien ne rimait à rien.

– Tu veux que je te fasse une tisane ?

– Euh, non merci. Je vais aller faire un petit tour pour me rafraîchir. Va te coucher, Claude.

– OK, la clé est sur la porte. Ferme en rentrant.

Mallock se promena pendant deux heures. Sans son dos, il aurait sans doute passé toute la nuit à marcher.

6

Quelque part en France

Barthélemy avait toujours été gros. Celui que l'on regarde avec dégoût et qui reste en bas de la corde. Qui subit le rire des autres et qui, blessé, n'a d'autre choix que de rire avec eux. Triste dans sa peau, mort dans son cœur, un gros qui fait craquer les chaises et grincer les ressorts. Grosse vache, victime qui souffre et que personne ne plaint. Celui qui a faim, toujours faim, encore faim. Faim de sucre et faim de gras, de sel et de glace, de viande et de pain. Un désespéré qui ne pense qu'à manger. Manger pour combler ce vide, son gros bide !

Barthélemy était obèse. Le mot faisait sourire les autres. Ceux qui l'appelaient Big Rouquin ou Babar, surnom inévitable. Eux, les normaux, dont on voyait encore les os et les côtes lorsque le professeur de gymnastique les faisait mettre torse nu !

Cet ordre l'avait longtemps terrifié, puis il s'y était fait. On allait se foutre de lui, alors lui, il faisait le clown. Rose et luisant, il imitait le cri du cochon, grouinait, histoire de récupérer les rires à son profit. Maigre profit pour une moisson d'emmerdements. Des problèmes qu'il avait accumulés, avec l'admirable patience d'un collectionneur, avant que ses parents ne l'emmènent avec eux, à travers les routes de France.

Plus d'école, plus de faux amis, plus d'insultes non plus. Une image toute neuve à chaque ville, dans chaque nouveau village. Et puis, des cours par correspondance dont il s'acquittait avec un sérieux qu'il n'avait jamais montré en classe, de peur de rajouter l'image du fayot à celle du gros.

Au printemps, il s'était enfin décidé à faire fondre cette bouée de beurre que sa mère lui avait mise autour du ventre. Depuis le début de ses exercices et de son régime, c'était toute sa misère qu'il avait vue couler le long de son corps. Des larmes de sueur, de pleurs ravalés, des fontaines de tristesse et d'humiliations.

Bientôt, lui, il ne serait plus gros, mais l'Autre resterait un monstre. Il y a une dizaine de jours, avant de partir à Paris, le diable roux avait mis un blouson de toile écrue, un brassard de presse et un badge avec un nom bidon. Autour du cou, des appareils et, dans sa tête, une euphorie presque douloureuse. Le monstre était parti vers la tour Eiffel.

Barthélemy refoula la nausée et la panique qui le submergeaient chaque fois qu'il pensait à lui. Il avait une revanche à prendre contre ce monstre, mais chaque chose en son temps. D'abord, tuer Babar, détruire ce corps et en construire un tout nouveau, normal, simplement normal.

Pour ne plus avoir mal !

7

Andernos, mercredi 6 août

À six heures, une attaque hostile de migraine sortit Mallock du lit. Il n'avait dormi que quatre heures. Ça lui suffisait. En prenant soin de ne réveiller personne, il passa sur la terrasse. Le jardin était encore pâle. Lentement, avec l'intensité de la lumière, reviendraient les couleurs de la terre. Pour l'instant, un commissaire en pyjama se frottait un début de barbe. Le chant des oiseaux et la fraîcheur reposante du petit matin calmaient son corps, éclairaient ses pensées.

Mallock savait que, quelque part dans sa tête, un indice ou quelque chose d'incohérent se baladait. Il sentait sa présence depuis hier soir. C'était agaçant, à l'instar d'un nom qui vous échappe, un mot resté coincé à quelques millimètres des lèvres.

Comme un sapin qu'on allume, le soleil éclaira d'or liquide le chêne qui se dressait aux abords de la terrasse.

Au même instant, il se souvint. L'odeur très particulière du corps du policier Dessacre était la même que celle du professeur. Aux senteurs écœurantes de sucre, de sueur et de sang était associée une autre odeur qu'il venait enfin d'identifier, celle du sperme. Il attrapa son téléphone cellulaire pour en avoir le cœur net. Il était bien tôt pour appeler, mais

Mallock avait besoin de réponses pour continuer à nourrir sa réflexion.

Oui, on avait trouvé une grande quantité de liquide séminal dans les sous-vêtements du policier. Oui, à la morgue de Bordeaux, on avait fait le même constat sur le professeur de français, lui confirma un médecin légiste à la voix pâteuse.

Sur sa lancée, Mallock appela son ami Jean Loriot, professeur agrégé à la faculté de médecine de Montpellier et responsable d'une thèse sur l'approche statistique en matière d'autopsies médico-légales, centrée sur les suicides. Il fut catégorique :

– L'éjaculation, ou même l'excitation sexuelle, n'entre absolument pas dans le schéma du suicide post homicide dont il est apparemment question dans les deux cas. L'impuissance fonctionnelle, souvent aggravée par la prise d'antidépresseurs, est totalement incompatible avec une érection et, qui plus est, une éjaculation. L'arme, le fusil le plus souvent, est d'ailleurs le substitut phallique venant compenser une frustration poussée à son paroxysme.

Mallock s'excusa de l'avoir appelé à une heure si matinale, le remercia et raccrocha. Sa décision était prise, tant pis pour les vacances, il allait entamer, pour son propre compte, une enquête sur les trois massacres. Il lui faudrait des moyens et quelques autorisations, mais il savait par qui les obtenir. En quelques minutes, il avait échangé ses vacances contre des emmerdes. C'était plus fort que lui. Comme si, hors de Mallock, personne d'autre ne pouvait sauver le monde !

Cette forme d'orgueil et ce sens exacerbé du devoir ne dataient pas d'hier. Il s'était toujours senti responsable, même des erreurs qu'il n'avait pas commises. Petit, à l'école, il lui arrivait de se dénoncer pour éviter à la classe une sanction générale, alors même que le véritable coupable se planquait parmi eux. C'était un sens de l'honneur poussé dans ses plus étranges retranchements. Il y avait, derrière tout cela, quelque chose d'obscur, la recherche d'un pardon, l'expiation d'un crime antérieur. Un meurtre qu'Amédée aurait commis tout petit, mais dont il ignorait la véritable nature. Peut-être la seule enquête qu'il ne se sentait pas le courage de rouvrir. Affaire classée par manque d'indices, tous les éventuels témoins – papa et maman compris – étant morts depuis.

Une dizaine de minutes plus tard, il se retrouva à bord de sa vieille Jaguar en route vers Bordeaux. Gentiment, les Artis, comme tous les ans, s'étaient occupés de sa révision et sa voiture ronronnait comme aux premiers jours. Arrivé à la hauteur de Facture, Mallock décida d'appeler Gilles. Une odeur épouvantable frappa ses narines. La vieille usine de traitement de papier lui renvoyait ses fumées écœurantes. Mallock attendit d'être plus loin pour s'arrêter au bord de la route. Il tapota le numéro de son ami sur le téléphone cellulaire qu'il laissait dans sa voiture « au cas où ». Derrière lui, l'usine en contre-jour, sous le soleil encore bas, ressemblait à un gigantesque château pris d'assaut par une armée d'incendiaires. Au septième coup, Gilles décrocha.

– Allô ? articula-t-il, la voix pâteuse. Et dans ce « allô », il y avait une seule question : quel est le con qui me réveille à une heure pareille ?

– Je te signale qu'il est presque sept heures et qu'un commissaire digne de ce nom doit toujours être sur le pont.

– Merde, Mallock, j'ai eu une nuit agitée. Qu'est-ce que tu me veux ?

– Toi, rien que toi, mon GG.

– Blague à part ?

– Tu n'aurais pas une journée à consacrer à un commissaire en vacances qui referait bien des heures sup ?

Après un silence chargé d'interrogation et de désapprobation :

– Et merde ! Je n'ai vraiment pas besoin de toi. J'ai mes massacres et mes coupables. Rajoutes-y l'armée des ouvreurs de parapluies, couilles molles et autres snipers, tu comprendras que ma besace est bien pleine. En un mot, pas question.

Mais il ne put cependant s'empêcher d'ajouter :

– T'as une idée derrière la tête ?

– J'ai ! Et si j'ai raison, ce dont il serait criminel de douter, il n'y a peut-être pas que ton département qui est touché par ces… coïncidences.

Mallock laissa à Gilles le temps de réagir. Mais le Gilles se contenta d'un bon morceau de silence. Était-il atterré, effondré ou totalement dubitatif ? Amédée reprit :

– En attendant que tu te décides, je voudrais visiter la maison des deux forcenés, en commençant par la jeune fille, si c'est possible ?

Gilles poussa un profond soupir, avant de se décider.

– C'est bien ce que je craignais. Comme de toute façon, tu n'en feras qu'à ta tête, autant que je t'accompagne, mais ça devra rester officieux et rapide. À dix heures, ça doit être plié. Les journaux d'hier soir ont commencé à se déchaîner. Ce matin, ça va être grandiose. Dire que ma présence va être requise est un putain d'euphémisme. Où es-tu ?

Amédée qui se sentait d'une humeur tout à la fois exaltée et belliqueuse, lui proposa :

– Écoute, je serai à Bordeaux dans une vingtaine de minutes. On se retrouve au Rialto ? C'est juste en bas de chez toi, si je me souviens bien ?

– OK, je t'emmènerai directement sur les lieux. Mais j'ai comme l'impression que tu perds ton temps. Merde, qu'est-ce que tu cherches, bon sang ? T'es toujours aussi chiant. De ce côté-là, tu vieillis vraiment pas.

Bien qu'énervé par son ami, Gilles raccrocha le téléphone doucement. Sa femme dormait encore. Ils avaient eu une nuit agitée. Il la regarda, attendri. Vingt ans de moins que lui. Il n'aurait jamais pensé commettre un jour pareille folie : se marier avec une femme qui pourrait être sa fille et lui faire des enfants, trois sublimes petites filles. Lui qui s'était longtemps vu célibataire. Parce qu'il se trouvait petit et laid – ce qui était exact –, mais aussi parce qu'il risquait bien trop souvent sa vie pour jouer les pères de famille. La vie l'avait ramené à plus de modestie ; on fait ce qu'on peut, du mieux qu'on peut. Le plus souvent, c'est le hasard qui choisit pour vous. Et là, franchement, il n'avait rien à redire, le destin avait été plus que magnanime. Quatre belles femmes aimantes et pas une seule balle dans son corps à lui pour leur briser le cœur, à elles.

S'il ne s'était pas marié, il serait aujourd'hui directeur ou contrôleur général. Mais commissaire principal, ça lui suffisait largement. Aucun regret.

Il se leva doucement pour ne pas la réveiller et commença à s'habiller en se demandant dans quels emmerdements son ami allait encore une fois l'entraîner. Il se surprit soudain à constater, en enfilant sa chaussette gauche, que la curiosité et une certaine excitation avaient déjà remplacé l'irritation du départ. Le Mallock était une aventure à lui tout seul et l'on ne savait jamais vraiment ce qu'il allait bien pouvoir découvrir. Une seule certitude, les espoirs que l'on mettait en lui n'étaient jamais déçus.

Ce dont il ne se doutait pas, Gilles, c'est que, cette fois-ci, Mallock allait dépasser toutes ses espérances et le plonger, lui et toute la France, dans une chasse terrifiante contre un ennemi autrement plus redoutable que tout ce qu'il avait déjà connu durant sa longue carrière.

Gilles jura. Le lacet de sa chaussure droite venait de se casser.

8

Bordeaux, mercredi 6 août, 10 h 20

Extérieurement, la maison des parents de la jeune championne présentait tous les signes d'une opulence soignée. Gazon serré d'un vert profond, murs blancs, volets bleu gitane, graviers ratissés et terrasse nettoyée de toute mousse. Tout semblait neuf ou parfaitement rénové. À l'ouest s'étendait un jardin potager bien rangé, avec cloches en verre et tuteurs en bambou.

Les deux commissaires étaient arrivés par l'arrière. Un type en civil, que Gilles présenta à Mallock comme l'un de ses collaborateurs, les attendait.

– Salut Olivier, tu as toutes les clés ? lui demanda Gilles.

Le lieutenant les précéda en précisant :

– Oui, sauf celle de la porte de derrière. Il faut revenir à l'entrée principale.

Disciplinés, ils lui emboîtèrent le pas pour contourner la maison. Devant, un jardin descendait en pente forte pour se jeter dans une rivière transparente qui coulait sur un lit de pierres plates. De l'autre côté, dans un espace dégagé, on découvrait une aire de tir avec, tout au fond, un mur de paille et un assortiment de cibles. Nul doute, la famille s'était occupée de sa grande fille. Peut-être trop ? Ne pas décevoir ! Jusqu'à finir par craquer sous la pression familiale ? À moins qu'elle ne soit tombée sur un drôle de zigoto ou dans cette merde de drogue pour tenir le coup. Overdose ou mauvais mélange ? Mauvaise influence ou névrose familiale ? Problème d'adolescence ?

Mallock avait conscience d'être le seul à se poser encore toutes ces questions. La police avait déjà assez de boulot à rechercher les criminels pour s'attarder sur des affaires qu'elle jugeait résolues. De simples passages à l'acte, comme qui disaient les psys. Mais l'instinct de Mallock lui murmurait d'autres trucs. Et, même s'il n'y avait rien à trouver, il fallait qu'il en ait le cœur net.

En pénétrant à l'intérieur, il eut un moment de stupéfaction. La mort de Sharon Tate, l'exorciste et autres diableries, les horreurs commises par le Maquilleur lors de l'affaire des Visages de Dieu, voilà dans quel univers il venait de remettre les pieds.

Gilles eut du mal à tout raconter. Il butait sur les mots, comme sur la crudité des faits.

Après avoir tué son frère qui tentait de s'enfuir, la jeune fille était retournée s'acharner sur le corps de ses parents. Selon les experts de l'identité, la jeune femme, après avoir émasculé son père avec un couteau de cuisine, s'était mise à écrire des obscénités sur les murs avec le sang qui remplissait encore le membre sectionné.

– En fait, elle l'a utilisé comme un stylo, précisa Gilles. Et quand elle n'a plus eu assez d'encre, elle est ressortie pour accomplir le même geste dément sur son frère. Puis, elle a recommencé à écrire avec son… Tu comprends, hein ?

Mallock acquiesça, il ne comprenait que trop bien.

Contrastant violemment avec la propreté de l'extérieur, les murs et les plafonds étaient entièrement remplis d'une écriture sanglante. Une citation de Céline :

Il faut chercher à travers sa vie le plus grand chagrin, rien que cela, pour devenir soi-même avant de mourir.

Un extrait de l'Apocalypse :

Je connais ta conduite, tu n'es ni chaud ni froid. Que n'es-tu l'un ou l'autre ? Ainsi, puisque te voilà tiède, je vais te vomir de ma bouche.

Et puis, le pire, ses propres pensées démentes avant de mourir :

« Enfin l'horreur, pour que tout s'apaise... Seul le diable est Dieu de miséricorde... Transpercez mon corps de sexes aiguisés, je suis l'archange... Il était un petit navire... Papa, ne meurs pas... Remplis plutôt mes lèvres de la fratrie de ton sperme... Mironton, mironton, mirontainc... Ainsi, puisque te voilà tiède, je vais t'avaler par ma bouche... »

Mallock resta interdit en déchiffrant ces lignes. Il dut faire un effort pour prendre une voix neutre et demander :

– Elle est morte de quoi ? Détresse respiratoire, choc anaphylactique, arrêt cardiaque ? Y a-t-il eu une autopsie poussée sur la jeune fille ?

– Non, ça n'a pas été jugé utile, lui dit Gilles, se sentant déjà un peu coupable. Une simple autopsie de routine. Mais l'anatomo a trouvé des traces d'huile de cannabis à haute dose. Elle avait une compétition importante le lendemain. Il semble évident qu'elle avait de plus en plus de mal à supporter le poids de ces rencontres à haut niveau. Elle était championne de France junior et...

– Je suppose que l'on a trouvé, dans la maison, les traces de ces prises de drogue, tout au moins leur conditionnement ?

Mallock avait interrompu Gilles pour poser une question dont il soupçonnait déjà la réponse, presque mot à mot.

– Non, rien du tout. Dans sa chambre, on n'a découvert que des bâtons de sucettes et des emballages de bonbons. On suppose qu'elle a pris ces saloperies autre part, avant de rentrer chez elle. J'ai personnellement interrogé ses amies proches.

– Et alors ?

– Rien. Mais ce n'est pas évident dans ce milieu... On ne reconnaît pas facilement avoir fait usage de drogue.

– Tu n'as pas envisagé un empoisonnement criminel ? On pouvait désirer prendre sa place ?

– Dans ce cas, elle serait morte, point à la ligne. Dois-je te rappeler qu'elle a commis quelques joyeusetés avant de mourir ?

– Tu n'as pas tort. Allez, on y va.

Mallock préféra couper court et balaya la pièce d'un dernier regard. Les mots marron hurlèrent une dernière fois leur délire. Une ultime phrase accrocha son regard. Il la trouva terrifiante : « Nous rirons tous au paradis. » Il se retourna en baissant les paupières.

Il se sentait peu à peu envahi par une morbidité de plus en plus fébrile, un sentiment qui semblait prospérer et grandir comme une lèpre, une épidémie. Métaphore, la mort qui rampe et qui dévore. Ça ressemblait à un putain de cauchemar.

En fermant les yeux pour tenter de retrouver ses esprits, Mallock entraperçut la jeune tireuse à l'arc pleine de sang, traçant sa chorégraphie macabre.

Petit rat typographe, promue danseuse étoile, elle se dressait, maculée de rouge, sur la pointe des pieds. Bras levés, elle brandissait le sexe de son père pour atteindre le haut du mur et y inscrire les phrases de sa folie. Calligraphier les mots du délire, avant de mourir. Puis, dans le silence assourdissant des tragédies, le cygne ensanglanté s'effondrait au centre d'un lac de rouges, jusqu'à ce qu'aucune plume ne bouge...

Rideau carmin se ferme, puis s'ouvre à nouveau. Onze heures. On est maintenant dans un petit appartement au centre de Bordeaux. Celui du maître d'école. L'affaire Carnot devait impérativement être bouclée pour ce soir. « Avant les actualités », avait précisé le préfet. Mais Mallock n'était pas là pour ça. Il avait sa petite idée et il ne laisserait rien ni personne le contrarier.

Il avait demandé au second de Gilles :

– Fais comme chez la fille. Mets de côté tout le contenu des boîtes à ordures, des armoires à pharmacie, des corbeilles, des tiroirs des tables de nuit et du frigo.

Gilles les avait laissés tous les deux seuls. Le maire, le préfet et le monde entier l'attendaient. Et la télé surtout. La chasse aux coupables était ouverte. Du président de la République au plus petit policier, les médias affamés allaient devoir être nourris. Après un tel massacre, l'ogre aurait faim.

– Même ça ? Olivier, un peu énervé par la demande de Mallock, lui montrait un bâtonnet, genre grosse allumette, qui était tombé à côté de la boîte.

– Même ça.

Mallock lui tourna le dos, le laissant avec son bâton au bout des doigts. L'appartement devait faire entre soixante et quatre-vingts mètres carrés. Sur l'un des murs de sa chambre, le meurtrier avait collé toutes les photos des classes qu'il avait eu le plaisir de diriger. Son visage, à part une moustache qui apparaissait de temps à autre pour disparaître l'année suivante, était sans âge. Comme si la fréquentation d'enfants toujours petits l'avait lui-même maintenu dans une perpétuelle jeunesse virtuelle. Seuls les cheveux se raréfiaient, tandis que les tempes s'argentaient.

– Olivier ?

Mallock fit, cette fois-ci, un gros effort pour tutoyer le collaborateur de Gilles.

– Pourrais-tu veiller à ce qu'on ait bien tous les carnets d'adresses et les relevés bancaires du bonhomme ? Comme pour la fille ?

– Sans problème commissaire, je vous dépose tout ça sur le bureau du patron dans la journée de demain. Il vous les passera.

Mais Olivier ne put s'empêcher de rajouter :

– À quoi cela va bien pouvoir vous servir, si je ne suis pas trop indiscret ?

– À aller au bout d'une intuition. C'est le côté très... sexuel qui me dérange un peu dans tous ces meurtres. Si j'ai tort, ce qui est probable, je vous invite tous les deux dans le restaurant de votre choix, pour me faire pardonner le temps que je vous aurai fait perdre. Honnête, non ?

– Ça va vous coûter bonbon. Le commissaire Guédrout est un fin gastronome. Il vous fera pas de cadeau.

– Pas de problème. Au fait, vous n'avez pas faim ? Il est midi. On pourrait s'arrêter dans un resto en allant chez notre dernière cliente. C'est moi qui régale, un acompte, en quelque sorte !

– Merci beaucoup, commissaire, c'est très gentil !

Pour la première fois depuis qu'il avait rencontré Mallock, Olivier commença à se détendre.

Après un déjeuner rapide, ils partirent à trente kilomètres au sud de Bordeaux, entre Saucats et Saint-Morillon. C'était là qu'avait eu lieu le meurtre du député et de ses deux servantes. La propriété des Demanteau était superbe, un petit château au centre d'une forêt de pins. Ils y procédèrent aux mêmes prélèvements que chez les deux autres meurtriers. Ni le maître d'hôtel, visiblement très affecté, ni Olivier ne surent où se trouvaient les relevés bancaires.

– Ce n'est pas grave, dit Mallock, on a le nom des banques. Ils nous procureront les listings et les photocopies de chèques.

– Sur quelle période ? demanda Olivier inquiet.

– Les douze derniers mois, dans un premier temps.

– Je peux me permettre de vous demander pourquoi ?

– Des lieux fréquentés en commun avec les autres forcenés, ou des sommes données à une même association, entre autres. Un même achat, une boutique commune etc. L'hypothèse d'une secte n'est pas non plus à écarter...

Mallock passa devant l'armoire à pharmacie des Demanteau, entre la chambre et la salle de bains.

– Et merde ! J'ai complètement oublié de demander à l'externe…

Mallock se retourna vers Olivier :

– Quand on l'a retrouvé chez elle, a-t-on été obligé de pratiquer une intervention pour la stabiliser avant de l'hospitaliser : oxygénothérapie, abord veineux, lavage gastrique ou intubation ?

– Je ne pourrais être aussi précis, lui répondit le collaborateur de Gilles, mais j'étais là parmi les premiers et les types du SAMU m'ont dit qu'elle avait perdu conscience et qu'elle avait, je crois, de sérieux troubles cardio-vasculaires. L'un d'eux suspectait un empoisonnement. Je crois me souvenir qu'ils ont parlé de cyanose ou d'apnée.

– Tu ne sais pas dans quel hôpital ils l'ont emmenée, dans un premier temps ?

– Au Pellegrin-Tripode de Bordeaux. Il y a un centre antipoison à l'hôpital des enfants, ou un truc comme ça, mais Pellegrin est le seul hôpital vraiment bien équipé sur la côte atlantique, avec caissons thérapeutiques hyperbars et tout le toutim. Je pourrai me procurer le rapport d'admission, avec les détails, mais je ne vous le promets pas pour demain.

– Après-demain matin, ça ira. Une dernière chose : je voudrais que l'on analyse la culotte que portait la jeune fille le jour du massacre, les liquides corporels. Normalement, c'est une pièce qui doit se trouver encore à la morgue, si elle n'a pas été détruite. Pareil que pour le reste, je veux tout pour vendredi matin.

Olivier se rendit soudain compte qu'avec un patron comme Gilles, il avait plutôt la bonne vie. Mallock était sans aucun doute brillant, mais limite casse-couilles. Travailler au quotidien avec un type pareil serait largement au-dessus de ses forces. Même avec un bon gueuleton gratos de temps en temps.

À une heure trente, il décida d'aller voir dans sa voiture pour vérifier les appels. Un message attendait Mallock. L'inspecteur prit presque plaisir à aller le prévenir. À chacun son tour d'emmerder l'autre. Le commissaire était convoqué de toute urgence au ministère de l'Intérieur.

Olivier pensait que c'était grave. Mallock savait déjà que c'était bien pire.

9

Paris, mercredi 6 août, 19 h

En glissant la clé dans la serrure de son appartement, Mallock fut surpris de constater qu'il mourait de faim. Bien qu'il fasse encore lourd et orageux sur Paris, l'air de son habitation était froid et humide. On était dans le Marais et les murs de son appartement – rez-de-chaussée sur cour – faisaient un bon mètre d'épaisseur. Au début des années soixante, l'immeuble et sa cour avaient été parmi les premiers de l'arrondissement à être classés. Il possédait une centaine de mètres carrés et espérait pouvoir bientôt acquérir le premier étage pour s'agrandir en duplex et y installer le bureau dont il rêvait.

Tout était parfaitement propre et rangé. Anita, sa perle noire mauricienne, femme de chambre et nounou, avait tout nettoyé avant de partir en vacances dans son île. Mallock était sûr de trouver une série de petits plats préparés gentiment et mis au congélateur. Un mot, rédigé d'une écriture enfantine, précisait les affaires qu'elle avait envoyées au pressing, avec les tickets correspondants. Mallock sourit. On mérite très rarement ceux qui vous servent, surtout avec une telle bienveillance.

Il n'était que dix-neuf heures, mais l'obscurité venait de tomber. Éclairs, explosions et déchirements, le ciel avait attendu que le commissaire soit à l'abri pour laisser éclater sa colère. Amédée ouvrit sa valise. Dans un sac en plastique, huit superbes tomates l'attendaient. Une salade avec de la mozzarella, c'était un menu du soir, simple mais délicieux, lorsque l'on choisissait avec rigueur et sévérité chacune des matières premières.

Petit retour en arrière… À deux heures, le jour même, il avait laissé sa précieuse Jaguar dans le parking de l'aéroport. Il n'aimait pas ça, mais le message était clair, on l'attendait de toute urgence. À deux heures et demi, il était entré dans l'Airbus et à quatre heures tapantes, après une course en gyrophare sur l'autoroute, il était au cœur de Paris.

Frank était venu le prendre. Il avait retrouvé son sourire, mais avec quelque chose de moins filial, de plus fraternel.

– Coucou, mon Frank. Allez, fais péter la « deux tons » et passe par Odéon, j'ai des bouquins à prendre chez Maloine, avant que ça ferme. J'en profiterai pour acheter de la mozzarella et des tomates.

Ce qui était bien avec un patron pareil, songea Frank, c'est qu'on ne pouvait jamais prévoir ses réactions. Il pensait le trouver angoissé à l'idée d'affronter son ministre, et lui, il parlait d'acheter du fromage !

Rue de Rennes puis rue du Vieux Colombier, trois rues, un magasin de fruits et légumes et dix minutes plus tard, Mallock entrait chez le fameux libraire de Saint-Germain, spécialisé en médecine. Tout juste le temps de charger ses acquisitions et la voiture fonçait tout droit sur les quais en direction du ministère. Le rendez-vous, on disait convocation, était à 16 h 45. C'était plutôt serré comme horaire. Mais Mallock avait d'autres préoccupations que ne pas indisposer la hiérarchie. Il avait retiré sa veste de lin. La chaleur était étouffante, malgré le soleil absent. Dans le ciel chaud et gris, il n'y avait plus le moindre souffle de vent. Paris, comme lui, semblait retenir sa respiration.

Vingt heures. En passant ses tomates sous l'eau, Amédée repensa au regard soupçonneux de la vendeuse à qui il s'était adressé. La bibliothèque du 36 aurait certainement une partie des livres dont il avait besoin, mais il avait envie d'avoir les bouquins chez lui, à sa disposition à tout instant. Ils rejoindraient les centaines d'ouvrages spécialisés qui composaient sa propre collection. La vendeuse l'avait trouvé bizarre, voire suspect. Mallock s'était fait une joie de ne pas apaiser ses soupçons, en adoptant un regard fuyant et une démarche de pervers. Dans le grand commissaire sommeillait encore bien vivace, l'enfant farceur qu'il avait été.

Amédée mit un CD de Chet Baker. Et dessina une petite croix au couteau sur chaque tomate avant de les jeter dans l'eau bouillante. En les signant ainsi, il repensa aux petits corps alignés. Il jeta les fruits rouges sans ménagement, trois secondes, le temps de se retourner pour vider la casserole dans l'évier et la remplir d'eau froide. Ça créait un choc thermique et arrêtait la cuisson. Il était impératif que la pulpe reste crue. Et puis, ça évitait de se brûler les doigts.

Un déchirement violent du ciel ponctua l'arrivée de la trompette sur l'intro de piano.

Pluie et nuit. L'album s'appelait *Chet* et le premier titre *Alone together* allait parfaitement bien avec Mallock. Après les avoir mondées, il découpa ses tomates avec, dans la tête, ceux qui peuplaient sa vie : les vivants et les morts, les âmes damnées et celles qui ne l'étaient pas encore. Les diables qu'il avait combattus et puis les anges, son ange. Thomas, petit chérubin endormi dans le grand cœur de Mallock.

– Tu es l'ange au fond de moi, murmura-t-il.

Tout en songeant en même temps que c'était bien cela que le destin avait fait : tuer l'ange au fond de lui.

Trois heures et quart plus tôt. Outre le nouveau ministre de l'Intérieur – Mallock avait compris qu'il ne fallait pas trop s'attacher à ces petites bêtes-là, éminemment éphémères – étaient présents le gotha de la police nationale et une forêt d'acronymes. Les patrons de l'OIPC, de l'OCRB, la bonne vieille DST, la DCPJ, dont le chef était, de fait, le patron direct de Dublin et l'IGPN, couvrant les diverses IGS, alias les bœuf-carottes, alias le cimetière des éléphants[4]. Il y avait également un gradé des RG, un général de gendarmerie responsable du CRG et un CG de la police de l'air et des frontières. Pour finir : deux ou trois types dont Mallock n'eut le temps de saisir ni la fonction ni le sigle. Était présent également cet arriviste de juge Judioni, avec lequel Mallock finirait par entrer en conflit direct lors d'une prochaine affaire.

Tout ce petit monde suait comme des veaux dans un hammam à cochons. Posées sur leurs chemises cravatées, leurs têtes tiraient une tronche de trois mètres de long.

Bien plus grave que tous ces morts, on avait fini par découvrir que l'officier de police Dessacreavait un beau-frère douteux ! En fait, sa sœur avait épousé un drôle de zigue, fiché comme proche de la mouvance islamiste et donc potentiellement dangereux. Avec un casier bourré à craquer de délits variés, un « accordéon » de toute beauté, comme on disait au Château. Il ne se baladait plus qu'avec son carnet de trique. L'individu avait même été interrogé lors des attentats du RER et du boulevard Saint-Michel. À l'époque, l'administration ne s'était pas vraiment émue de sa parenté avec le policier. Un fonctionnaire, c'est surtout fait pour rester en fonction. D'où son nom, pensa Mallock.

Maintenant, il fallait absolument que l'on procède à une remise à plat générale et à une enquête centrée tant sur les mouvements islamistes que sur la police elle-même.

4. OIPC : Organisation internationale de la police criminelle.
OCRB : Office central de répression du banditisme.
DST : Direction de la surveillance du territoire.
DCPJ : Direction centrale de la police judiciaire.
IGPN : Inspection générale de la police nationale.

L'heure était grave. Quel meilleur moyen de terreur que de faire d'un policier, censé protéger le citoyen, un terroriste en puissance ? S'ils parvenaient à embrigader des policiers ou à faire entrer dans les services de police des hommes à eux, les réseaux islamistes pourraient agir au cœur de n'importe quelle manifestation importante. L'idée avait visiblement foutu la trouille à tout le monde, car personne n'avait apparemment encore songé à cette éventualité. Tous étaient d'accord pour centrer l'enquête sur cette théorie bien paranoïaque. Ils étaient déjà en train de se vautrer, soulagés, dans ce consensus confortable, lorsque le ministre eut la malen contreuse idée de demander son avis à Mallock…

Il ne fallait pas couper les tomates en tranches trop épaisses. Comme la mozzarella d'ailleurs. Ni trop fines non plus. C'était une question d'équilibre. Le coefficient d'imprégnation du légume et du fromage dans l'huile faisait aussi partie des petits secrets de cette recette apparemment facile. *Tout en déplorant de devoir pousser plus avant la provocation, il faut bien reconnaître que j'adore les tomates.* Cette phrase de Pierre Desproges avait resurgi du fond de sa mémoire. Son humour iconoclaste, sa lucidité et sa conscience du monde avaient laissé, loin derrière, les points de vue conformistes et consensuels des bien-pensants d'aujourd'hui. Si Mallock avait parfois envie de monter au ciel après sa mort, c'était pour y être accueilli par ce Pierre-là, pas l'autre.

Après les tomates, contrairement à ce qu'il est d'usage de faire, il trancha trois petits oignons nouveaux en fines rondelles et commença à couper la bufflonne en admirant son extrême porosité et sa déliquescence lactée. En fait, lorsqu'elle était de cette qualité, *Giustina*, il n'utilisait pas de couteau, mais la déchirait avec les doigts. Ça mettait en valeur les fibres et respectait la texture du fromage frais. L'huile d'olive et les condiments pénétreraient sans peine une aussi tendre pâte. Une série d'éclairs se refléta

– stroboscope – sur la lame affilée du couteau, désormais inutile. Grondement.

Au ministère, Mallock avait fait fort et foutu son bordel. Comme d'habitude. C'était l'un de ses grands plaisirs, énoncer, sans précaution aucune, le fond de sa pensée. L'envie de choquer ? Pas vraiment, pas seulement. Plutôt le plaisir de lâcher le jeune éléphanteau dans le magasin de porcelaine, le laisser courir en toute liberté, lui et la vérité toute nue, pour pouvoir les regarder gambader parmi les mensonges, renversant tout sur leur passage. Mais c'était aussi autre chose, une expression particulière de cette dépression larvée qui l'habitait depuis la mort de Thomas. Une sorte d'agressivité délicieuse qu'il laissait s'exprimer froidement, en une espèce de simulation de suicide social. Et puis, ce mélange écœurant de réacs de gauche et de coincés de droite, ça lui cassait les couilles :

– Sans vous demander l'impossible, je pense qu'il vous faudrait avoir l'esprit plus ouvert. L'affaire Dessacre fait peut-être partie d'une série d'événements dont on n'a, ici, qu'un exemple, la partie d'un ensemble plus complexe…

Mallock leur exposa rapidement, avec plus d'assurance qu'il n'en avait réellement, les différents massacres et le début de théorie qu'il en avait tiré.

– Ce que je sais, c'est qu'aucun des meurtriers n'avait le profil et le mobile qui puissent expliquer son geste. Aucun antécédent psychiatrique, non plus. Qui plus est, en commun dans les trois affaires, on retrouve un même aspect cruel, sauvage et fortement érotique. Ce sont ces deux raisons principales qui me portent à ne pas traiter isolément le massacre Dessacre. Mais à rechercher plus loin, une origine commune à ces… événements.

La tronche de son public aurait dû amener Mallock à plus de circonlocutions et à l'utilisation apaisante du conditionnel. L'effet fut contraire.

– Si vous vous penchez sur les statistiques des dix dernières années, on crève le plafond. En une période si courte, autant de *mass-murderers,* pour moi, c'est statistiquement significatif.

Il continua :

– Drogue, toxique ou virus, je ne sais pas encore. Explosions solaire ou phase de la Lune ? On ne doit rien laisser de côté. J'ignore si c'est le fait de la nature, d'une secte, voire même, pourquoi pas, de vos islamistes. Mais j'ai le sentiment qu'il y a quelque chose d'inquiétant dans cet… « ensemble » d'affaires. Il faut trouver ce qu'on appelle le cas *princeps* et organiser une campagne d'autopsie. D'ailleurs, pour moi, le ministère de la Santé devrait être représenté ici. Ainsi que l'InVS[5]. Leur absence est, à mes yeux, une grossière erreur. C'est à eux de déterminer si l'on n'aurait pas, par hasard, affaire à une intoxication accidentelle ou à un empoisonnement criminel. Et, dans ce cas, de déterminer si c'est d'origine infectieuse ou toxique, transmissible ou pas. Comment la substance a-t-elle été introduite dans l'organisme de la victime ? Nous devons élargir le champ de nos recherches et surtout ne pas se focaliser sur la première hypothèse qui se présente. En substance, celle d'un réseau terroriste.

Mallock aurait pu s'arrêter là. Il aurait dû, mais il ne put s'empêcher d'en rajouter une couche :

– Sincèrement, je ne suis sûr de rien. Mais concernant votre hypothèse, l'unanimité dont vous faites preuve est déjà le garant d'une certitude : vous vous foutez le doigt dans l'œil. Une telle quantité de personnes ne peut se mettre d'accord que sur la solution la plus médiocre. C'est statistique.

S'en suivit un tollé général, fait d'énervements, de critiques virulentes et de sarcasmes. Rien ne permettait de relier les différents massacres et tout cela n'était que spéculation délirante. Mallock avait visiblement agacé tout le monde. On le traita de parano, de mégalo et deux gugusses

5. Institut de Veille Sanitaire.

allèrent même jusqu'à réclamer des sanctions immédiates à son égard.

– Notre avis vaut bien le vôtre, monsieur le commissaire, lança un troisième individu.

– Les avis, c'est comme les trous du cul, chacun en a un. C'est mon drame dans ce genre de situation, rajouta Mallock, en citant son pote Callaghan.

Il accueillit en souriant la volée de bois vert qui s'en suivit. Puis, plus sérieusement, il s'adressa au ministre :

– Monsieur le ministre, je ne vais pas continuer à argumenter ou à essayer de convaincre cette bien belle assemblée...

Il faillit rajouter « de bras cassés ». Mais, un coup d'œil à Dublin l'en dissuada. Le regard de son supérieur s'était fait implorant.

– Laissez-moi seulement avancer plus avant dans mon enquête, sans m'obliger à suivre la piste terroriste. Si je me suis trompé, je joindrai mes forces à celles de ces messieurs. Pour l'instant, ils n'ont vraiment pas besoin de moi. C'est aux services internes, à l'IGPN, à l'OCRB et à la sixième division, dont c'est la prérogative, avec l'OIPC, d'être en première ligne. Ça fait déjà pas mal de monde, non ?

Mis en porte-à-faux, le ministre eut bien du mal à calmer tout cet étalage de hauts fonctionnaires aux ego blessés. Il parvint cependant à les faire taire en leur jetant en pâture une menace à l'attention de Mallock

– Méfiez-vous, commissaire. Contrairement à ce que vous dites, on a rarement raison tout seul. Surtout face à autant de compétences. Je vous trouve très présomptueux. Alors, si vous prenez cette piste, c'est à vos risques et périls. Nous nous comprenons ?

Amédée acquiesça d'un imperceptible mouvement de tête en se gardant bien d'en rajouter une nouvelle couche. Dublin était au bord de l'évanouissement. Lui, ça ne l'amusait pas du tout, les provocs de Mallock. Il se sentait comme un cul-de-jatte dans un concours de coups de pied au cul.

Mallock, de son côté, se dit qu'il avait déjà poussé le bouchon assez loin. Même si, depuis longtemps, il n'était plus vraiment sensible à ce genre d'ultimatum. Il avait fait ses preuves et plus de « beaux crânes » qu'aucun autre commissaire avant lui. Si un ministre le mettait à pied, il prendrait des vacances en attendant le prochain remaniement ministériel. Le nouveau gugusse choisi le ramènerait derrière son bureau, avec une augmentation à la clé. Les ministres étaient aussi provisoires, genre CDD, qu'il était, lui, à durée indéterminée. Et puis, en plus, pour être honnête, il n'en avait pas grand-chose à carrer de la pérennité de sa carrière, comme de celle de sa vie. Depuis la mort de Thomas, ce genre d'événement tombait sur lui en faisant les mêmes dégâts qu'un duvet de moineau sur une pierre tombale.

Mais Dublin était réglo, et c'était sur lui que risquaient de tomber les inévitables représailles. Alors, il remit son épée dans son fourreau et sa langue dans sa bouche. Jusqu'à la prochaine fois.

L'huile et le vinaigre doivent toujours être choisis avec le plus grand soin. Mallock recevait régulièrement, envoyée de Corse par les parents de Julie, une huile d'exception enfermée dans des récipients métalliques. À l'abri de la lumière, le liquide conservait mieux ses propriétés et son goût fruité.

Dans un saladier, au fond duquel il avait mis une poignée de fleur de sel, il versa deux cuillerées de vinaigre de Xérès, plus quelques gouttes de véritable balsamique. Il remua pour faire dissoudre le sel, avant d'y jeter ses tomates. Au-dessus, il posa la mozzarella déchirée, la saupoudra de six tours de moulin à poivre – Penja du Cameroun – et fit couler son huile d'olive. C'était important de marier les tomates au vinaigre, et le fromage à l'huile. Il laissa reposer dix minutes.

Il adorait les bordeaux. Les grands crus classés, entre dix et quinze ans d'âge. Surtout les Saint-Julien. Mais dans cette circonstance et notamment la présence de vinaigre dans le plat, c'eut été ridicule de gâcher un bon rouge. Il opta pour un rosé portugais, pétillant et bien glacé.

Au moment de servir, il fit tomber quelques gouttes de Tabasco et mélangea vigoureusement légume et fromage sans se soucier de l'apparence. Dans les restaurants, les tomates mozzarella sont jolies, bien coupées et bien rangées, mais sans aucun goût. De la merde, comme aurait dit quelqu'un. Dernière touche personnelle : peu partisan du basilic trop marqué, Mallock ajouta quelques morceaux de persil plat. Pour la couleur, mais pas seulement. Il trouvait que la verdure allongeait, en bouche, le goût de la tomate.

Tout à l'heure, en sortant de sa réunion au ministère, il était passé rapidement au Fort, quai des Orfèvres, pour donner à Frank ses toutes premières instructions sur l'affaire.

Premièrement : se mettre en contact avec Olivier, le bras droit de Gilles, pour qu'il leur fasse parvenir tout ce qu'il lui avait promis. Deuxièmement : téléphoner pour battre le rappel des troupes, sauf Ken qui était parti en voyage avec sa femme et son bébé de trois mois. Il exclut également Daranne, dont l'épouse venait de revenir au foyer, et qu'il avait emmenée pour un deuxième voyage de noces, genre dernière chance avant divorce. Troisièmement : rassembler une équipe pour l'énorme travail de saisie et de gestion des banques de données. Et enfin, ne pas oublier de demander toutes les autorisations aux vestales du 305. Au moment de partir, Amédée se retourna vers Frank pour lui demander :

– Au fait, Frank, ça va mieux ?

Son jeune collaborateur lui répondit franchement.

– Ouais. Ça va mieux, je n'y pense même plus.

Étonné, Mallock lui lança :

– Bon, ben, tant mieux pour toi. À demain.

Lui, Mallock il y pensait encore. Il n'oublierait jamais. Il savait faire le deuil de tout, sauf des êtres humains. Surtout des enfants. Ça, c'était mission impossible.

À huit heures tapantes, il enfonçait la clé dans la serrure de son appartement pour y préparer ses tomates mozzarella.

Après avoir porté son plat et sa bouteille sur la table du salon et jeté dans la corbeille tous ses vêtements en sueur, il était passé sous la douche.

Tandis que l'eau coulait, tentant de laver ce qu'elle pouvait, il se prit à songer une dernière fois à sa journée et à la façon dont il réagissait depuis le début de l'enquête.

Se comportait-il de la meilleure façon ? La plus efficace ? Il n'en était pas sûr. En fait, les années avaient émoussé, chez lui, les passions exacerbées de la jeunesse. De plus en plus, avec le temps, il se foutait de tout. Seuls les animaux, les enfants et certaines femmes déclenchaient encore en lui intérêt et sentiments. Ses amis aussi sans doute, mais rien d'autre. En fait, si son métier le raccrochait à la vie, c'est qu'il en montrait une caricature, quelque chose de beaucoup plus lisible, plus grand et plus proche. Vivante contradiction : plus l'esprit de Mallock était devenu insensible aux événements, plus son cœur l'avait rendu sentimental. Il se sentait moitié montagne, moitié fillette et il n'était pas sûr d'aimer ça.

À peine essuyé, il alla se poser dans le salon, face à un énorme écran plat et déclencha le DVD de la version longue de *Blade Runner*. Sa tomate mozzarella était délicieuse. Demain, Julie et Jules, ses collaborateurs, seraient là. Pour ne pas perdre de temps, il s'était préparé de la lecture, *Les Intoxications aiguës,* de Danel et Barriot. Il le lirait plus tard, avant de s'endormir.

Il regarda le film en mangeant lentement. Dehors, l'orage flashait les immeubles. Mallock avait le sentiment de s'accorder la toute dernière trêve avant une guerre particulièrement meurtrière. Demain, branle-bas de combat, tout le monde sur le pont. Ce genre de veillée d'armes, il en avait connu beaucoup et si son corps s'était résigné, son âme continuait à avoir peur. Après tout, c'était elle qui risquait sa peau dans cette histoire.

Sur l'écran, le grand Répliquant blond se tourna menaçant vers lui :

– *Time to die* ! murmura-t-il avant de mourir.

Sur son visage, qui avait vu les premiers vaisseaux sidéraux partants rejoindre le Baudrier d'Orion et la porte de Tannhäuser, la pluie coulait comme un torrent de larmes.

En l'honneur du Répliquant, Mallock vida son verre. Le rosé avait un goût de pierre sucrée.

10

Paris, 7 août, 7 h 10

« Paris, gare de Lyon… Terminus » : la voix dans le haut-parleur était lugubre. Le son, mais aussi le sens. Tout le stress et la pollution qu'elle signifiait. Julie, réveillée depuis une demi-heure, avait refermé ses bagages et vérifié qu'aucun objet n'était resté dans le lit ou sur le sol. Puis elle avait tenté de refermer le sac à dos de Jules. Elle ne le comprendrait jamais. Il refusait, par sentimentalisme ou parcimonie, de jeter ce vieux débris déchiré. Ses deux sacs à elle étaient signés Hermès, un des multiples cadeaux que son père ne pouvait s'empêcher de lui faire, lorsqu'il quittait sa Corse pour monter à Paris.

Un coup de rimmel sur les cils, deux ou trois tapotements de rouge sur les lèvres et elle était prête. L'appel de Mallock lui avait fait perdre sa dernière semaine de vacances, mais elle ne lui en voulait pas. Elle le connaissait. Ce sacrifice se transformerait en deux semaines à prendre plus tard. Et puis qu'importe, s'il les rappelait, c'est qu'il avait une bonne raison.

Collaboratrice directe de Mallock, membre de son « groupe de sang », elle aimait autant son métier que son commissaire. Seul Jules, pour la forme, avait râlé en apprenant la nouvelle. Julie leva la tête vers la couchette du haut, il dormait encore à poings fermés. Avant de le réveiller, elle regarda son gros nounours.

La liaison de Julie et de Jules était un secret de Polichinelle. Ils faisaient de leur mieux pour que personne ne l'apprenne et tous les autres, parfaitement au courant, jouaient les ignorants. Seul le vieux Bob, toujours aussi psychologue, regrettait régulièrement qu'ils ne soient pas ensemble :

– C'est idiot, Jules en pince pour Julie et il n'ose même pas faire le premier pas. Moi, à son âge…

Elle faisait un mètre cinquante-cinq ; lui, trente bons centimètres et une quarantaine de kilos de plus. Tous deux – ainsi que Ken, Frank et même Bob Daranne, à moindre mesure – avaient les cheveux rasés très courts. Mallock, avec ses éternels cheveux longs, les appelait ses G.I.

Jules et Julie, à part leurs yeux gris et leur amitié respectueuse pour Mallock, étaient fondamentalement différents. Julie était ce qu'on appelle une fine mouche. D'une intelligence rare, elle faisait merveille dans le domaine de la psychologie humaine appliquée. Elle était réfléchie, synthétique et méfiante.

Jules, lui, faisait plus volontiers appel à son instinct et fonçait dans chaque porte fermée. Mais il avait son intelligence à lui, plus rationnelle, plus mathématique. Il s'était révélé génial derrière un ordinateur. Pas aussi tâcheron et obstiné que Frank, mais beaucoup plus astucieux et capable d'ingurgiter toutes les finesses d'un grand nombre de programmes.

Julie s'étira sur sa couchette. Belle à tomber par terre, elle était le dernier rejeton d'une grande famille corse : les Gemoni, qui avaient depuis deux siècles accumulé terres et richesses. Les parents de sa collaboratrice, amoureux de leur île, envoyaient régulièrement à Amédée de grands colis pleins de charcuteries, de vins et de fromages puissants, sans oublier des litres de la « meilleure huile d'olive sur Terre ». Là encore, profitant de la venue de la petiote, sa famille avait insisté pour charger son sac de « corseries ». Julie soupira en soupesant mentalement son chargement. À cet instant, l'image des rides de son grand-père se superposa aux tonnes de victuailles. Comment un être humain pouvait-il être aussi marqué. Ridules, yeux, creux, cicatrices… ce parchemin la fascinait depuis son enfance. Surtout ses yeux, dont on ne percevait plus qu'une ligne claire. Mais rien n'échappait au regard du vieux. Rien ni personne. La légende du pays le murmurait. « Et j'ai une partie de ses gènes », pensa-t-elle, avant de réveiller son jules à elle. Jules ! Cette homonymie la faisait toujours sourire.

Champion de lutte basque puis de décathlon, son Jules avait été élevé par ses grands-parents, fermiers et éleveurs à Bayonne. Eux, ils avaient toujours tiré le diable par la queue, mais sans jamais se plaindre ou envier le voisin. L'important était de donner au petiot une éducation décente et les moyens de continuer une éventuelle carrière dans le sport. Son titre de champion, quatre ans plus tôt, et sa nomination en tant que lieutenant de police avaient été les deux plus beaux jours de leur vie.

Jules et Julie partageaient les cinq qualités que le commissaire exigeait de ses collaborateurs : une intégrité absolue, l'intelligence, le cœur, la ténacité et la volonté permanente de se perfectionner dans tous les domaines.

Julie grimpa la petite échelle et réveilla Jules d'un baiser sur la bouche. Alors qu'il l'attrapait pour poursuivre plus avant cet échange, elle lui fit remarquer qu'ils étaient arrivés depuis cinq minutes et qu'il était grand temps de sortir.

Dehors, c'était une véritable étuve. La différence entre l'intérieur du wagon climatisé et l'air de Paris pollué et brûlant était saisissante.

– On va directement au 36 ?

– Calmos, on a tout notre temps, répondit Jules.

Il n'était que huit heures et demi et Frank leur avait donné rendez-vous au Fort à dix heures. Ils prirent donc tranquillement un petit déjeuner au Train Bleu, en émettant des hypothèses variées sur les raisons de leur retour à Paris. La tuerie de la tour Eiffel, baptisée « le Massacre Dessacre » par la presse, en sortit gagnant.

– Je ne vois pas d'autres raisons. Ou bien l'affaire de l'école de Bordeaux. Frank t'a dit si Ken serait là ?

– Malheureusement non, mais on n'aura pas non plus à se taper Bob. Ça compense.

Julie ne répondit pas. C'était gratuitement méchant. Elle non plus n'appréciait pas toujours le commandant Daranne. Le p'tit vieux pète-sec de la bande, un peu con et soupe au lait, avait la mentalité d'un ancien « cabot », avec la courte brosse rousse et la moustache en balai de chiottes qui allait bien. Mais il avait aussi un grand cœur et un rôle important dans l'équipe. C'était, et ça avait toujours été, un homme de terrain, un peu comme Gilles, un condé qui savait causer aux cousins et, quand il le fallait vraiment, faire déblatérer les prévenus à coups de bottin. La bonne vieille école.

Jules embraya sur un autre sujet.

– Je me demande bien à quoi nous allons servir. Le forcené a été identifié et…

– Il faut croire que notre Mallock a eu une de ses intuitions dont il a le secret, l'interrompit Julie en attaquant son second croissant.

– Et l'intuition de nous lâcher les baskets, il connaît, ton commissaire adoré ?

– Allez Jules, ne fais pas ta mauvaise tête. On prend le métro, c'est direct.

– Ça va pas ! Avec les kilos de conserves que je trimbale ! On attrape un taxi, et aux frais de la maison. Ils nous doivent bien ça, non ?

À dix heures, Frank les attendait. Tous deux ne purent s'empêcher de se moquer de son teint délavé. De sa virée à

Bordeaux, il n'avait ramené qu'un coup de soleil sur le nez. Et franchement, avec son teint blafard de « parigot-tête-de-veau », ça faisait vraiment clown.

– Continuez à vous foutre de moi et je ne vous dis rien sur l'enquête...

Frank eut soudain droit à tous les égards. Mais il repoussa en riant les avances de Jules. Puis, comme en fait, il en mourait d'envie, il entreprit de les mettre au parfum, en leur racontant par le menu et même jusqu'au menu, son périple à Bordeaux : de l'autopsie du député et des déductions de leur commissaire jusqu'à l'interrogatoire avorté de madame Demanteau. Ils eurent même droit à la composition exacte du déjeuner avec Gilles Guédrout :

– Vraiment sympa pour un commissaire principal. Et gourmet en plus...

Parti sur sa lancée et l'enthousiasme des petits plats, il arriva tout naturellement et chronologiquement au massacre de l'école. Il se rendit soudain compte, mais trop tard, qu'il s'était mis à en parler en détail, décrivant les cervelles éclatées, les souillures sexuelles, la pyramide d'yeux...

Julie l'interrompit brusquement :

– Laisse tomber, Frank. On n'a pas vraiment envie de connaître ce genre de précisions.

Au même instant, un motard apporta un carton pour le commissaire Mallock de la part de Gilles Guédrout. Julie le réceptionna. C'était l'ensemble des papiers réclamés par Mallock au second de Gilles. Il était précisé que le rapport d'admission de Madame Demanteau à l'hôpital Pellegrin-Tripode de Bordeaux et les différents sacs d'ordure, congelés sous vide, parviendraient par coursier spécial.

Olivier avait bien fait les choses. Tout était rangé en ordre, avec chemises et sous-chemises de couleurs. Calepins personnels, factures, calepins électroniques, Filofax, relevés bancaires agrafés mois par mois, etc. Rien à dire, il avait sacrément bien travaillé. Mallock serait content. Julie posa le tout sous la fenêtre de son commissaire et ressortit en fermant à double tour la porte du bureau, tandis qu'un nuage rouge prenait lentement position au-dessus de Paris.

11

Paris, vendredi 8 août, 10 h

Dehors, la capitale suffoquait. Les jeunes jouaient dans les fontaines. Au-dessus de leur tête, au fond d'appartements sentant l'urine, les vieux tentaient de survivre. Certains n'y parviendraient pas.

« Record de chaleur sur Lutèce », « Canicule sur la capitale ! » Snobisme élitiste de l'ellipse, « 40° C » avait simplement titré *Libé*, en gros, sur trois colonnes, à la une. Les journaux consacraient ensuite un maximum d'espace au massacre de l'école de Bordeaux. L'enterrement des enfants et des professeurs avait lieu aujourd'hui. À midi, une minute de silence avait été demandée sur tout le territoire.

À onze heures pile, Mallock débarqua. Le Fort semblait vide. Il appela. Personne. En entrant dans son bureau, il eut la surprise de voir ses trois collaborateurs alignés, au garde-à-vous. D'une même voix, ils hurlèrent en claquant des talons :

– Patron, tous présents, patron !

Sans se priver de sourire, et bien que Frank ne soit encore que jeune lieutenant, Mallock leur lança un « Repos ! Capitaines », avant de s'installer derrière son bureau.

À la vue des dossiers envoyés par Olivier, il eut, lui aussi, un petit sifflement admiratif et décrocha immédiatement son téléphone :

– Allô, Gilles ? Je viens de recevoir le travail de ton Olivier. C'est du beau boulot, passé au papier de verre et tout et tout. En plus, il a fait fissa. Félicite-le et remercie-le bien de ma part.

Il raccrocha et attaqua sans préambule :

– On a sur les bras une drôle d'histoire. Pour être honnête avec vous, je ne sais pas trop où j'en suis. Je viens de risquer ma carrière sur une simple intuition et, ce qui est plus grave, j'ai de fortes chances de me ridiculiser aux yeux de tout le monde.

– C'est un gros merdier politique ? demanda Jules en se souvenant de madame le député.

– Non, c'est un sacré putain de mystère. Si j'ai raison, c'est énorme. Une connasse d'enculée de catastrophe !

Outre les allitérations, Mallock aimait bien les gros mots. Et, pour ne rien arranger, il était toujours plus grossier lorsqu'il s'adressait à d'autres flics. C'était à la fois une sorte de métalangage professionnel et un tic macho à la con, que les femmes elles-mêmes utilisaient. Y compris la petite Julie :

– On peut savoir dans quel merdier on va se foutre ? demanda-t-elle en parvenant à garder toute sa distinction.

– Vous pouvez. Vous êtes même là pour ça. Mais gardez bien dans vos caboches que je n'ai pas la moindre putain de certitude.

– Même pas grave ! On a tous une petite préférence pour vos intuitions. Hein, les enfants ? lança Jules.

Un rire général détendit l'atmosphère. Ils étaient un groupe soudé et solidaire. Et Mallock se sentit plus fort. Il en avait bien besoin, de cette fraternité-là.

– OK, je déballe. Comme vous le savez, il y a eu, sur le territoire français, trois meurtres de masse, auxquels il faut ajouter l'histoire bizarre de la femme du député. Quatre forcenés, pour la seule première semaine d'août. Pour le gouvernement, il n'y a pas de rapport. Ils classent trois des massacres et mettent le paquet sur l'affaire Dessacre.

– Ils ont une raison précise ? demanda Julie.

– Ils ont identifié les membres d'un des réseaux islamistes les plus virulents parmi les proches du policier, lâcha Mallock avec réticence.

Jules et Julie sifflèrent de concert.

– Putain, ça fait désordre, rajouta Frank.

– Ouais, peut-être, coupa Mallock, mais pour en revenir à mon intuition, je pense que, contrairement à toutes les apparences, ces quatre massacres ont un lien. Bien que je ne sache pas encore lequel.

Jules embraya :

– On a tout lu là-dessus, patron. Il n'y a vraiment aucun point commun entre ces différents assassins, ni leur profil, ni les CSP, ni le modus operandi. Ce sont typiquement des passages à l'acte.

– Je sais tout ça, mais laissez-moi attirer votre attention sur trois faits.

– On peut s'asseoir, chef ?

– Mais oui.

Mallock reprit :

– Primo, aucun d'entre eux n'avait d'antécédent ni le moindre contentieux avec ses victimes ou la vie en général. On a même passé au crible toutes les victimes et les rescapés de la tour Eiffel, au cas où l'un d'entre eux ait pu être à l'origine de la tuerie. Soit un mec que Dessacre aurait identifié comme recherché, soit quelqu'un de sa famille ou de ses proches qu'il aurait surpris et décidé d'éliminer.

– Justement, je croyais qu'ils avaient trouvé quelque chose ? l'interrompit Jules.

– Non, un homonyme. Et puis, de toute façon, on a fini par établir la préméditation. Fallait voir l'état de son appartement. Il avait dû passer des heures à préparer ses armes. Bon, pour en revenir à ma théorie, les forcenés, lorsqu'ils décompensent et passent à l'acte, le font après une longue période de haine et d'inhibition. Or, et c'est clairement établi, le professeur adorait ses élèves, la femme aimait son député de mari, la jeune fille s'entendait parfaitement avec sa famille et le policier, bien noté, ne présentait pas le moindre trouble mental. Incroyable coïncidence, ils tournent dingues tous les quatre la même semaine. Comme je l'ai dit à nos chers dirigeants, c'est plus que statistiquement significatif. Secundo, trois des quatre massacres ont été perpétrés dans la même région, le Bordelais. Même le tout premier forcené, le policier Dessacre, était d'origine bordelaise. Il passait ses congés là-bas et il était revenu la veille même d'Arès, son village natal, à une cinquantaine de bornes de Bordeaux. Tertio, les meurtres ont en commun la même perversité, le même mélange d'Éros et de Thanatos. Des pulsions particulièrement morbides, d'une intensité que je n'ai rencontrée que très rarement. On a devant nous des fous furieux, qui étaient hier encore considérés par leur entourage comme parfaitement sains et incapables de nuire. Alors ?

Mallock prit le temps d'allumer un double Corona Punch, cape maduro, histoire de leur laisser tout le loisir de digérer ces informations. Puis, devant leur silence qu'il interpréta comme dubitatif, il relança tout seul la conversation :

– J'ai quatre mots à soumettre à votre sagacité, deux groupes de mots sans mode d'emploi, sans verbe, sujet ou complément à y ajouter. Ça vous intéresse ?

– On a le choix ? demanda Jules.

– Non.

– Alors, ça nous intéresse, dit Julie.

Estimant les avoir assez fait languir, Mallock lâcha :

– Secte et conditionnement, ou phénomène infectieux… ou autre chose !

Puis il précisa :

– Les forcenés tueraient sous l'emprise d'une secte inoculant un toxique, une drogue nouvelle. À moins qu'ils n'aient été en contact avec une substance chimique ou biologique. Peut-être un nouveau virus ? Ils seraient, en ce cas, plus des victimes que des bourreaux ! En fait, c'est ça que j'ai ressenti. Des innocents qui tuent.

Il y eut un murmure dans la pièce, chacun préférant cependant la fermer plutôt que de se prendre une engueulade. Leur patron n'avait pas l'air prêt à accepter une discussion à bâtons rompus. Faut pas contrarier le fou, songea Jules tout en s'en voulant un peu d'une telle pensée.

Mallock continua :

– En fait, j'aimerais que l'on travaille sur cette double piste. Tout d'abord, sur l'existence éventuelle d'une drogue d'un genre nouveau, qui aurait pu être mise au point et diffusée accidentellement, première partie de ma première piste ; ou par un groupe d'individus pour une raison qui reste à déterminer, seconde partie de la même piste. Les sectes pullulent et sont de plus en plus tarées. L'arrivée du troisième millénaire les a inspirées. D'ailleurs, il n'y a peut-être pas de… drogue. Ce pourrait être simplement du conditionnement. On arrive bien à envoyer des enfants, bourrés de désespoir et de Semtex, se faire exploser.

Mallock marqua une nouvelle pause entre les deux pistes qu'il énonçait, en soufflant sur le bout de son cigare pour en égaliser la combustion. Les trois paires d'yeux fixèrent, comme hypnotisées, cette opération.

– Deuxièmement, il faudrait travailler sur l'hypothèse d'une épidémie, reprit Malllock. Que ce soit un virus bizarroïde d'origine militaire, ou un virus amené par un hôte animal ayant été importé dans la région bordelaise par avion ou voie maritime. À moins qu'il ne s'agisse d'une simple mais foudroyante intoxication. On a connu ces derniers temps la listériose dans le fromage ou les rillettes, le prion dans le bœuf, la dioxine dans le poulet, la légionellose dans l'eau et j'en passe. Pourquoi pas un autre ATNC d'un genre nouveau, qui plongerait les gens dans une espèce de transe criminelle ? Ce pourrait être elle, cette substance X, notre meurtrière !

En fait, Amédée avait désespérément envie de les convaincre. Pas seulement de leur donner des ordres en imposant son point de vue, comme il avait tenté de le faire devant le ministre. Là, il avait besoin de les persuader. Peut-être parce qu'il se sentait un peu seul, ou bien parce que sa conviction n'était pas aussi forte qu'il le prétendait. Et puis, il respectait leur opinion.

– C'est quoi un ATNC ? demanda Jules, exprimant tout haut l'ignorance générale.

– C'est l'équivalent de l'OVNI pour les agents infectieux. Les biologistes ont trouvé cette délicieuse formule : Agent de Transmission Non Conventionnel. Ce n'est pas un virus, ni une bactérie, ni un parasite, rien de connu. Alors, comme les scientifiques n'aiment pas le vide, il donne des noms, même à leurs propres lacunes. Mais, à part ça, qu'est-ce que vous en pensez ?

Après un long silence, ce fut Julie qui se risqua :

– Moi, j'achète. De toute façon, l'hypothèse terroriste est prise en charge par les services spécialisés, et si votre théorie est exacte, patron, ça risque d'être un véritable cauchemar…

Les deux autres acquiescèrent de la tête. Mallock n'en attendait pas plus :

– Alors, il faut agir vite. Julie, tu formes un premier groupe avec quelques enquêteurs et tu regardes du côté des virus et compagnie. Rencarde-toi à fond sur tout ce qui concerne les agents infectieux. On n'y connaît pas grand-chose à part toi, je crois ?

Julie acquiesça de la tête.

– Mouais, me voilà repartie pour potasser les rétrovirus, *hanta virus*, *picorna virus* et autres joyeusetés.

Mallock lui lâcha un petit sourire contrit, avant de se tourner vers Jules

– Jules, ce serait intéressant que tu ailles faire un tour à Bordeaux, histoire de traîner du côté des quais. Je connais très mal la ville, mais on m'a parlé du quai Richelieu ou des Chartrons. Enquête là-bas. Doit bien y avoir des bateaux qui ont accosté ces derniers mois ? Fais un tour également à l'aéroport et dans la ville. Farfouille un peu partout, à l'ancienne, genre Bob.

– Je peux prendre un ou deux types avec moi ?

– Non seulement tu peux, mais tu dois. Pour ma part, je vais tout faire pour que les cadavres de la jeune fille, du professeur et du flic soient confiés à Mordome. Je me charge de le joindre, de le faire revenir à Paris et d'obtenir les autorisations. Je me documente également sur les toxiques. J'ai déjà quelques notions et une bonne bibliothèque.

Puis le commissaire se tourna vers Frank :

– Quant à toi, en attendant le retour de Ken, tu prends la direction des recherches informatiques. Tu montes une plate-forme de saisie pour entrer, dans un premier temps, toutes les données inscrites dans les calepins et les relevés bancaires des quatre forcenés. Faut essayer de trouver un lieu, un individu, un passé ou n'importe quoi, qui soit commun à nos quatre clients. N'oublie pas que j'ai aussi dans l'esprit cette histoire de secte. Soit ils en faisaient partie – et l'on a de fortes chances de retrouver des sorties d'argent –, soit ils n'en sont que les victimes. Dans ce cas, quel serait l'élément commun, religieux, politique ou racial qui a pu les réunir au sein d'un groupuscule pour les transformer en cible et en meurtrier ? Il nous faut des données sur tous les groupes en circulation sur le territoire. Prend contact avec nos copains du SPSL. Le service de prévention, statistique et logistique, pourra nous être utile. Mais préviens d'abord le patron de la quatrième division, par correction. On marche sur des œufs, autant éviter d'y aller avec des bottes.

Mallock aimait bien les figures de style. C'était parlant et puis, ça détendait l'atmosphère. Et là, elle était lourde. Devant l'ampleur de la tâche, conjuguée à la température extérieure qui transformait Paris en sauna, Julie, Jules et Frank restaient un peu hébétés, déjà effondrés par la seule idée du travail à accomplir. Mallock insista. Il aimait bien se répéter :

– J'espère que vous avez bien compris. La situation changera sans doute mais, pour l'instant, on travaille un peu en francs-tireurs. Les autres services de police sont partis dans une seule et même direction, les réseaux islamistes, en ne prenant en compte que le massacre Dessacre. S'ils se trompent, on est en train de perdre un temps précieux, qui risque de se compter en centaines de morts. Nous, pour l'instant, sur ce coup-là, on est tout juste tolérés. Alors pas trop de vagues. Les gibiers que vous devez traquer en priorité, pour l'instant, ce sont les coïncidences. Elles seules pourront peut-être corroborer mon hypothèse.

Sur cette phrase sibylline, le premier briefing d'une affaire qui allait changer beaucoup de destins prit fin.

Daranne était peut-être revenu de son second voyage de noces. Mallock voulait lui confier la piste des sectes. Sous ses dehors de petit chef et son intelligence un peu empâtée, le commandant Bob avait l'honnêteté chevillée au corps, l'expérience avec un grand A – c'est lui qui le disait – et la mémoire d'une gigantesque armoire à fiches. Rien de ce qui s'était passé au Château ces trente dernières années ne lui avait échappé : arrestation, motifs d'accusation, mobiles, années de placard, récidives… et le pire, c'est qu'il s'en souvenait ! Mallock attrapa son téléphone, soudain anxieux à l'idée que la tentative de Robert, son envie de se rabibocher avec sa femme, ait pu échouer.

Dès le début de l'après-midi, Amédée prit une nouvelle série de mesures, notamment faire revenir Ken de vacances, avec femme et bébé. Mallock s'en voulait, mais il n'avait pas le choix. Ken, bien que moins dur au travail que Frank, avait un cerveau nettement plus développé. En informatique, en doublon avec Jules et secondé par Frank, il n'y avait pas meilleure équipe sur le territoire. Et puis Ken transportait avec lui une bonne humeur à toute épreuve. Avec lui dans une pièce, on était sûr de ne voir que des sourires.

Avec Robert et Ken, son « groupe de sang » serait au complet. Un coup de fil confirma à Mallock que son Bob était rentré. Il n'eut pas le courage de lui demander comment ça s'était passé avec sa femme. Il s'en voulut. Ni lui ni les autres ne traitaient Daranne avec assez de considération. Et même si c'était en grande partie de sa faute et celle de son comportement de petit caporal, Mallock sentait bien que ce n'était pas une excuse suffisante.

Il fit comme d'habitude, un simple « salut Bob », suivi de directives.

– Je sais que tu as déjà travaillé sur des dossier de secte. Je voudrais que tu essaies simplement de trouver, sur le terrain, une relation entre les forcenés et l'une d'entre elles. Emporte une copie des carnets de rendez-vous et des relevés bancaires.

– Quand voulez-vous que je parte ?

– À ton avis ?

– Ben, tout de suite ?

– Bravo, t'as gagné. Passe d'abord me voir pour les détails et les documents, et file direct là-bas. Je préviens Gilles, le commissaire sur place. Tu le connais, je crois ?

– C'est moi qui te l'ai présenté, Mal… chef.

Il avait raison.

– Bon, je t'attends, se contenta de répondre Mallock.

Il raccrocha avec toujours le même sentiment de culpabilité qui l'habitait lorsqu'il donnait ses ordres à Daranne, son ancien supérieur.

Il regarda sa montre. Il était précisément midi. Dehors, les voitures s'arrêtèrent, moteurs coupés, et tout le monde respecta la minute de silence. Même, pour la première fois, les radios et les télévisions. Les passants arrêtèrent de passer, les cyclistes de se faufiler. Paris s'emplit d'un silence assourdissant, comme on dit. Déchirant. Seul la Seine continua à couler, mais plus lentement peut-être. Les pigeons s'immobilisèrent aux fenêtres. Devant ses yeux, Mallock revit les petits corps suppliciés.

Et il eut soudain l'envie furieuse de casser des vitres et de briser des briques à mains nues.

12

Quelque part en France, vendredi 8 août

Barthélemy se regarda dans la glace avec un sourire timide au coin des lèvres. Ses cheveux étaient toujours aussi roux et son corps toujours aussi rose mais, depuis la mi-avril, il avait déjà perdu vingt-trois des quarante-neuf kilos en trop qui faisaient de lui un gros.

Il passa la porte de sa caravane, le pied plus léger.

Tous les vendredis soir, à partir de vingt-deux heures, il partait retrouver ses bandits manchots. Mais ce vendredi était à marquer d'une pierre blanche : ce serait la toute dernière fois. Promis, juré, craché. Désormais Barthélemy ne se consacrerait plus qu'à ses nouvelles machines, celles avec les poids et les poulies, celles qui lui permettraient de maigrir encore et, bientôt, de rejoindre le monde des vivants.

Il ne garderait de sa vie d'avant que son autre passe-temps : le jet de pierres dans l'eau. Presqu'autant que jouer dans ces casinos éphémères, lancer des cailloux et faire des ricochets lui procuraient apaisement et plaisir sensuel. Galets doux lancés. Sa colère se diluait en rond concentriques, cinq, six, sept, huit…

Alors, à chaque étape, après avoir repéré le casino le plus proche, il cherchait le lac, l'étang ou l'océan, le point d'eau ami.

Pour le jeu lui-même, il savait bien que ce serait difficile d'arrêter. Sa passion dévorante, sa dévotion envers les machines à sous ne datait pas d'hier. Les casinos avaient longtemps été ses églises à lui. De chaque ville, il connaissait l'établissement le plus coté. Architecture, décoration ou ambiance, c'était toujours le même cinéma. Après l'entrée criarde, un ou deux gros bras, costumes sombres et mains croisées sur les couilles, il y avait une première salle attrape-nigaud : l'antre des machines à sous. C'était là son domaine, son refuge. Sa crypte. Le seul endroit au monde où il oubliait tout, la malveillance de l'homme, ses injures et toute la solitude que ses parents et le reste du monde faisaient peser sur lui. Un monde magique et mystique où il était autre. Presque heureux.

Chaque fois, c'était le même rituel. Les mains moites, avec la même fébrilité érotique, il s'approchait du guichet tout en balançant sa graisse d'une jambe sur l'autre. Puis, le bras tordu, il attrapait son portefeuille dans sa poche arrière. Il changeait généralement un billet de vingt euros, parfois cinquante et repartait avec un bol en plastique plein de pièces. Ce n'était qu'à partir de cet instant que commençait sa métamorphose. Bientôt, il oubliait son corps difforme, l'âme immonde de ses parents et tout ce putain de reste du monde.

Assis sur son tabouret, devant un *Wonder Lamp* ou un *Shooting Star*, Barthélemy partait au pays d'Aladin et de sa lanterne magique, où parmi les étoiles plastique d'un cosmos de pacotille, il se prenait à oublier. Sa graisse et les matins de tristesse. La mort de sa petite sœur aussi, lorsqu'enfin venait le bruit des pièces.

– Mort subite du nourrisson, avait dit le docteur.

Pour Barthélemy, jusqu'à ce moment dramatique, « mort subite », ce n'était que le nom d'une marque de bière, une gueuse pour être précis. L'énoncé de ce syntagme alcoolisé, dans une telle circonstance, l'avait fait rire nerveusement et son père l'avait giflé devant tout le monde :

– Regardez-moi ce gros monstre !

D'un simple geste, il avait réussi à lui faire porter tout le poids de la culpabilité familiale, alors même que Barthélemy était le seul totalement anéanti, choqué, désespéré, le seul à tout jamais triste. Combien de fois n'avait-il pas entendu ses parents se rejeter la responsabilité de la naissance de sa sœur, la petite Marianne ? Ils n'en avaient pas voulu, ne l'avait jamais aimée et ne s'en étaient jamais occupé. Alors, c'était lui, Babar, qui l'avait adoptée, se relevant la nuit pour les biberons et les couches à changer. Lui, le grand frère toujours là, complètement attendri devant ce petit bout de chou à l'éternel sourire bordé de purée de légumes.

Pour oublier ça et tant d'autres choses, parce que parfois y'a plus assez de pierres, ou plus d'étang, Barthélemy glissait des pièces dans des fentes, jouait et gagnait. Jusqu'à trois ou quatre fois sa mise, comme une compensation que le Ciel lui accordait.

Il oubliait tout devant un vieux carrousel à simple ligne, ou face à un *triple gold*, un *jewels chest*, une *dream machine* à triple paiement. Tout, devant les dragons chinois d'un *oriental legend*, le coucher de soleil violet de l'*Island croisière* et ses palmiers verts, son paquebot d'opérette.

Toutes les nuits, le même miracle s'accomplissait. Avec une agilité admirable, ses doigts plongeaient dans le bol pour attraper les pièces qu'il glissait, les unes derrière les autres, dans divers orifices. Rythmant sa gestuelle, le bas de la paume, son pouce et son index appuyaient alternativement sur les poussoirs de sélection et les boutons de pari, puis sur le gros interrupteur électrique rectangulaire qui remplaçait désormais le bras métallique des bandit manchots.

Il oubliait alors. Tout et sa sexualité sordide, sa vie livide et ses nuits passées à éjaculer en l'air. Il oubliait son ventre, ses cuisses et ses joues gonflées. La saleté. Toute cette boue et sa vie passée à genoux. Son âme enlisée. Le grand vide et son manteau de peau rose doublé de lipide. Sa vie triste et la mort de sa sœur, de son cœur, alors que son esprit partait ailleurs, ne laissant que ses mains moites et potelées vivre ici-bas.

Régulièrement, une à une, comme à la parade, ses larmes métalliques tombaient alors dans les fentes insondables du hasard. Pianiste aux doigts dansants, corps sans carne, esprit sans mémoire, Barthélemy s'envolait en battant des oreilles. Il était Babar devenu roi, grand aviateur à l'envers, sous les cieux peints de ces casinos éphémères !

13

Paris, samedi 9 août

Tout en chagrins et fractures, Mallock n'avait jamais voulu envisager autre chose que l'intégrité. La droiture comme unique posture. Rester droit. Dans le droit chemin. Les pieds nus, debout dans le froid. Être sans peur, sans reproche, marcher au-devant du bonheur, même si l'on n'y croit pas. Et, en attendant, des autres soulager le malheur. Et puis, pourquoi pas, être aimé pour cela.

Matin d'août. Humidité salée. Chaque samedi, sauf raison majeure, Mallock allait rendre visite à Amélie dans le service du professeur Médard.

Un an plus tôt, il était tombé follement amoureux de cette jeune et jolie infirmière qui venait lui faire ses piqûres. Mais ils n'avaient pas eu trop le temps de s'aimer. Un détraqué, le fameux Maquilleur, avait agressé Amélie dans l'appartement de Mallock. Depuis, elle vivait entre la vie et la mort, dans un purgatoire immobile dont nul ne savait si elle pourrait sortir un jour.

Tout au début, en réanimation, elle était intubée et ventilée, complètement comateuse, le visage défiguré par les coups. Mais l'espoir était encore là, vigoureux, prêt à lutter à ses côtés. Six semaines plus tard, après l'avoir extubée, on l'avait emmenée dans une chambre en « neurochir ». Durant trois mois, elle avait fait infection sur infection. Mallock avait pensé que c'était fini. Il s'était alors posé les mauvaises questions sur ce qu'il allait faire de sa vie lorsqu'elle serait partie. Puis l'état d'Amélie s'était amélioré.

– Elle est à l'orée d'un état végétatif, lui avait alors expliqué le docteur Thomas, bras droit du professeur. Elle réagit à un certain nombre de stimuli, sans qu'il y ait répétitivité. Je ne sais pas si vous êtes familier de l'échelle de Glasgow, mais selon ce système de mesure, on parle d'obéissance motrice à une injonction orale. Amélie n'obéit encore à aucun ordre direct et, si ses yeux répondent au bruit et à la parole, ce n'est pas encore « continu ». Je me permets d'être un peu technique parce que je sais que vous avez quelques notions de médecine. Selon l'ancienne cotation de Jouvet, elle serait passée d'une note de cinq lors de son admission à sept, si ça vous dit quelque chose ?

– Pas vraiment.

– Je vais vous donner un article du *New England Journal of Medecine* sur les variations de l'activité cérébrale chez les personnes dans le coma. C'est en anglais.

– Ça ira, je me débrouille.

– Pour vous résumer, 40% des personnes à qui l'on fait un diagnostic d'état végétatif sont en fait dans un état de conscience minimale.

– Et ça change quelque chose ?

– Tout, en fait. Dans un état végétatif chronique ou persistant, il n'y a pas la moindre conscience, même si les réflexes sont intacts et si la personne peut respirer sans aide.

– Et l'état de conscience minimale ?

– Eh bien justement, il y a conscience, comme son nom l'indique. C'est une zone d'ombre que l'on a identifiée récemment. C'est un état plus favorable, si vous voulez. Les malades peuvent ressentir douleurs physiques et émotions. Parfois même, ils communiquent par micro-signes. Les variations entre un état végétatif et l'état de conscience minimale est infime et pourtant, il est vital de se prononcer car ça peut faire une énorme différence. Pour les traitements médicamenteux et surtout les antidouleurs, mais également parce que les thérapies conçues pour stimuler le cerveau et encourager la communication ne seront mises à disposition que d'un patient dans un état de conscience minimale, pas végétatif. Même le retrait ou non de la nourriture en dépend.

– Mais Amélie alors ?

– Avec le professeur, on vient de se prononcer. Et l'on va désormais la considérer comme étant en état de conscience minimale. Ce qui est une bonne nouvelle, commissaire.

Le docteur Franck Thomas lui avait fait alors un petit sourire amical. C'était sur ce sourire que Mallock était resté.

En arrivant à l'hôpital, Amédée constata une nouvelle fois qu'il était totalement incapable de surmonter son angoisse. Son principal stress venait de cette insupportable incertitude : dans quel état allait-il la retrouver ? C'était si fluctuant, ces espoirs et ces retours en arrière. En juin, elle ouvrait les yeux et refermait sa main sur la sienne. Fin juillet, à part les paupières, elle ne bougeait pratiquement plus.

Mallock pénétra dans le département neurologique, la peur au cœur.

– Dieu fasse qu'elle respire encore, pria-t-il en entrant dans l'ascenseur.

Amélie bénéficiait d'une chambre à part. Une pièce lumineuse avec des fleurs que l'on changeait tous les deux jours et une superbe vue sur le parc. Mallock avait insisté. Il pensait que si on la plaçait dans un endroit sombre et étroit, elle ne se réveillerait pas. Ici, tout l'encourageait à ouvrir les yeux.

Comme à chaque fois, il ramena une chaise vers son lit, s'assit et lui prit la main. Ses doigts se refermèrent, sa tête se baissa et le cœur d'Amédée soupira. C'était déjà une bonne nouvelle.

Il regarda les phalanges fines d'Amélie, sa peau de soie. Par dérogation exceptionnelle, elle portait toujours la bague de fiançailles qu'il avait glissée à son doigt quelque temps après l'accident. Mallock avait signé une décharge dégageant la responsabilité de l'établissement en cas de vol. Ce diamant solitaire, elle ne l'avait jamais vu non plus. Ne le verrait peut-être jamais. Comme elle n'avait jamais entendu les aveux d'Amédée murmurés à son oreille tandis qu'il lui passait la bague. Pour elle, la vie s'était arrêtée alors que, terrorisée, elle faisait face à son assassin dans l'appartement de Mallock.

Il ne lui parlait pratiquement pas, ne prononçant tout haut que les phrases phatiques de l'accueil :

– Bonjour, Amélie. C'est moi, comment vas-tu ?

Après, il continuait à lui parler mais sans ouvrir les lèvres. Une conversation télépathique assurée par le simple contact de leurs mains. Il lui racontait ses enquêtes, lui demandait son avis. Et il y avait toujours une réponse, même s'il ne savait pas d'où elle venait. Sans doute de lui-même, d'une autre partie de son esprit ou peut-être d'elle, de son poignet, de ses cils qui tremblaient au bon moment ou de ses lèvres closes qui, parfois, souriaient ! En tout cas, de l'amour qu'il avait pour elle.

– Je crois qu'il s'agit d'un genre de toxique, un truc très sophistiqué, que seul un groupe de spécialistes aurait pu mettre au point. Mais pourquoi ? Dans quel but ? Simplement pour tuer des gens ou pour un autre dessein plus important ? Et puis, comment ont-ils pu le tester ? S'ils avaient tenté d'autres empoisonnements auparavant, on s'en serait rendu compte.

Silence. Ni elle ni lui n'avaient encore de réponse. Alors, pour parler d'autre chose, il lui décrivit les beautés du bassin d'Arcachon, ses lumières et ses bateaux, la légende de la chèvre d'or, puis il lui raconta son rêve : lui et Thomas se promenant dans les bois pour apprendre à distinguer les champignons comestibles des vénéneux.

– Pourtant, à l'époque, reprit-il, je n'avais pas trop le temps. À mes débuts, j'ai fait comme tous les inspecteurs débutants, même ceux de la cri-cri : les basses besognes, les planques interminables pour coiffer des arcans minables, et le reste du temps, PJ'iste enchaîné à ma bécane, je passais mes rapports au papier de verre pour être bien noté. Heureusement, ça n'a pas trop duré. J'ai eu la chance de ne jamais faire que les arrondissements à bitume et je suis monté très vite en grade. Commissaire, je me suis arrangé pour avoir plus de temps à consacrer à Tom. Notamment pour lui apprendre les champignons…

Peut-être Amélie lui murmura-t-elle quelque chose, ou peut-être son esprit se débloqua-t-il tout seul, mais c'est à cet instant qu'en un éclair il sut que la solution lui tendait la main. Une hypothèse incroyable dont il devait avoir confirmation. Comment, du jour au lendemain, une organisation terroriste avait pu mettre au point un toxique aussi sophistiqué, le tester sur l'homme en pleine rue et le tout, sans attirer le moins du monde l'attention de la police ?

Il rentra rapidement chez lui. Pour le commissaire Amédée Mallock, il n'y avait qu'une seule manière de tenter de voir plus loin : regarder au fond de soi. Depuis quelques années, lorsque le raisonnement ne suffisait plus, il faisait appel à une autre forme de déduction, une étrange capacité dont il amplifiait l'efficacité par l'absorption de produits illicites. Dès sa plus tendre enfance, il avait cultivé et poussé à son paroxysme cette sorte d'intuition, proche de la vision médiumnique.

Petit, Amédée devait savoir, prévoir les faits avant qu'ils n'arrivent. Ses parents étaient tarés et il avait été perpétuellement en danger. Alors il avait élevé en art ses capacités à pressentir les choses, comme il avait également appris la maîtrise du camouflage pour se rendre invisible aux yeux des deux tarés. Enfant, il était parvenu à transformer son ventre en cristal et son cœur en diamant. Puis il avait appris à regarder dedans. C'était une science d'enfance, une magie inventée par lui qui, il en était certain, lui avait sauvé la vie. Amédée, petit sorcier, devinait leurs intentions, précédait leurs attaques. Plus tard, il avait oublié cette incroyable capacité, parce qu'il n'en avait plus besoin, mais aussi parce qu'il en avait peur, la considérant comme une sorte de maladie honteuse, une monstruosité !

Puis le destin et les circonstances l'avaient rattrapé. Au cours d'une de ses premières enquêtes, il avait replongé dans ses visions et n'avait plus jamais arrêté, quadruplant ces anciennes capacités par l'absorption d'alcool et l'inhalation prolongée de la fumée des havanes.

Il aurait pu rester à ce stade d'intoxication si un jour, au Laos, il ne s'était pas vu offrir un bloc d'opium. Pendant trois ans, le paquet était resté caché au fond de son appartement. Il se demandait souvent ce qui lui avait pris de rapporter cette merde, mais il ne l'avait pas jeté. Puis son fils avait été tué et sa vie avait basculé. Il avait commencé la consommation de ce poison une semaine, jour pour jour, après la mort de Thomas. Les endorphines pour lutter contre la mort et ce désespoir assourdissant qui le laissait éveillé durant des milliers de nuits, à pleurer Toto.

Mais l'opium allait prendre une place encore plus importante dans sa vie qu'il ne le pensait. En tout cas, bien plus qu'il ne l'aurait souhaité. En dehors de son rôle de grande consolatrice, cette drogue eut sur son organisme d'étranges effets secondaires. Pharmacopée psychotrope, l'opium, lorsque le whisky et la fumée d'un havane ne suffisaient plus, lui permettait de libérer et décupler tous ses anciens pouvoirs de déduction. Le chandoo qu'il associait parfois à la prise de DMT[6], produit de synthèse de l'*ayahuasca,* ou bien à de l'ibogaïne, l'emmenait dans un territoire irrationnel, celui

6. Le Dimethyltryptamine ou 5-MeO-DMT est un dérivé de la tryptamine.

de la prémonition. Parfois même, il retrouvait ses sensations d'enfance : le ventre de cristal avec toutes les étranges images dedans…

Opos papaver somniferum. Le chandoo qu'il consommait provenait d'un énorme *picul* récolté et fabriqué dans la région de Shenxi, dans l'une des rares fabriques à moitié officielles travaillant clandestinement pour certaines officines pharmaceutiques…

C'était il y a une vingtaine d'années. Mallock venait d'être nommé commissaire de police. Il avait débarqué sur place, peu de temps après la première opération de traitement de l'opium. Les capsules de pavot avaient été incisées à l'aide de *nashtars* à plusieurs lames. De ces entailles s'était écoulé un suc laiteux qui avait pris, en séchant, une couleur brunâtre. À son arrivée, son hôte avait conduit le commissaire français dans un vaste sous-sol illuminé par la clarté des feux et une seule et unique rangée de néons. Les boules d'opium brut étaient en train de bouillir depuis plusieurs heures dans d'énormes bassines de cuivre. L'odeur âcre s'était précipitée dans ses bronches, déclenchant chez lui un début d'asthme. Mallock avait alors maudit son supérieur de l'époque, la « purge » qui l'avait envoyé à sa place, dans le cadre d'une coopération bidon contre le trafic de stupéfiants.

Mais il n'en avait pas fini avec les odeurs. Un peu plus loin, au beau milieu de la grande cave, une autre opération avait commencé. Après avoir été constamment remuée depuis plusieurs heures, la pâte granuleuse était en train d'être torréfiée. On était loin de la propreté clinique des laboratoires européens. Des hommes maigres aux sourires édentés appliquaient soigneusement cette purée sombre contre les parois internes de la bassine. Passant du chaud au froid, elle se transformait en des espèces de crêpes qu'ils empilaient à même le sol. Son hôte, comme un vigneron racontant fièrement les étapes de la vinification de ses crus, lui avait expliqué la suite des opérations. Les crêpes concassées allaient être trempées dans l'eau durant toute la nuit, pour laisser aux alcaloïdes le temps de se dissoudre. Religieusement filtré durant la journée du lendemain et une partie de la nuit, le sirop obtenu commencerait alors à subir une lente évaporation jusqu'à obtenir la consistance de la mélasse. Dernière opération, à l'intérieur de grandes jarres, cette pâte serait mise à fermenter afin d'en retirer toute l'âcreté…

C'était cette même pâte noire que, ce samedi soir, Mallock était en train de faire rouler entre ses doigts.

Ce n'était jamais de gaieté de cœur. Un père mort en asile et une mère au bout d'une corde ou presque, ça devrait vous éloigner à tout jamais de l'envie de jouer au con avec le réel. Mais la drogue, qui l'avait aidé à passer un cap à la mort de Thomas, avait maintenant une véritable fonction. L'opium agissait comme un catalyseur de ses « visions particulières », qu'il appelait intuitions. Celles-ci étaient bloquées par la volonté même qu'il avait de vouloir les susciter. Un peu comme un mot que l'on cherche et qui s'échappe tant que l'on tente de s'en souvenir, ou un chat qui ne vient que lorsqu'on a abandonné l'idée de l'y forcer. L'opium le forçait à lâcher prise, permettant alors à ses visions de venir ronronner entre ses jambes.

Plantée au bout d'une longue aiguille, la boulette se mit à grésiller. Il la posa sur l'orifice en terre du *badudan*, après lui avoir donné la forme d'un petit cône et l'avoir percée. Il aspira profondément. La fumée du *candu* était douce et légèrement amère. Il s'allongea.

Dès la deuxième aspiration, les amarres qui retenaient le paquebot Mallock furent coupées…

Et le navire s'envola, rasant les vagues d'un océan grouillant de vie. Dedans, vivaient pêle-mêle hippocampes aux lèvres maquillées, bateaux noyés, fœtus sans écailles, sirènes et serpents de mer. Dedans, Mallock enfant. Et tous les enfants qu'il avait été, les hommes qu'il redoutait de devenir. Son père, fou de chair ; sa mère, pendue à un crochet de boucher. Dans son rêve, Mallock gémit et sa langue vint s'appuyer sur sa molaire supérieure gauche.

À la cinquième aspiration, il prit enfin de l'altitude. Une gigantesque pieuvre aux ongles vernis sortit de l'eau pour tenter de le retenir. Mais il volait désormais trop haut, au milieu des nuages, parmi les héros philatéliques de l'aéropostale. Il avait une tâche à accomplir et ne devait pas se laisser distraire, même par ce formidable plaisir d'être enfin un corps sans poids, une âme sans peine, un squelette sans douleur. La caravelle géante devait se diriger vers la source du mal. Rassembler au passage la moindre bribe d'indice flottant dans les airs. Virage sur l'aile, voiles au grand largue et focs à contre. Vent arrière, plein nord. C'était en direction du froid, du très sombre qu'il devait se diriger, vers les raréfactions glacées de l'altitude.

Ne pas craindre et continuer à être, en frôlant les étoiles.

Rosé-des-prés, boule de neige, coprin chevelu en forme d'œuf, morilles des dunes à cueillir parmi les oyats de la côte atlantique, russule verdoyante, clitocybe odorant à la saveur anisée, bolet bai et marasme des Oréades. Dans son rêve, Mallock tenait maintenant la main de Thomas et, les yeux rivés au sol, ramassait en se penchant par-dessus bord des champignons bizarres ne poussant que sur l'humidité des nuages.

Apprendre à son fils à distinguer les comestibles des toxiques, c'est sans doute ça, la vie, le devoir d'un père. Transmettre à son enfant ce qu'il peut prendre dans sa bouche et ce qu'il doit rejeter, ceux qu'il peut mettre dans son cœur et ceux qu'il doit fuir. Où est l'ennemi ? Qui est vraiment l'ami ? Distinguer le faux du vrai, l'être du paraître, le bon grain de l'ivraie. Lui dire que le feu brûle, le vide écrase, le fleuve noie. Mais lui faire comprendre également que ces mêmes flammes réchauffent, le vide tue le bruit et l'eau désaltère.

Sur leur tapis de rêve, Mallock et Thomas volaient au-dessus des bois. Dans un sac en plastique, où il les avait enfermés à part pour les détruire plus tard, les champignons vénéneux se débattaient comme des anguilles refusant de mourir.

Soudain, Thomas ne fut plus là.

Mallock regarda en l'air. Le givre figeait les voiles et les cordages de son navire. Devant lui, des lumières de fête foraine et, au cœur de cette forêt d'ampoules colorées, le mal qu'il était venu débusquer. Et l'odeur écœurante du sucre fondu. Il n'eut pas le temps d'en apprendre davantage. Le navire plongea vers le sol. À l'instant où il s'écrasait, Mallock se réveilla.

Sa bouche était sèche. Râpeuse et collante. Il se leva pour aller vomir. Dehors, le jour était déjà blanc. On était dimanche matin et Mallock avait sa nouvelle piste.

14

Paris, dimanche 10 août

Dès neuf heures, après avoir eu Frank et sans aucune pitié pour la trêve dominicale, Mallock rappela Jean Loriot. Il n'y alla pas par quatre chemins :

– Y'a cinq jours, je t'avais parlé d'une histoire d'éjaculation. Je voudrais maintenant en savoir plus, avoir ton sentiment. Je sais que tu as tout lu sur l'affaire Dessacre. J'ai même appris que l'on t'avait passé le rapport classé confidentiel, pour avoir ton avis d'expert. Alors, question de confiance : y'a-t-il dans cette histoire quelque chose qui t'a chatouillé ?

Le professeur resta silencieux deux secondes. L'attaque de Mallock était directe, presque brutale.

– Permets-moi quand même d'émettre des réserves. Je n'ai pas été sur place et l'on peut jouer facilement avec les conclusions. Cependant, ça me chatouille en effet et ça me gratouille aussi. Premier point irritant : l'absence de médication neuroleptique. Comme tu le sais, une partie de mes recherches concerne ce que l'on appelle les suicides post-homicide : leurs motivations, leur moteur et le profil type de ce genre de comportement.

– C'est bien pour ça que je me suis permis de te rappeler.

– Je vais essayer d'être clair. Dans leur étude sur ce type de suicide, Fiorentini et Poinso ont mis en évidence quelques principes récurrents. Lors d'actes d'autosuppression observés chez des individus venant eux-mêmes de donner la mort, il apparaît que le facteur pathologique – aliénation ou maladie mentale – participe largement à la réaction suicidaire. Pour dire vulgairement la chose, les sujets ont été ou sont *border line*. On devrait donc en trouver trace chez Dessacre : consultations psychiatrique ou prise de médicaments pour la dépression. Très souvent également, l'alcool, ou une autre drogue, joue un rôle déterminant. Ici, dans le cas de Dessacre, ça reste pour le moins à démontrer. À ma connaissance, on n'a rien trouvé qui aille dans ce sens. Et c'est là que ça me gratouille. Alors que, pour le reste – désolé, cher commissaire – mais tout est conforme et vraisemblable. Je ne t'apprendrai rien en te rappelant, par exemple, que le taux de suicides chez les policiers est particulièrement élevé. Sans expliquer précisément la détermination autosuppressive, la motivation pathologique était visiblement ici celle de l'homicide. On est donc porté à penser que l'acte de suicide qui l'a suivi ne serait qu'un simple prolongement s'intégrant à cette même motivation. Le moyen utilisé pour ce genre d'autodestruction est presque toujours celui qui a servi pour l'homicide. « Je t'ai puni avec cet objet, je me fais subir la même punition. » De façon générale, l'arme est dite de type « efficace », armes à feu la plupart du temps. Dernier élément récurrent, le suicide suit de façon pratiquement instantanée l'acte d'homicide. En un mot, quoique d'une ampleur peu commune par le nombre de morts et le lieu choisi, l'acte commis ici peut être considéré comme rentrant parfaitement dans un schéma courant, pour ne pas dire normal.

Mallock remercia le professeur pour l'arrêter dans son élan. Loriot était tout aussi compétent qu'il pouvait être bavard. Par politesse et curiosité, il lui demanda des nouvelles de l'œuvre de son beau-père, Pierre Boulle, dont il essayait de s'occuper. Il lui parla de l'édition possible d'un roman inédit, *Le Bourreau*. Décidemment, on baignait dans le cruel. Mallock lui souhaita bonne chance en promettant de le tenir au courant de la suite de l'affaire.

Dix minutes plus tard, il se dirigeait vers le 36. Il avait programmé pour dix heures une réunion générale avec son groupe. Enfin, générale, c'était une façon de parler. Ken était encore en vacances et Julie n'avait pas encore terminé son enquête :

– Laissez-moi encore un ou deux jours, cette histoire de virus est plus compliquée que je le pensais. Et j'ai une piste prometteuse.

Quant aux autres, ils n'avaient pas trop apprécié cette convocation, un dimanche. Bob avait même bougonné un truc sur une grande messe et des amis qui venaient déjeuner.

Comme d'habitude, Mallock avait fait la sourde oreille.

Pour se faire pardonner, il s'était arrêté pour acheter des croissants. Puis, arrivé au bureau, il avait préparé quatre cafés. Fallait faire vite pour déguster, la chaleur d'août montait déjà à l'assaut de la capitale. Les trois hommes arrivèrent quelques secondes après Mallock. Ils avaient des têtes de déterrés. Pas contents du tout. Amédée demanda à Jules, le plus frais des trois, de commencer son rapport sur son déplacement à Bordeaux.

– Tu nous racontes, Jules ?

Le Jules grimaça un OK douloureux, car il était aussi brillant dans l'action musclée ou même devant un ordinateur qu'il était nul à l'oral. Il n'avait ni le sens de la formule ni celui de la synthèse. Du haut de son mètre quatre-vingt-dix, il se lança cependant dans son exposé.

– J'ai donc passé mon samedi là-bas. Et si l'on se contente de considérer simplement le port de Bordeaux, comme vous me l'avez demandé, la piste bateaux/virus ne s'avère pas vraiment… comment dire ? Je peux plutôt vous lire mes notes ?

Mallock, qui connaissait ses difficultés à faire un exposé, l'autorisa volontiers à lire le contenu de son calepin.

– On n'est pas à l'école. Fais comme tu veux, mais sois sympa, épure un peu. On a du boulot.

– Laissez-moi quand même du temps. J'ai eu la chance de rencontrer sur place des personnes sympas qui ont pris sur leur week-end pour tout bien m'expliquer. En fait, si j'en crois Galy et Monteyrol – mes deux principaux interlocuteurs –, on se fait une fausse idée sur le port de Bordeaux. Ils m'ont dit qu'on en avait une image complètement périmée. La veille de la Révolution, le port de la Lune – c'était son nom – était alors le tout premier port de France. C'est cette image que l'on a tous vue dans les livres et qui est restée gravée dans nos mémoires. Le port fonctionnait grâce à deux grands mouvements de produit. Dans un sens, l'exportation du vin, dans l'autre, l'importation de produits exotiques. Les armateurs bordelais avaient basé leur commerce sur des bateaux à voiles de taille modeste, qui allaient et venaient entre la Lune et l'Amérique latine, les Indes et les îles. Ils en rapportaient du sucre, du rhum, du café, du thé, du cacao, des épices et des bois précieux, mais aussi des esclaves en grand nombre.

Tout étonné de l'attention patiente dont son exposé faisait l'objet, Jules continua son récit, s'enhardissant même à entrer dans les détails.

– En fait, au XVIIIe siècle, le port de la Lune correspondait bien aux besoins du moment. Les types faisaient à la fois de la navigation au long cours et du cabotage sur la Dordogne et la Garonne. De grandes fortunes se sont constituées à cette époque et les armateurs bordelais, ces cons, ont pris la grosse tête. Ils ont rejeté toutes les innovations, notamment et surtout la navigation à vapeur. Cent ans plus tard, la sentence est tombée. Surtout qu'ils se sont payé en plus l'abolition de l'esclavage, la chute de production du vin en raison du phylloxéra et enfin la dislocation de l'empire colonial, réduit comme peau d'chagrin. C'est un peu bien fait pour leur gueule, en fait !

Sur cette dernière remarque qui n'engageait que lui, Jules avait relevé la tête de ses notes pour jauger l'intérêt de son auditoire. Il dut avoir un soupçon sur le niveau de patience restant encore en réservoir car il avança plus prudemment :

– Mais là, bien que ce soit passionnant, je crois que je ne vais pas trop m'étendre sur tous les avantages dont bénéficiaient les bourgeois bordelais du XIIIe au XVIIIe siècle, le *Livre des bouillons*, les grands privilèges et tous les…

– Tu as raison, ne t'étends pas, le coupa Mallock. Où veux-tu en venir ?

Jules sauta quelques pages pour en arriver à la seconde partie de son exposé. Il avait décidé d'aller jusqu'au bout, sans trop se laisser troubler, même par un Mallock. Primo, c'était du boulot, toute cette recherche et secundo, lui, l'histoire de la région, il avait trouvé ça passionnant.

– Tout ça pour vous faire comprendre que je suis loin de rapporter une liste de mille bateaux. Les quais de Bordeaux sont aujourd'hui en grande partie désertés. Il reste quelques paquebots de croisière en escale, parfois des navires de guerre et des bateaux écoles étrangers, genre grand vaisseau à voile avec gréements et mats dans tous les coins. Ces navires parviennent jusque-là grâce à la hauteur exceptionnelle du pont d'Aquitaine. Quand j'suis passé, il y avait justement l'une de ces espèces de grande frégate ancrée devant le musée de la marine. D'ailleurs, je suis monté…

– Y a-t-il, virgule, oui ou non, virgule, des navires suspects ?

Mallock avait fini par s'impatienter. Pour de vrai.

– Oui et non, rétorqua Jules. En fait, comme je vous l'ai dit, j'avais peur de devoir remplir mon coffre de listings noircis de noms exotiques. Mais, en ce qui concerne le port de la Lune, je n'ai repéré que trois bâtiments possibles, trois suspects : la *Topaze*, un navire-hôpital militaire qui mouillait depuis deux semaines, le *Coquelicot*, la frégate dont je vous ai parlé, ancrée là depuis début juillet, et un bateau de croisière danois, le *Schrimm II,* qui était reparti depuis la veille. Je peux continuer d'enquêter, contacter les différents armateurs pour les autorisations, voir avec les autorités maritimes, me rencarder sur les éventuelles procédures de quarantaine…

– Attend, je me demande si ça vaut vraiment le coup, coupa Mallock. Il faudrait une sacrée coïncidence pour qu'avec un trafic si réduit, le port ait hérité d'une épidémie.

Encore une fois, Mallock avait interrompu Jules. Mais à sa décharge, son collaborateur avait une certaine tendance à gloser. Celui-ci reprit vengeur :

– Je croyais que c'était justement les coïncidences que l'on devait rechercher ? De toute façon, si Bordeaux nous semble hors de course, j'ai un autre suspect. En amont, il y a encore du trafic. Et ça, ça change tout. Attendez deux secondes, j'ai sauté quelques pages de mon carnet pour aller plus vite, mais il faut que je revienne sur un truc.

S'humectant le majeur de la main droite, Jules chercha le fameux passage.

– Ah, oui ! C'est ça. Ils ont aussi le mascaret qui sature de boue l'eau de la Garonne. Alors les cargos ont pris l'habitude de décharger en amont, au milieu de l'estuaire, à Blaye ou à Bassens. Ça leur fait moins de chemin à parcourir et de toute façon, l'eau boueuse risquant de rendre inopérants leurs systèmes contre l'incendie, les gros cargos préfèrent éviter de remonter jusqu'à Bordeaux. En puisant l'eau, la boue encrasse littéralement les pompes et les endommage. Ils ont bien essayé de mettre au point…

Sentant que Mallock allait recommencer à s'énerver, Bob interrompit Jules :

– Allez, à moi. J'aimerais bien faire vite. La grand-messe est à midi et j'ai promis à ma femme de l'accompagner.

Les autres le regardèrent comme une bête curieuse. Des flics cathos, y'en avait plus beaucoup. La violence vécue au quotidien, ça émoussait les croyances en un soi-disant Dieu de soi-disant miséricorde. Mais c'était justement ça, sa noblesse à Bob, le courage de rester croyant dans un monde désacralisé. Mallock l'estimait aussi pour cela.

– Pour ne rien vous cacher, j'ai hâte de vous raconter. Le Daranne, il a eu d'la bosse. Tenez-vous bien, j'ai du sérieux.

C'est vrai qu'il avait l'air tout fier, le p'tit pète-sec. L'œil brillant et la truffe fraîche.

– OK. D'abord, concluons avec Jules, réclama Mallock. Fais une liste complète des bateaux suspects, du *Topaze* et autre *Coquelicot* jusqu'à ceux qui se sont trouvés au même moment plus en amont. Mets une équipe là-dessus, qu'ils analysent tout : origine, chargement, destination, équipage… OK ? Allez, à Bob maintenant.

– Pour gagner du temps, j'ai fait poser des zonzons par les RG, chez les trois ou quatre personnes les plus impliquées dans ces histoires de secte. Mes grandes oreilles sont toujours sur le pont.

Jules le regarda surpris. Le vieux y allait carrément. Comme le fameux RG, Raymond Grimaud, il faisait encore partie de l'école qui mettait sous écoute plus vite que son ombre. Et sans complexe.

– Dans la région lyonnaise, il y a une forte implantation de sectes depuis les années quatre-vingt. Cela s'est un peu calmé aujourd'hui mais à l'époque, tout le monde s'était donné rendez-vous dans le coin, même Moon qui avait une super baraque aux Brotteaux et une autre du côté de Saint-Germain-au-Mont-d'Or. Et même Krishna. Ils se sont tous pris une claque. Sauf la Scientologie. Au jour d'aujourd'hui, ils ont encore trois centres dans Lyon, au vu et au su de tous.

– C'est pas les plus méchants, commença Jules. Pour les Amerloques, c'est une religion, pas une secte.

– Le mot « religion », c'est le Graal de tous ces rigolos, bougonna Mallock. Le label de sécurité, l'appellation contrôlée dont rêve toute secte.

Daranne préféra botter en touche :

– Moi, j'ai pas d'avis là-dessus, patron. C'que j'ai constaté, c'est que c'est des grands malades. Avant-hier, je me suis écouté un coup de turlu à pas piquer des hannetons. Tout un charabia sur la purification dianétique et la façon d'organiser ce qu'ils appellent la « propagande noire ».

– Quel rapport avec nos…

Mallock hésita sur le nom à employer…

– Lunatiques, finit-il par choisir. Je suppose que tu n'as pas trouvé de lien direct.

Daranne regarda son chef avec une expression de reproche. Un peu celle d'un chien qui aurait reçu un coup de pied de son maître adoré :

– Eh bien si, justement, patron. Et pas seulement un, mais deux !

Bob ne l'avait pas dit, mais Jules et Mallock crurent entendre un « Na ! » à la fin de la phrase. Fier et revanchard, Daranne enfonça le clou.

–Vous pourriez me faire un peu confiance. Ça fait trente ans que j'apprends à repérer les gueules de GAV, tous ceux que j'ai vus passer en garde à vue, et à renifler la merde. J'en connais toutes les nuances. Ça sentait bizarre chez les parents de la championne de tir à l'arc. Alors, j'ai décidé de faire chier le canasson. Gilles est venu avec moi et il m'a aidé à les accoucher. Il en ressort qu'ils font partie d'une de ces sectes apparentées à la Scientologie. Et que pour mettre toutes les chances du côté de leur fille, ils l'ont emmenée suivre une espèce de rituel délirant.

– T'as des détails ?

Mallock était de plus en plus intéressé par le récit de son collaborateur.

– J'ai ! Tenez-vous bien, patron, c'est du costaud. Pour devenir « clair » – c'est comme ça qu'ils disent – ils prétendent qu'il faut extirper de notre corps des créatures parasites qui y résident depuis la nuit des temps. Y'aurait eu un terrible cataclysme galactique, il y a soixante-quinze millions d'années, qui aurait donné naissance à ces bestioles. Les Thétans, qu'ils les appellent. Alors faut les extirper et pour ça, donner un max de flouze, *of course*.

Jules avait les yeux écarquillés. La réalité dépassait la fiction et la crédulité des hommes, toute mesure. Mallock, lui, comme toujours, en voulait plus.

– OK, d'accord, tu tiens une piste. Mais tu as dit « deux ». C'est qui l'autre qui s'est fait... « dététhaniser » ?

– C'est pas exactement pareil, mais c'est toujours la même secte. Là, ils jouent aux docteurs. Leur cible est comme toujours en état de faiblesse. Ici, c'est les drogués. Ça leur permet de mettre la main sur toute la famille. Leur poudre de perlimpinpin, ils appellent ça, le « Dianazen ». En fait, c'est de la niacine.

– Ça me dit quelque chose. C'est quoi exactement ? demanda Jules.

Daranne sortit son petit carnet.

– C'est de la provitamine PP, qui passe de sa forme d'acide à celle d'amide par métabolisation. Acide nicotinique, précisa-t-il.

– Ah oui ! je m'en souviens, il y a eu toute une série de scandales avec ce produit. Dans leurs centres..., toxi..., toxon...

– Narconons !

Bob avait bien appris ses leçons. Mallock précisa :

– Entre les murs de ces espèces de cliniques, ils refilaient des tonnes de niacine aux toxicos. Ça leur pourrissait le foie et les vaisseaux sanguins. Il y a eu pas mal de plaintes. Bravo Bob, merci pour l'info mais dans notre affaire, qui ça concerne ? On n'a pas de drogués dans notre histoire ?

– Et si, justement ! C'est là que ça commence à bander.

Daranne et ses vieilles méthodes de renifleur triomphaient pour la seconde fois.

– Et devinez qui ? Madame la députée. C'est pour ça qu'elle a fréquenté la secte. Un simple rencard avec l'ancienne femme de ménage des Demanteau m'a suffi pour découvrir le pot aux roses.

Fort de sa victoire, il reprit le ton professoral qui agaçait tant ses collègues.

– Il faut toujours penser aux anciens employés. S'ils sont partis, c'est qu'ils avaient peut-être une bonne raison pour le faire. Croyez-en ma vieille expérience. Et si on les a virés, on a encore plus de chance de les faire causer. Faudrait les abattre pour les empêcher de dégoiser sur leurs patrons. Là, j'vous raconte pas. C'était elle qui s'était barrée, mais elle était intarissable : « Ah ça ! pour du nez, j'ai eu du nez. Quand je pense… » Et que j'te verse des larmes de crocodile : « J'l'avais bien dit que ça finirait mal, c't'histoire-là ! » Et que j'te pousse des soupirs : « Pauvre monsieur, lui, il était bien brave. Et pas fier pour un député. » Toute la panoplie des conneries habituelles, quoi. Enfin ! Elle m'a très vite craché le morceau. Toute l'histoire par le menu. Le refrain connu de l'alcoolisme mondain qui se transforme en sniffette mondaine. Et la Dumanteau qui partouze et part en couilles. C'est le frère du mari qui leur a parlé de la méthode de purification du père Hubbard. Croquignolet, non ?

Mallock regarda Jules, comme pour le prendre à témoin :

– Tu vois, Jules, les vieilles méthodes ont encore du bon. Bravo ! T'as découvert deux trucs qui risquent de changer la suite de l'enquête.

Daranne piqua son fard ! Trop content, le Bob. C'était pas tous les jours que monsieur le commissaire daignait faire un compliment. Pour fêter l'événement, il en remit une couche.

–Y'avait aussi une autre race de secte dans la région, qui aurait pu faire l'affaire. Les sectes lucifériennes, pratiquant la prostitution enfantine, les messes noires et orgies diverses. Au jour d'aujourd'hui…

Mallock craqua :

– Arrête avec cette expression à la con. Aujourd'hui tout court, ça suffit largement. Alors, quid des démonolâtres… de nos jours ?

Sans se vexer, Bob, qui avait l'habitude des brimades syntaxiques de Mallock, reprit :

– En fait, on mélange un peu tout. En France, il y a surtout des fervents du gothique, avec le look et la musique qui va avec. Ils ne sont ni plus ni moins dangereux que les hippies des années soixante. Les véritables adorateurs de Lucifer – étymologiquement, le porteur de lumière, encore appelé chef de la milice céleste ou astre du matin, en un mot, Satan – se comptent sur le doigt d'une main et encore. Exception à la règle, dernièrement, en Italie, y'a eu deux ou trois tarés qui ont été enfermés à vie pour une histoire de meurtre satanique. Ils se faisaient appeler les « bêtes de Satan ». Eux, ils en ont bouffé du pain rouge. Donc on ne sait jamais. J'aime pas finir sur un cure-dent, alors j'vais continuer à chercher.

Un silence respectueux suivit le rapport de Bob. Chacun de son côté réfléchissait aux nouvelles données apportées par l'ancien.

– Rien à ajouter ? finit par demander Mallock à l'attention de Jules.

– Si. Je rentrerais bien à la maison. On est dimanche et j'ai eu une sacrée semaine. Un déjeuner dominical dans mes pantoufles ne serait pas de refus.

Mallock libéra ses collaborateurs et se retrouva seul. C'est vrai qu'on était dimanche. Le jour de la messe. « Le Syndrome de Lucifer ». Venue de nulle part, l'expression avait envahi sa tête. Peut-être parce qu'elle collait bien avec les images qui l'avaient assailli depuis le début de l'enquête. Daranne avait beau n'avoir rien trouvé de définitif, la piste de la secte sataniste lui apparaissait maintenant très crédible et parfaitement dans l'esprit des exactions commises.

Il se rendit compte, de surcroît, qu'il y avait, flaque de pétrole, un grand doute au fond de sa tête, dont surnageaient deux mots : loi et séries. Autant, il était parvenu à mépriser la locution « concours de circonstances », autant la formule « loi des séries » continuait à le perturber. À bien y réfléchir, il s'était peut-être emballé trop vite. Il existait une réelle possibilité statistique pour que quatre événements comme ceux-là se soient déroulés dans un espace et un temps si restreints, même si c'était en dehors des probabilités et de la volonté de Dieu.

Car il y avait aussi celle du diable !

15

Nuit de dimanche à lundi, lune et soleil

Une fois chez lui, Mallock prépara son déjeuner. Une entrecôte épaisse et bien persillée l'attendait depuis déjà une bonne semaine.

Même pour cuisiner un simple steak, Mallock était perfectionniste. Tout d'abord sortir la viande pour qu'elle soit à la température de la pièce, puis faire chauffer la poêle assez fort afin de bien la marquer, deux minutes de chaque côté. Sel. Disposer rapidement sur du papier métallique et bien le refermer. Laisser reposer dix bonnes minutes. Poivre. Tout l'art consistait à laisser se détendre les fibres de la viande et à en chauffer le centre, sans pour autant avoir à la servir tiède ou à la repasser au four.

Pour accompagner son morceau de bœuf, Mallock passa trois pommes de terre, précuites dans leur peau, pendant trois minutes dans le four à micro-ondes. Un bon morceau de beurre au gros sel et direction l'écran de projection. Au programme, une énième projection de *L'Exorciste*, version courte.

À trois heures, il changea d'étage et d'écran. Café brûlant posé à côté du tapis de souris, cigare allumé, Mallock se refusa mentalement toute autre pause avant d'en avoir terminé avec sa recherche sur les toxiques. En fait, il mit plus de huit heures avant de s'estimer satisfait.

Il alla se chercher deux barquettes de fraises dans le réfrigérateur et remonta devant l'écran. Il était minuit, mais son esprit lui refusait le droit de dormir. Une nouvelle question le taraudait. Et si les astres avaient eu un rôle dans cette affaire ?

Différentes informations météorologiques s'étaient enregistrées au fond de son crâne durant les deux dernières semaines. On avait parlé d'une activité anormale du Soleil, à la fois plus de taches et plus d'irruptions visibles. La Lune aussi avait fait parler d'elle. Alors, niant sa fatigue, il ouvrit Google et tapa « planète ». Dans un demi-sommeil, alors que son index cliquait sur la souris et faisait tourner la molette, son cerveau enregistra toute une bouillie d'informations : Soleil, éruption, jets de gaz, protubérances, courant de particules dans l'ionosphère, radiance du cycle solaire… Cosmos, communications radio, brûlures, ultraviolets, température de la géosphère… Cercles, taches, petit âge de glace, minimum de Maunder, corrélations de Stetson, cycle solaire et comportement humain, mortalité, rapport entre éclat solaire et stimulation de l'hypothalamus, troubles de l'hypophyse et de la glande pinéale.

Mallock s'assoupit et s'interrogea. L'énergie, qui propulse la lumière de l'astre jusqu'aux confins du cerveau humain, peut-elle être innocente ? Et la Lune ?

Tout cela lui semblait soudain flagrant, terriblement évident. Quand paraît l'astre plein, l'homme retrouve ses instincts de bête. De toute éternité et quelle que soit la civilisation, la Lune a toujours été la coupable identifiée, reconnue, désignée. Effet Transylvanie, constellations « homicidaires » et suicidaires, augmentation de la morbidité et même de la soif de sang durant les phases lunaires. Rapport soupçonné entre éclipse et crise d'épilepsie, lune rousse et meurtre, lune pleine et accouchement, cycle lunaire et crise de folie, passage à l'acte, attraction lunaire et marées, nouvelle lune et lycanthropie.

À moitié endormi, Mallock sentit la peur tout autour de lui. Vision ou intuition ? Toutes les légendes concordent et se liguent, formant ensemble une évidence aveuglante. Les ongles et les cheveux poussent mieux lorsqu'ils sont coupés à la pleine lune. Pourquoi pas les griffes et les poils ?

Mallock l'a lu, il ne rêvait pas : cette année correspondrait à un cycle métonique. Lorsque, tous les neuf ans et demi, la Lune renforce encore son pouvoir sur la Terre, de nombreuses personnes, apparemment normales, se mettent soudain à massacrer leurs prochains. Coïncidence ou incidence de l'astre ? La Lune rapproche proie et prédateur. Sa mère lui avait dit, quand il n'était encore qu'un bébé :

– Amédée, chiens, chevaux, chats et rats mordent plus souvent lors de la pleine lune. Alors, reste dans la ferme, j'veux pas avoir à te soigner.

Toute la rationalité de Mallock pouvait bien tenter de faire face et de repousser cette piste improbable, toutes les croyances et légendes à travers le monde concordaient. Partout et de tout temps, l'homme, sous l'influence de la Lune, s'était transformé en bête sauvage, loup-garou ou vampire, créatures que l'arrivée du soleil détruisait et que la nuit revenue ressuscitait.

Qui était-il, Mallock, pour se croire capable de lutter contre les astres, les succubes, les goules et les striges ? Les démons et les créatures de la nuit ? Le couronnement des lunatiques !

16

Lundi 11 août, 4 h, sud-ouest de la France

Son masque l'oppressait et la chaleur dégagée par le crachat de lune à l'intérieur de l'athanor rendait son travail insupportable. Dans quelques instants, le diable roux, alchimiste taré, réduirait le feu secret, afin d'échapper quelque peu à l'étouffante chaleur du volcan lunatique. Il tourna une manette émaillée de bleu et ses doigts en apprécièrent la fraîcheur. Trois mois de sondes magistrales, de calculs et de préparations spagiriques et il était arrivé au but. Une poudre immaculée. Maintenant, il cherchait mieux encore. La transparence.

Le centre de l'atelier contrastait avec les murs bien rangés, les éviers blancs à chaque extrémité et les bocaux d'acier parfaitement alignés par couleur et par grosseur. Sur la longue table étroite, qu'il avait boulonnée au plancher, étaient entassés d'incroyables ustensiles : alambics de cuivre natif à la cucurbite pansue, cornues aux cols ouvragés, récipients torsadés, constantan ou chrysocale, verres et bols en cristal de roche, kerotakis, matras aux longs cols. Multiples objets et senteurs. Odeurs acides et sulfureuses de la cogélite, l'orpiment, la stibine, le sulfure d'antimoine, la cire chaude, la blonde et le cinabre, le sang du dragon. Émanations, formes et couleurs. Poudre de la chrysopée, fluide noire de l'aile de corbeau, jaune ocre de l'or, bleu de l'encre, vert diapré de la malachite.

Dans cet univers alchimique, le diable roux rêvait. À Marie la Juive, qu'on disait sœur de Moïse ; à Marie d'Alexandrie, très douce, dissoute dans les vapeurs des métaux et du temps. À Hermès Trismégiste, gravant dans son tombeau les secrets de la Table. Pointe de diamant sur lame d'émeraude, il disait : *Par la médiation d'un, je séparerai la terre du feu, le subtil de l'épais, doucement, avec grande industrie, j'aurai par ce moyen la gloire du monde et toute obscurité s'enfuira de moi.* Le diable roux repensait à ce roi d'Égypte et à sa table d'émeraude dérobée par les soldats d'Alexandre le Grand dans les profondeurs ensablées de la grande pyramide de Giseh. Il existe une semence, une semence seule et unique, que le géant roux avait voulue mortelle, alors même qu'elle aurait dû être source de vie. Matière première hermaphrodite, sperme minéral. C'était l'élaboration de cette semence diabolique qui avait occupé toute son existence durant les dix dernières années.

Irisant chaque objet, l'évaporation de l'huile lourde des sceaux d'Hermès formait de fines gloires toutes dirigées vers l'aspirateur soudé dans le plafond. C'est en ce lieu hermétique que le diable roux rêvait à Iman Djafar, aux douze clefs du moine Valentin, à Rhases et Paracelse, à Ouroboros, le serpent mou. Il y redessinait sa vie, repensait ses espoirs. C'est là qu'il délayait sa colère, sa haine du monde et de lui-même, en les noyant dans le bain du roi, mercure philosophal pour une matière prochaine : un sang d'encre avec lequel il réécrirait l'histoire, son œuvre au noir !

C'est parmi ces serpentins bavards que l'homme aux cheveux rouges rêvait en souriant à un monde à la Jérôme Bosch, entièrement recouvert de cadavres d'animaux et d'humains, le diable au cœur, violant et éventrant leurs prochains. Un monde façonné par lui, grâce à lui. Et à sa semence de mort.

DEUXIÈME

PARTIE

17

Lundi 11 août, 11 h

Enfin ! Tout son petit monde était là. Julie était revenue et Frank avait terminé son travail sur les listes. Quant à Ken, il n'allait pas tarder à les rejoindre. Mallock le solitaire se sentait plus fort lorsque son groupe de sang était complet. Toujours cette peur d'échouer, de faillir. La peur de ne pas être à la hauteur. Même s'il n'avait jamais vraiment connu l'échec, jusqu'à sa toute dernière enquête, il aurait cette appréhension. Depuis longtemps, il en connaissait l'origine. Fallait pas être sorcier, et il s'était promis d'éviter ce traumatisme à Thomas. Il aurait fait de son mieux pour ne pas lui communiquer sa paranoïa débridée. Mais la vie en avait décidé autrement et la misanthropie de Mallock avait atteint un nouvel échelon, celui de la désespérance.

Onze heures. Mallock avait repoussé l'heure de la réunion. Après ses cauchemars de Lune et de Soleil, il avait décidé de commencer à régler sa dette de sommeil. Six heures cash, de quatre heures à dix heures.

Récompense ? Avec le matin, sa rationalité avait repris du poil de la bête. Ces histoires de Lune et de lunatiques, de monstres nocturnes et de constellations « homicidaires », la clarté du jour en avait fait son affaire. De nos jours, pour une étude tendant à confirmer une relation entre l'astre lunaire et le comportement humain, il en existait une autre pour l'infirmer. S'il y avait parfois une augmentation du nombre d'actes violents durant les nuits de pleine lune, on pouvait tout autant incriminer la lumière qui favorisait les prédateurs que le phénomène dit de prophétie autoréalisatrice[7]. La prophétie « la Lune amène le meurtre » apporte avec elle les moyens de sa propre validation. Autosubjection, influences du mythe et désir d'y croire, suffisent alors à en combler les lacunes.

Comme les vampires, les délires de Lune n'avaient pas résisté à la lumière du soleil. *Exit* la piste lunaire, place à celle beaucoup plus prometteuse, des pandémies et des poisons.

À peine arrivée, Julie attaqua dans le vif du sujet. Elle avait les yeux brillants et le sourire intérieur d'une personne qui a de bonnes nouvelles. Mallock se détendit :

– Désolée, les gars, mais je vais vous parler de bactéries, virus, ATNC et autres saletés. C'est pas aussi simple que l'on peut le croire. Ça fait trois jours que j'enquête, alors à votre tour de vous concentrer. Sans entrer trop dans le détail de la vie pourtant passionnante de ces petites bêtes, j'ai retenu deux grands principes. D'une part, ne pas mélanger les notions d'épidémie, d'endémie, de pandémie et de cas sporadique. D'autre part, ne pas négliger l'importance du mode de contagion employé par ces engeances. En conclusion, je vous exposerai la petite idée qui m'est venue après avoir lu tous ces bouquins sur les effets des agents infectieux. Ce n'est pas franchement rassurant. Mais…

Julie était aussi claire que Jules était confus. Mallock les imagina deux secondes à dix ans dans la même classe, à la même table. Lui, les doigts et les devoirs tachés d'encre ; elle, première et appliquée, avec ses cheveux brossés, la marge

7. Prédictions qui amènent à ne valider que les comportements allant dans le sens de leurs confirmations.

impeccablement tracée et la trousse manucurée. Attendri et déjà rassuré, il s'enfonça plus profondément dans son fauteuil et ferma les yeux pour mieux enregistrer ce que Julie avait à leur expliquer.

– Sur le plan démographique, ces affections peuvent prendre plusieurs formes. Celle qui, de tout temps, a terrifié l'homme est l'épidémie. De la lèpre au choléra, jusqu'à la fameuse grippe espagnole, notre histoire est remplie de ces apparitions funestes et du profond traumatisme qu'elles ont laissé dans nos esprits. Dans le cas d'une épidémie, l'affection atteint rapidement et massivement un grand nombre d'individus vivant les uns à côté des autres. C'est foudroyant et ça décime toute une population, mais sur un territoire délimité. La peste ou le SIDA ont touché, eux, plusieurs continents. C'est ce qu'on appelle une pandémie. Enfin, lorsque l'on parle d'endémie, c'est lorsque l'affection, après s'être déclarée, disparaît en grande partie mais n'est pas complètement éradiquée. Elle persiste à bas bruit, comme disent les spécialistes. Dans le cas qui nous préoccupe, ce n'est pas une épidémie ou du moins pas encore. Sa faible diffusivité ferait plutôt penser à une propagation dite sporadique.

Les paupières de Frank se refermaient de plus en plus souvent. Il était crevé. Mallock l'avait fait bosser tout le week-end et il faisait maintenant des efforts désespérés pour écouter Julie sans s'endormir. Dimanche soir, sa femme était venue le chercher :

– Y'a que toi qui bosses dans cette boîte. Tu te fais bien exploiter.

Frank avait mollement résisté :

– Non, ça dépend des périodes et puis, je suis encore un peu débutant par rapport…

Mais sa femelle était furieuse :

– T'es qu'une bonne poire. Sans toi, ton Mallock et ses dons de voyance, il n'irait pas loin, crois-moi, avait-elle déclaré.

Écartelé entre son envie de rétablir la vérité et le côté flatteur de l'assertion, il avait pris la décision de se taire.

– Et ton salaire ? Quand est-ce qu'il se décide à t'augmenter ?

Plus le temps passait, plus sa femme vivait difficilement l'influence professionnelle et sentimentale, l'ascendant qu'Amédée Mallock avait sur celui qu'elle avait épousé et qui, par voie de conséquence, ne devait plus appartenir qu'à elle. Elle n'aimait pas non plus penser que celui qu'elle venait d'épouser était loin du statut de mâle dominant de la meute. Le fossé intellectuel et culturel qui séparait celui qu'elle avait choisi pour se reproduire et ce maudit Mallock, était abyssal.

– Deuxième point, continua Julie en s'excusant d'être « un peu chiante et scolaire ». Mais il faut en passer par là. Tout le monde se mélange un peu les pinceaux. Alors désolée, on s'accroche. Sur le plan épidémiologique donc, il y a deux cas de figure : les maladies à contagion directe et les épidémies à contagion indirecte. Dans le premier cas, la transmission s'opère d'homme à homme. Dans cette éventualité, tout dépend de trois facteurs : l'eau, l'air et le lieu. Dans un endroit aussi peuplé que la région bordelaise, même en partant de l'estuaire repéré par Jules, la contagion aurait été rapide. On peut donc rejeter ce type de propagation. Pour la seconde calamité, les agents infectieux ne peuvent se transmettre qu'en utilisant un ou plusieurs hôtes vecteurs. Certaines infections, comme la douve, doivent trouver deux hôtes intermédiaires successifs afin d'accomplir leur cycle de développement et atteindre leur cible finale.

– Hein, quoi ?

Jules venait de donner un coup de coude au malheureux Frank. Même Daranne éclata de rire devant le visage fripé et déconfit du jeune homme.

– Et merde, s'excusa Frank, ça doit être passionnant mais je m'endors.

– Va t'avaler deux litres de café, ça ira mieux après, lança Julie avant d'en profiter pour trier ses notes.

– Ceci exposé et d'après l'InVS, dont je tiens toute ma science, je dois vous préciser que les effets observés sur nos forcenés ne ressemblent en rien aux symptômes constatés chez les malades affectés par les différents virus, parasites ou bactéries connus à ce jour. Les deux spécialistes que j'ai interrogés ont été formels. Aucun d'entre eux n'a observé, de près ou de loin, sur l'homme, les effets constatés sur nos forcenés. Rotavirus, réovirus, arbovirus, adénovirus, virus à ARN ou à ADN, virions R ou D, virus lents ou prions, les maladies apportées par toutes ces saloperies, comme leurs symptômes, sont bien connues et documentées. De la variole aux hépatites, de l'herpès à la poliomyélite, du plus commun au plus grave, de la verrue au SIDA, ils les ont tous observés au microscope et en ont recensé les effets. Depuis la mise en service du laboratoire Mérieux de classe 4, construit sur pilotis et tout et tout, ils ont encore renforcé leurs connaissances. Ils ont observé les dégâts causés par la peste, une simple bactérie ou par la calamité virologique absolue, l'Ébola, avec ses 90 % de taux de mortalité et ses manifestations hémorragiques terrifiantes. Et pour eux, ça ne ressemble en rien à un virus. Autant vous dire qu'à ce moment, je me suis dis que c'était plié. La piste virale était à refermer. Après tout, c'était mieux comme ça. Une direction de moins et la pire de toutes.

Frank revint avec son litre de café et les cheveux mouillés. Il était passé se rafraîchir rapidement dans les toilettes. Mallock en déduisit que, même complètement crevé, son collaborateur ne voulait rien rater de l'enquête. Un bon point pour le benêt.

Julie continua son exposé :

– Autre point qui met en échec la théorie virale. Tous les virus de niveau 4, que l'on dit émergents, ont une particularité : ils ne viennent pas vers nous, c'est nous qui venons dans leurs milieux naturels. Et c'est les plus pauvres d'entre nous, au fin fond de l'Afrique, qui en sont les principales victimes. En fait, aucun microbe de la catégorie P4 n'est jamais parvenu jusqu'en France, que ce soit à pied ou en bateau.

– Et à cheval ? Bob venait de tenter de faire de l'humour. Il eut droit à un sourire poli de Julie qui reprit :

– Mais voilà, tout n'est pas fermé. Une hypothèse a été en partie validée, j'avoue, du bout des lèvres, par l'un de mes interlocuteurs de l'InVS. Il pourrait s'agir, supposition hautement improbable, d'une forme mutante de notre bonne vieille rage ! Ils m'ont dit que la rage, sous une forme modifiée – par exemple par génie génétique –, pourrait changer de symptomatologie et de voies de transmission. Plus besoin de morsure ou de salive.

Frank, qui avalait consciencieusement ses tasses de café l'une après l'autre, sursauta. Le mot « rage » l'avait définitivement réveillé :

– Mais ça n'existe plus. Pasteur et tout ça…

– Pasteur a inventé un vaccin contre la rage, il en a amélioré la prophylaxie. Avant, c'était l'horreur. On essayait d'abord la cautérisation au fer rouge, on envoyait ensuite le patient en thalassothérapie – rigolez pas, c'est vrai – et si ça ne guérissait pas, on l'étouffait entre deux matelas. Pasteur, contrairement à ce que tout le monde pense, n'a pas éradiqué la rage et ça reste encore aujourd'hui un fléau mondial. On compte des dizaines de milliers de morts en Inde tous les ans. Elle est même revenue en France en 1968…

– Ça, je confirme. Je les ai vus dans la rue, les enragés en question.

Seconde tentative d'humour du Bob. Julie eut le gentillesse de lui lancer un clin d'œil souriant avant de reprendre :

– On recense encore plus de cinq cents cas de rage par an, aujourd'hui. En fait ce virus, ou plutôt cette maladie virulente, frappe de façon sporadique. Et même si elle est loin de présenter tous les signes que l'on a observés chez nos *mass-killers*, la rage, sous sa forme connue, déclenche angoisse, insomnie, irritabilité et hallucinations. C'est uniquement chez l'animal qu'elle génère agressivité et accès de fureur meurtrière. Alors, très franchement, d'où me vient cette idée de rage ? J'en sais trop rien. Peut-être une de mes délicieuses intuitions féminines ! Voilà où j'en suis, j'ai fini. Frank, je prendrais bien une tasse de café, si tu en laisses.

Dans un même élan, les trois hommes lui firent une courte mais chaleureuse ovation, Jules allant même jusqu'à crier un « bis » qui fit sourire Mallock.

– Tu as été brillante, Julie, comme toujours, conclut le commissaire. As-tu une idée sur la raison ou l'origine d'une éventuelle mutation de la rage ?

– Non, je n'y ai pas encore réfléchi. J'ai pensé au super P4 qui se trouve à Lyon et dont je vous ai déjà parlé, mais la capitale des canuts est trop loin de l'épicentre de départ, Bordeaux en l'occurrence. Et puis je crois que leur système de sécurité est au-dessus de tout soupçon. Quant à vos félicitations, je dois les partager avec mes contacts à l'InVS.

– C'est quoi exactement ces initiales ? finit par demander Jules.

– Institut de veille sanitaire. En fait, ils devaient s'appeler IVS, mais c'était déjà pris par l'Institut des vaisseaux et du sang. Alors ils ont rajouté le « n », deuxième lettre d'institut, écrite en minuscule. Mais ce petit « n » est en train de se transformer en capitale pour signifier « nationale ». On doit donc dire Institut nationale de veille sanitaire. Et je crois que l'on pourra bientôt l'orthographier INVS. Ça te va, comme réponse ?

La Julie les étonnerait toujours ! Précise, à la limite du chiant, aurait dit Frank. Après une première gorgée de café, elle reprit :

– Je n'ai pas tout à fait terminé. La rage a beau exister sous forme endémique en France, la nouvelle contagion, si elle existe, serait partie vraisemblablement de Bordeaux. Alors, il y a deux hypothèses. Soit c'est une mutation naturelle et extérieure – un sacré putain de manque de bol – couplée à l'arrivée fortuite d'un animal porteur d'une nouvelle souche, un singe ou une chauve-souris ayant débarqué en amont à Blaye ou à Bassens. Soit on tombe en pleine paranoïa antimilitariste et l'on se pose sérieusement la question de la présence d'un navire soi-disant hôpital, la *Topaze* pour ne pas le nommer, dans le port de la Lune, dont Jules a dû déjà vous parler. Qu'est-ce qu'il fout là ? Franchement, si l'on y réfléchit bien, la mise au point d'une arme virale, maintenant que le nucléaire ne peut plus être librement développé, reste une option qui passionne les militaires. Comme celle de nombreux autres arsenaux encore top secret : les armes à micro-ondes, les générateurs à compression de flux, les armes climatiques, sismiques ou électromagnétiques. L'homme cherchera toujours de nouveaux moyens pour détruire d'autres hommes. Et ça, c'est pas un scoop !

Pause. Un silence pesant s'installa de nouveau dans la pièce. La Julie ne mâchait pas ses mots et ils étaient tous un peu KO à l'idée de ce qu'ils risquaient de devoir combattre. Mallock en profita pour ouvrir un tiroir et en sortir une bouteille. Il se versa une dose raisonnable de whisky ; il y avait des témoins. Puis il s'alluma un havane avant d'avaler trois petites gorgées du précieux liquide et de prendre à son tour la parole :

– Pour faire simple, si ça se transmet, c'est un phénomène infectieux – ce dont vient de vous parler Julie ; sinon, on a affaire à un toxique. C'est sur ce second point que j'ai un peu travaillé cette nuit – inutile de leur parler de ses visions de Lune et de Soleil – et la piste est prometteuse. Dans les drogues connues, il y aurait notamment une huile essentielle de cannabis ultra-saturée qui pourrait produire un effet ressemblant à celui observé.

Frank jeta un coup d'œil à sa montre. Il était presque midi.

– Je peux m'absenter quelques instants ? Théoriquement, l'ordinateur m'aura craché les premières réponses concernant la question que vous m'avez posée dimanche matin, à l'aube.

Il y avait un reproche bien marqué dans l'intonation de ces deux derniers mots

– Vas-y vite, et fais quelque chose pour nous en passant, on commence à crever ici.

En sortant, Frank régla la climatisation. Encore un luxe réservé au seul périmètre du Fort, mais également aux nouveaux locaux de la FAED[8] et ses trompe-l'œil d'église gothique. Après la fraîcheur de la nuit, le soleil et sa chaleur étaient venus frapper aux fenêtres du bureau de Mallock. Ce dernier continua sans attendre le retour de Frank :

– Il y a toute une pharmacopée liée aux drogues. Chaque continent, chaque pays semble avoir développé sa propre technique pour échapper à la dureté de la vie, en deviner le futur ou approcher leurs dieux. Du peyotl, de l'ololiuqui ou du teonanacatl d'Amérique du Sud jusqu'à l'iboga d'Afrique occidentale, l'alcool, le tabac et les breuvages de sorcière (belladone, jusquiame et mandragore) pour le vieux continent.

– C'est curieux, ce nom de belladone ?

Julie n'avait pas hésité à interrompre Mallock. Mais celui-ci, au lieu de se fâcher et parce que c'était Julie, lui répondit patiemment :

– Belladone vient de l'italien, *bella dona*. À la Renaissance, les grandes et belles dames mettaient du jus de baies, de la belladone, pour dilater leurs pupilles et se faire des yeux de biche. Mais hormis ce cas d'espèce, la plupart des drogues avaient pour fonctions premières de tuer, d'enivrer ou d'apporter visions et pouvoir. Dans tout cet arsenal biologique, je n'en ai trouvé que deux dont les effets secondaires peuvent conduire à des accès de fureur meurtrière. La première

8. Fichier automatisé des empreintes digitales.

n'est pas vraiment connue et n'a pas encore livré tous ses secrets, c'est la banisteriopsis, de variété *caapi* ou *inebrans*. Certains Indiens, vivant entre les rivières Amazone et Orinoco, la consomment assez régulièrement. C'est une espèce de liquide putride fabriqué à base de lianes… Prenez des notes, je vous ferai réciter après.

Julie tapota sa tempe avec l'index recourbé, lui indiquant que son petit ordinateur personnel était en marche. Jules, lui, le prit au mot et préféra rouvrir son carnet.

– Mais j'ai un nom plus facile et plus poétique pour vous. On appelle cette drogue la liane de l'âme. Il y aurait plusieurs psychotropes dans ce breuvage, l'harmine et l'harmaline, toutes deux proches de la sérotonine, dont on connaît bien les effets dans la médecine occidentale. Plus intéressant encore, et qui peut faire penser au comportement de nos forcenés, c'est une pratique extrême dans la préparation de cette merde psychoactive. Afin d'en prolonger les effets, certains Indiens mélangent la mixture obtenue avec de la… *ba-nis-ter-iop-sis rus-byana* et de la *psychotria viridis* contenant de la chez-plus-trop-quoi-démitholpitryp… trop… taline ou dimétil… ?

– Vous m'épelez, patron. Jules le regardait avec un grand sourire.

Mallock jeta un coup d'œil à ses propres notes pour articuler proprement :

– N-diméthyltryptamine. Ne rigolez pas, c'est peut-être lui notre meurtrier. Ça ou bien le deuxième prétendant, notre bon vieux chanvre indien préparé d'une façon spéciale, à très haute concentration.

– Il en faudrait des joints pour réveiller un baba cool. Moi, ça m'endort plutôt, lança Jules.

– Parce que tu prends de la drogue ? Toi, un officier de police ?

– Honnêtement patron, ça m'arrive parfois. Un bon p'tit joint, c'est pas pire qu'un double Ricard.

Amédée songea à ses propres excès de whisky et d'opium. Et bien qu'il soit farouchement opposé à la prise de drogue et qu'il en voyait tous les jours les terribles ravages, il était très mal placé pour donner des leçons. Mieux valait parler d'autre chose.

– Ce mélange de divers… *ba-nis-te-rio-psis*, reprit-il, en articulant de nouveau, rendrait dingue et violent un agneau de lait. Comme les hyperconcentrations de haschisch. Rien n'est vraiment prouvé quant aux effets négatifs de cette drogue, mais n'oubliez pas que c'est précisément ce mot : *haschshăshin* ou *hashishiyyn*, mangeur de haschisch en arabe, qui a donné en français le mot assassin. C'est un seigneur de guerre persan du nom de… ?

Encore une fois, sa mémoire venait de le trahir et Amédée dut reprendre ses notes :

– Al-Hassan ibn al-Sabbah, dit le vieil homme de la montagne, mais en fait un enfoiré de dictateur de mes deux qui faisait donner une puissante décoction de chanvre à ses guerriers, afin de les rendre invincibles en libérant leurs instincts de cruauté et en inhibant leurs peurs.

À cet instant, Frank rentra dans la pièce en continuant à lire le contenu apparemment passionnant de son listing. Il lâcha même un « Putain d'bordel de merde », plutôt de bon augure.

– On peut savoir ?

– Non, je garde mon effet pour la fin. Je me suis pris la tête tout le week-end pour mettre tout à plat. Heureusement, Karine et Klémence n'étaient pas parties en vacances. Elles sont venues m'aider pendant ces deux jours. J'dois dire qu'elles en connaissent un bout.

Tu parles, pensa Mallock. Il se sentait un peu gêné que le jeune lieutenant ait eu le toupet de leur demander de l'aider. Les sœurs en question avaient un niveau de compétences qui se respecte. Arrivées dans les services de la Crime depuis le début de l'enquête, les deux sœurs jumelles de trente-trois ans avaient eu un parcours atypique. Psychiatres de formation, elles étaient parties aux États-Unis, non pour devenir *profiler* mais pour étudier et écrire un essai sur la sémantique du criminel et créer ainsi un nouveau métier, une nouvelle arme contre les assassins. Comment, lors de prises d'otage, décrypter les réelles volontés du criminel en pratiquant des analyses linguistiques comme la « pronominalisation du discours » ou ses « dissonances cognitives » ; comment trouver le « point de congruence » qui permettrait de mettre fin à la situation. Ces mêmes exercices servaient également à étudier les mots laissés ou envoyés par les tueurs en série, ainsi que les conversations téléphoniques entre truands. La SUFCA[9] venait tout juste d'être créée de l'autre côté de l'Atlantique et ce, sous leur impulsion conjointe. En contrepartie, les Américains avaient aidé Klémence à renforcer ses connaissances en psycho-morphologie comportementale. La PMC ne prenait pas en compte le discours, mais tout le reste : les expressions du visage, les micro-tics, les battements du cœur, la sudation, les mouvements du corps, doigts, mains, jambes, épaules.

En fait, c'était des tronches, ces deux nanas, comme aurait dit Jules. Début août, alors qu'elles venaient juste de revenir en France pour passer des vacances bien méritées, elles s'étaient retrouvées en plein drame. Mises à la disposition du 36 pour collaborer à l'enquête, dès leur arrivée à la Crime, les sœurs Calmel étaient venues rendre visite à Mallock, dont elles connaissaient la réputation. Ils avaient déjà eu plusieurs conversations téléphoniques passionnantes, le commissaire étant lui-même amateur à ses heures de sémantique et de linguistique appliquée.

– Comme vous le savez, reprit Frank, on procède en plusieurs phases : le choix d'un programme de tableur, la

9. *Semantic unit for criminals activities.*

saisie des données avec le maximum d'entrées possibles, les éventuelles fiançailles officieuses avec des bases invitées.

Mallock admira au passage le délicat euphémisme pour le piratage informatique utilisé par son collaborateur.

– Puis on interprète et l'on recherche toutes les similitudes possibles.

Frank passa plusieurs fois sa main à travers la courte brosse de ses cheveux, comme pour réchauffer son demi-cerveau assoupi et lui apporter un surcroît d'électricité... Peut-être même pour l'aider à fonctionner ?

– Karine s'est chargée de toute la partie bancaire, en croisant notamment les relevés et les fichiers des banques des quatre forcenés. Résultat : néant. Aucun d'entre eux n'avait le même coiffeur, un restaurant en commun ou un blanchisseur. Les quatre seules partenaires qu'ils aient tous les trois en commun, s'appellent EDF-GDF, France Telecom, la Compagnie générale des eaux et, notre ami à tous, le Trésor public, qu'on applaudit bien fort. On a aussi trouvé une grande surface commune à deux des personnes, mais ça n'avait rien d'étonnant, compte tenu de leur position géographique réciproque.

Il marqua un temps d'arrêt, puis devant l'absence de questions, il reprit :

– Klémence, de son côté, a effectué un travail similaire en partant des calepins et des Filofax. On a eu un instant fugace de bonheur, le même nom de particulier sur trois des calepins, mais c'était une simple coïncidence, des homonymes. Sinon, sur deux calepins différents, on a relevé trois adresses communes de magasins et de médecins que l'on va vérifier.

Frank se redressa avant de lancer :

– Quant à moi, après avoir mis toute l'histoire en route, j'ai trouvé deux éléments intéressants.

Il crut bon de laisser un silence entre lui et sa révélation :

– Deux des meurtrières ont eu affaire à une même secte. Ça n'a pas été facile, mais…

– La petite danseuse et la femme du député, on sait, ne put s'empêcher de lui lancer Jules. Bob a découvert tout ça en utilisant simplement ses petites jambes et son petit carnet. Vive Bob !

Daranne piqua un phare alors que Julie, s'étant approché de lui, l'embrassait sur le front. Content, le Bob. Très content. Frank ravala sa fierté blessée et enchaîna :

– Dimanche à l'aube, j'ai reçu un appel du patron sur la question des empoisonnements et je me suis mis dessus immédiatement.

Il reprit en main le listing qu'il venait d'aller chercher :

– Le patron m'a donc appelé dimanche matin pour me poser une question. Comment, du jour au lendemain, pouvait-on se mettre à empoisonner ses semblables, tester des poisons, rendre malade ou tuer des gens dans la rue, sans attirer l'attention de la police ? Comme d'habitude, sans me laisser la chance de trouver quelque chose, il m'a chargé de vérifier le bien-fondé de « son » hypothèse. Ça n'a pas été facile, notre commissaire étant parti d'une supposition qui m'avait franchement paru fantaisiste…

Mallock se sentit obligé de reprendre la parole, comme pour se justifier d'avoir poussé si loin, peut-être trop, son sens de l'intuition.

– J'ai d'abord pris contact avec plusieurs personnes et également avec l'INSERM[10] qui est chargé d'établir les statistiques épidémiologiques. Puis j'ai réfléchi à tout ça.

Mallock prenait son temps. Il voulait que son hypothèse soit comprise, voire critiquée. Ce n'était pas par malice ou pour se faire admirer, mais parce qu'il avait envie de les convaincre. Et peut-être aussi, parvenir à se persuader lui-même de la plausibilité d'une hypothèse encore trop… spectaculaire à ses propres yeux.

10. Institut national de la santé et la recherche médicale.

– Restons calmes. Ce n'est qu'une théorie et je n'affirme rien, mais en mettant momentanément de côté l'hypothèse d'une intoxication alimentaire ou infectieuse accidentelle, on n'a plus devant nous qu'une seule autre piste valable, celle de la fabrication volontaire par un tiers à identifier, d'un... super-poison. Et l'idée du siècle pour un tueur ou une organisation criminelle, voire terroriste : fabriquer d'autres tueurs. Un *psycho-killer,* créant autant de *mass-murder* qu'il veut pour démultiplier son pouvoir de nuisance. Acquérir, en fait, le pouvoir du diable. C'est pour cette raison que j'ai baptisé ça « le syndrome de Lucifer », histoire de donner un nom et un début d'existence à mon hypothèse.

Le nom réonna comme un coup de gong monumental au milieu du bureau. Le silence qui s'ensuivit était encore de la stupéfaction.

– Le cauchemar absolu, murmura Julie atterrée.

– Une putain d'bonne idée pour un film, rajouta Jules en bon cinéphile. Un tueur en série qui fabrique des tueurs de masse. Un putain de délire...

– Justement, je ne voudrais pas que ce soit le fruit de mon imagination, voire de mes obsessions. Je ne suis sûr de rien, continua Mallock, mais si l'on observe l'augmentation de puissance des effets du soi-disant poison entre le cas Demanteau et le massacre Dessacre, on ne peut que constater une évolution plus que sensible. Comme si ceux qui fabriquaient cette merde continuaient à la développer en laboratoire. C'est là que je me suis posé la grande question. Suivez-moi bien. Si une telle horreur existe, elle n'a pas pu être mise au point du premier coup, ni pas une seule personne d'ailleurs. Entre tuer quelqu'un et le rendre fou furieux, il y a une sacrée marge. Parvenir à une telle maîtrise nécessite des recherches et des tâtonnements. Dans cette hypothèse, on peut imaginer qu'il y a eu des antécédents aux premiers empoisonnements connus. Et dans ce cas, il y a fort à parier qu'il y a des traces, des preuves.

– Avec tout mon respect, vous ne seriez pas en pleine parano, patron ? demanda Jules. Ça me semble tellement…

– Je sais, je sais, mais laisse-moi terminer. Je me suis dit que pour dissimuler leurs premiers essais sur l'homme, ils auraient pu trouver une astuce. La question que je me suis alors posée était donc : comment faire pour empoisonner son prochain sans qu'aucun flic ne s'en mêle ?

– Ouais, on aimerait bien le savoir, bougonna une Julie énervée par les circonlocutions de Mallock.

– Faut bien dire… commença Bob, avant d'être coupé par Mallock.

– J'ai fini pas entrevoir, en me réveillant dimanche matin, un seul moyen, bien vicieux, pour accomplir ce petit prodige. Il suffit de mettre simplement le poison dans des aliments déjà potentiellement dangereux, notamment les champignons. En fait, j'en ai rêvé. Si quelqu'un meurt empoisonné quelques heures après en avoir consommé, on ne cherchera pas plus loin. Surtout quand on connaît le peu de zèle des médecins à faire procéder à des autopsies complémentaires. Mes empoisonneurs imaginaires n'auraient eu qu'à injecter leur substance dans des champignons comestibles, soit en vente à l'extérieur, soit dans la cuisine d'un restaurant. On pourrait même imaginer la façon dont ils s'y sont pris. Je pencherais pour l'emploi d'une seringue dissimulée dans une poche ou un vaporisateur. L'homme a de l'imagination lorsqu'il s'agit de nuire, comme nous l'a montré Julie.

Il se tourna alors vers Frank pour lui laisser la parole.

– Bon, ben, après avoir croisé et compilé un certain nombre de sources sur lesquelles je ne vais pas m'étendre, j'ai trouvé des résultats qui m'ont laissé sur le cul. Le patron avait apparemment marqué un point. Par rapport à une année de référence – composée des trois premières années de quatre-vingt-dix – il y a eu, en douze mois, six fois plus de cas d'empoisonnement par champignons ou assimilés, recensés dans les hôpitaux. D'autre part, dans les fichiers de la RF et de l'AFSSA[11], j'ai découvert deux fois plus de restaurants qui ont été fermés suite à des intoxications alimentaires graves, et cinq fois plus de magasins. La plupart sont des petites surfaces, en région parisienne ou dans les grandes villes, tenues par des Chinois ou des Maghrébins, et dont les fruits et légumes sont exposés à l'extérieur pratiquement vingt-quatre heures sur vingt-quatre. Dernier élément, cerise sur le gâteau, on a enregistré dans certains cas, des comportements troublants : exhibitionnisme, violence, convulsions, masturbation, etc. Mais je n'en sais pas plus pour l'instant. Ça, c'est les mots trouvés dans les dossiers informatiques. Il faut que je téléphone à droite et à gauche pour avoir plus de détails.

Amédée eut du mal à cacher sa satisfaction. Enfin quelque chose de prometteur, qui ressemblait à une piste. Mais il fallait encore aller plus loin, ne pas s'arrêter à cette seule hypothèse. Les champignons pouvaient également avoir été infectés naturellement par une nouvelle merde biologique quelconque, sans que cela ne soit, pour autant, un acte criminel. Tous les scandales des années quatre-vingt-dix étaient de sérieux précédents. Il devait absolument garder un esprit ouvert, tant qu'il n'aurait pas de certitude. En dehors de l'hypothèse du poison, un nouveau prion ou une bactérie mutante pouvait également avoir fait son apparition. Tout était possible. La seule certitude dans ce cas, c'était que la saloperie en question ne serait, a priori, pas contagieuse.

– Frank, puisque tu as le listing, passe deux ou trois coups de fil. L'idée du poison a l'air de tenir le coup, mais il faudrait pouvoir analyser les corps, surtout les derniers, pour aller plus loin et corroborer un tant soit peu cette hypothèse. Chromatographie, profils protéiniques et tout le toutim. Y compris la recherche de résidus de drogue, notamment de cannabis, dans les graisses. Dans le sang,

11. RF : Répression des fraudes.
AFSSA : Agence française de sécurité sanitaires de aliments.

toute trace disparaît au bout de quelques heures. Ah ! oui, j'ai oublié de vous dire. Le juge, que j'ai eu la bêtise de vouloir joindre chez lui, un dimanche en plein mois d'août, m'a refusé toute autorisation de faire pratiquer ce genre d'autopsie. Dans le texte, à peu de chose près : « Vous n'êtes pas prioritaire et, d'après ce que l'on m'en a dit, des analyses ont, de toute façon, été pratiquées. C'est systématique. De là à pousser plus loin… Je dois vous dire que vos "thèses" sont loin de faire l'unanimité, mon cher commissaire. Je ne saurais trop vous recommander de prudence garder. Qui plus est, soyons raisonnables, autant ne pas aggraver la douleur des familles en leur refusant la restitution des corps ou en les exhumant de leur dernière demeure, en ce qui concerne la petite fille. Bla, bla, bla… » J'ai quand même obtenu un délai de grâce de trois jours avant qu'ils aient le droit de procéder à l'enterrement ou à l'incinération des deux autres. Ça nous laisse environ vingt-quatre heures pour boucler le dossier et faire de mon hypothèse quelque chose de crédible et convainquant. À vous de jouer !

Il était midi pile, Mallock venait de clore le quatrième briefing de l'affaire du Syndrome de Lucifer. Il regarda le dos de ses collaborateurs quittant son bureau. En un week-end, ils ont remarquablement travaillé. Et lui aussi.

Il s'accorda un « Bravo Mallock ! » avant de se lever pour s'offrir une pause. Marcher vers la fenêtre et regarder la Seine. En se redressant, il sentit rouler dans son corps le poids de son oppression, bille d'acier. Le combat était engagé et il allait devoir à nouveau s'exposer. Non seulement aux armées diaboliques, mais aussi aux différents pouvoirs parasites : hauts et bas fonctionnaires, commentateurs arrogants, politiciens policés et plus que minables célébrités, toute cette légion de tartuffes qui hantent le moindre média pour y exhiber leur cœur comme on montre son cul, pantins dont l'indignation reste l'unique vertu.

Amédée ne connaissait que trop l'iniquité du monde, il en faisait partie. Coupable comme eux, lâche comme eux. Arbre bien trop docile perdu dans cette forêt d'avidité, de morgue et d'infinie vanité où les puissants honteux, sous leurs lambris dorés, coupes de bulles à la main, pleurent sur le sort des exclus avant d'aller démouler leur caviar dans leurs faïences noires, toute honte bue. Et où les pauvres, malades d'envie, ne rêvent que d'être riches à leur tour, démouler à leur tour, tout en pleurant sur le sort de leurs frères restés en arrière. Égalité, fraternité et mon cul…

Mallock regarda le fleuve en contrebas. Sous le soleil, la Seine avait des couleurs de pain d'épice et le futur était d'un rouge bien plus sanglant que son propre cœur. Dans une autre vie, il aurait sans doute posé des bombes. Dans celle-là, il tentait de les désamorcer.

La frontière était ténue.

18

Paris, après-midi du mardi 12 août

Accélération. Mardi, à treize heures trente, juste après les actualités télévisées, tout bascula et l'affaire commença à prendre des proportions que personne n'aurait pu soupçonner. En quelques heures, Mallock reçut toute une kyrielle d'appels qui se rajoutèrent aux dépêches de l'AFP tombées durant la nuit. À chaque fois, y étaient relatés les meurtres commis par tel ou tel forcené. En moins de vingt-quatre heures, six *mass-murders* avaient exterminé cinquante-sept personnes et en avaient blessé plus d'une centaine sur l'ensemble du territoire.

Près de Saint-Tropez, une centenaire avait assassiné au couteau sa fille, sa petite-fille et son arrière-petite-fille. À Lyon, un postier avait accompli toute sa tournée en distribuant la mort à chaque porte. En Auvergne, un enfant de sept ans avait joué au boucher avec ses trois petites sœurs, avant de jouer au docteur avec leur cadavre. Cette dernière affaire était si dérangeante que, pour une fois, le journal local qui avait relaté les faits s'était vu obligé d'en modérer le sensationnel.

Coïncidence, une brusque montée de température et un vent de secteur sud-est avaient déclenché un pic de pollution sur Paris et sa banlieue. Dans les rues, poissons agonisants sur le pont du bateau Paris, aoûtiens et touristes commençaient à se jeter des regards chargés de suspicion. Un malaise poisseux et un tout début de panique se répandaient mollement mais sûrement dans les principales agglomérations, en même temps que l'air chaud et pollué. C'était comme inéluctable. Sueur, peur et manque d'oxygène se combinaient pour faire naître en chacun la prémonition de sa propre mort. L'angoisse courbait les nuques et affolait les iris des yeux dans leur orbite. À bien y réfléchir, le vent sale et tropical, qui pénétrait dans chaque rue, n'était plus seulement l'un des effets aggravant de la peur, il l'incarnait désormais.

Dans son bureau, Mallock se demanda s'il avait vraiment envie de vivre ça : une guerre au couteau contre un ennemi invisible qui pouvait démultiplier à l'infini son pouvoir de destruction. Alors il se mit à jouer avec d'autres possibles, comme se barrer, partir en mer avec un slip de bain, des provisions et Margot. Laisser tous ces râleurs de Français dans leur merde. Ils n'auront qu'à défiler, pensa Mallock en imaginant les pancartes et les slogans. « On veut pas mourir ! », « Réforme de la mort exigée dans les 24 h », « Vie éternelle pour le peuple ou démission du gouvernement ». Oui, il les voyait bien, exigeant l'abrogation de la mort. L'idée le fit sourire. Il en avait bien besoin pour tenir sous la pression qui montait à toute vapeur.

Les alentours du 36 et du palais de justice, familièrement appelé « palais des toqués », commençaient à être pris d'assaut par les journalistes du monde entier. Depuis les chaînes publiques françaises jusqu'à CNN, toutes les télévisions avaient envoyé une équipe quai des Orfèvres. Si quelque chose devait se passer, c'était en se plaçant près du Château qu'ils avaient, pensaient-ils, le plus de chance d'être mis au courant.

Il y avait eu des fuites. La rumeur, pour une fois fondée, avançait qu'un commissaire – en l'occurrence l'Amédée

Mallock de l'affaire du Maquilleur – se serait personnellement opposé au ministre de l'Intérieur. Ça faisait pour le moins désordre, surtout que ses hypothèses, jugées alors farfelues, l'avaient mis en marge de l'affaire. On prétendait même qu'il avait été mis à pied, viré de la Crime. À la lumière des derniers événements, il semblerait, tout compte fait, qu'il ait été le seul à être un tant soit peu dans le vrai.

Il y avait là matière à polémique. On allait pouvoir clouer quelqu'un au pilori, se révolter, se trouver beau dans son miroir. Couvrir l'abject de son mépris et de sa sainte réprobation. Procéder au lavage collectif des âmes dans le hublot de la machine télévision. Et puis, avec un ministre en cause, c'était encore plus mieux. Que de beaux titres en perspective ! Comme si s'indigner rendait digne.

À l'intérieur du 36, et contrairement à ce que l'on aurait pu craindre, les choses se passèrent en douceur. Bien entendu, ni le ministre de l'Intérieur ni personne ne prit le temps ou la peine de faire amende honorable. La passation de pouvoir se déroula sans autre formalité. Dublin appela Mallock à quatorze heures pétantes :

– J'ai eu le ministère, tu es désormais en charge de l'affaire.

Amédée, qui avait prévu cette éventualité, eut le temps de dicter ses conditions. Il ne se sentait ni la capacité ni l'envie de gérer le relationnel sulfureux entre les différents ministères et les services ennemis. Qui plus est, pour être pleinement efficace, il devait rester concentré sur son enquête. Il savait, lui, qu'il était encore très loin de la solution. Pire, il fallait bien admettre qu'il avait peur et n'était pas sûr d'être à la hauteur. Une telle faiblesse était rare de sa part et il se devait de la reconnaître et le dire à Dublin.

– Je suis vraiment pas capable d'assurer l'ensemble du dispositif, et encore moins la coordination entre les intervenants. C'est pas mon truc et c'est pas souhaitable, les autres gugusses ne me portent pas particulièrement dans leur cœur. Il faut absolument que je me consacre à l'enquête et à rien d'autre. Ça va être un putain de casse-tête !

Dublin, qui avait assisté à l'échauffourée entre son subordonné et les patrons des différents acronymes chargés de la sécurité du territoire, n'eut aucun argument à opposer à Mallock.

– Je vais voir avec le ministère s'ils acceptent de me laisser remplir cette fonction. Je n'ai pas trop le choix. Si je ne me porte pas volontaire, on va se retrouver tous les deux avec un gugusse au-dessus de nous.

- Et puis, je crois que tu connais bien les arcanes de la fonction publique. T'as déjà donné, non ?

- Sans me vanter, je suis même devenu le roi des sigles et acronymes des multiples agences, commissions, conseils supérieurs et autres directions sanitaires de l'Hexagone. Alors, s'ils veulent bien de moi…

– Espérons. De toute façon, s'il s'agit d'une contamination involontaire, ça ne sera plus de ma compétence ni de la tienne, mais de celle du ministère de la Santé. D'ailleurs, il serait préférable de les impliquer dès à présent, les charger de cette piste et la suivre avec eux. Il faut également, je suppose, prendre contact avec l'Institut de veille sanitaire et d'autres dans le même genre également. Franchement, je ne sais pas vraiment comment ça marche ! Quels sont les opérationnels à contacter ? Dans quel ordre ? Qu'est-ce qui est du ressort de qui ?

Dublin, étonnamment calme, lui répondit par un rapide exposé.

– Chaque groupe, chaque institut a ses propres prérogatives et ses compétences, sans parler de ses susceptibilités, commença-t-il à expliquer. Il faut respecter une certaine hiérarchie. Chaque organisme va diligenter une enquête. Ils vont tenter de remonter le cours de l'histoire. Et il n'y a pas seulement l'InVS, loin de là. Même si c'est sur lui que reposent la centralisation et la gestion de tout événement menaçant la sécurité sanitaire des Français. De l'épidémie de méningite à l'histoire des fameuses lettres contaminées à la poudre blanche, destinées à transmettre la maladie du charbon. Épisode qui a remis le bioterrorisme à la mode, entre parenthèse. Mais dans un cas comme le nôtre, étant donné la complexité de la substance, la tâche incombera également au Département des maladies infectieuses, ainsi qu'au Département santé environnement. Ils vont avoir pour tâche d'analyser les différents cas, puis d'ausculter la famille et les proches. Et pour but, trouver des similitudes entre les fous furieux…

– Lunatiques, je préfère, précisa Mallock.

– OK pour lunatiques. Donc, en cherchant dans la vie de ces… lunatiques, il faut essayer de déterminer ce qui a bien pu les exposer à une substance inhabituelle. Parallèlement, les gens du domaine sanitaire seront chargés de travailler sur l'identification précise de la matière toxique à diffusion nationale. Et là, tout le monde aux abris. Les centres antipoison, tout comme d'ailleurs les urgences des hôpitaux vont se trouver en première ligne pour répondre à la population affolée : « Docteur, j'ai mangé quelque chose qui avait un goût bizarre. Faites-moi une prise de sang. Je me sens pas bien. Comment éviter tout risque ? » Ce sera le grand foutoir, Amédée, faut pas s'faire d'illusions. Et c'est pour aujourd'hui ! Au stade où en sont les choses, même si le silence est imposé à toutes les personnes contactées, les médias sont déjà au courant. Les médias sont toujours au courant, quels que soient la consigne et le secret qui entoure l'affaire. Pas de faux espoirs, la panique va gagner la population dans les jours, et même les heures, qui viennent.

Mallock poussa un soupir abyssal. C'était tout ce qu'il craignait depuis le début. Sans pitié, Dublin continua son explication. Pour une fois qu'il en connaissait plus que Mallock, il avait visiblement décidé d'en profiter et redorer ainsi ses galons de chef, mis à mal par les exploits répétés de son subordonné. C'était de bonne guerre.

– Par expérience, au départ, ce sont les médecins hospitaliers ou libéraux qui donnent l'alerte. Ils s'adressent à la DDASS. À l'heure qu'il est, ça doit déjà être fait. Dans les deux jours qui viennent, ça va être au tour du ministère de la Santé, plus précisément de la DGS. La Direction générale de la santé va devoir se mettre à découvert. Elle aura pour mission d'anticiper le plus possible et faire semblant de savoir, même si elle ne sait pas. Sa tâche : rassurer la population. Alors elle donnera des consignes à travers les médias, lancera un numéro vert et ouvrira des centres d'information. En espérant qu'à ce point de l'enquête épidémiologique, elle ait quelque chose à dire. Parallèlement, ce sera également elle qui enverra, pour identification, des prélèvements au centre de référence, en l'occurrence à l'Institut Pasteur. Après, l'armée sera mise sur le coup, à travers le Secrétariat général de la défense nationale. C'est la structure interministérielle qui assure la liaison entre les plus hauts sommets de l'État, le ministère de la Santé et l'armée elle-même. C'est donc le SGDN qui prendra l'affaire en main, en gérant pour l'armée la mise en œuvre du plan BIOTOX[12], décliné de diverses façons, selon la nature du risque.

– Eh bien, on n'est pas dans la merde, grommela Mallock. La grande muette dans les rues ! Il manquait plus que ça.

Sans se troubler, Dublin continua :

– S'il s'avère que la source du mal est d'origine alimentaire, une nouvelle structure se joindra à l'InVS pour créer une cellule d'expertise et fournir à la SGDN tous les éléments dont elle pourrait avoir besoin. Il s'agit de l'AFSSA, Agence française de sécurité sanitaire et alimentaire. Ensemble, ils interviendront dans la recherche de l'aliment suspect.

12. Partie du plan Vigipirate, prévue pour répondre aux menaces de malveillance de nature biologique.

Enquêtes épidémiologiques, cas témoin et tout le toutim. Ils compareront la consommation des victimes à celle des membres de leur famille, étudieront la liste des aliments absorbés et recouperont les informations.

– Tu vois bien que tu es l'homme de la situation ! l'interrompit Mallock, soulagé de voir que son patron connaissait bien son sujet. Et déterminé aussi à lui refiler le bébé. Même à faire sortir de sa vieille carcasse retors, du brossage de poil dans le bon sens et un zeste de flagornerie.

– Je n'ai pas encore fini ! Il faut que tu aies une idée de tout le circuit. Même si tu ne diriges pas la manœuvre, tu risques fort d'avoir affaire à différents intervenants. Autant connaître leur niveau d'intervention et de compétence. Ça t'évitera de trop gaffer avec tes gros sabots.

Là, Dublin n'avait pas tort. Mallock regretta soudain de ne pas avoir pris des notes. Tous ces acronymes se mélangeaient déjà dans sa tête. Il eut juste le temps d'attraper une feuille avant que son supérieur ne reprenne son exposé :

– Un autre département, dépendant cette fois-ci du ministère des Finances, va rapidement faire partie de notre histoire : la DGCCRF, Direction générale de la concurrence, de la consommation et de la répression des fraudes. Ainsi qu'un troisième ministère, celui de l'Agriculture, à travers la Direction générale de l'alimentation. Les premiers, par tradition, s'occupent plutôt des végétaux et des boissons, à l'exception de l'eau. Les services vétérinaires de la DGAL s'attachent plus particulièrement au secteur des denrées animales et de la protection humaine. C'est leurs biologistes qui partiront à la recherche des aliments contaminés dans les supermarchés. Ce qui leur permettra de donner l'ordre de retrait des produits incriminés ou suspects. En cas de doute sur la source de la contamination, on sollicitera aussi la DSV, Direction des services vétérinaires. Si l'enquête est parvenue à identifier les aliments responsables, instruction sera alors donnée de les retirer de la vente et de faire diffuser l'information, afin que la population évite de consommer ces mêmes produits déjà en sa possession. Fin de l'exposé. Ça t'a plu ?

– Ouais et ça me rassure de te savoir en charge de tout ce merdier. Sans déconner, tu maîtrises drôlement bien le sujet. Grâce à toi, je vais pouvoir me concentrer sur le reste.

– Y'a intérêt. J'fais pas ça pour tes beaux yeux, Mallock. Il me faut l'Amédée des grands jours, le faiseur de miracle, Dédé-le-Devin et Mallock-le-Roc. Sinon que Dieu nous vienne en aide !

Mallock se demanda si son patron était croyant. Ils n'en avaient jamais parlé entre eux. Ils étaient, curieusement, à la fois proche et éloignés. Depuis que Dublin avait annoncé la terrible nouvelle à Mallock au sujet de son fils, leurs rapports étaient devenus étranges. Il y avait entre eux une vraie confiance et une sorte d'amitié séparée cependant par une chose lourde et invisible. Devant les autres, ils se vouvoyaient. Entre eux, c'était le « tu » qui était naturellement de rigueur.

– Personnellement, je ne compte pas sur Dieu, précisa Mallock. Ça l'amuse autant de nous mettre dans la merde que de nous en sortir. Je préfère me fier à mes petites cellules grises, comme l'inénarrable Hercule Poirot. Mais, soyons francs, si tous les autres se sont trompés, je n'en connais pas pour autant la solution. J'en suis même bien loin. Sauf coup de bol, bordel et massacres dureront encore dans les jours à venir. Ils vont même vraisemblablement s'amplifier.

Dublin maugréa. Il avait envie d'entendre autre chose, mais Mallock continua sur le même ton.

- J'ai vraiment besoin de temps. Je ne peux rien affirmer sur l'origine de ce… poison ou virus. Je le pense plutôt criminel, en raison des fameux essais que j'ai découverts, ce que je vous ai raconté sur les champignons, mais je ne peux pas encore en être sûr. Même l'armée ou les terroristes peuvent être en cause. Pour moi, tout le monde doit être sur le pont.

– Ça, c'est une certitude. Même une lapalissade. Bon, aller, bonne chance et bonne chasse, Mallock.

Amédée raccrocha sur un « bon courage à vous », aussi sincère que son soulagement d'avoir Dublin en couverture. La gravité de la situation le frappa une fois encore. En exposant son point de vue à Dublin, il venait lui-même de prendre conscience de toute la dimension du désastre et de la force de la peur qui grandissait en lui.

Afin d'éviter de perdre du temps et de trop cogiter, il appela le juge de l'autre jour pour lui demander de bien vouloir accéder à sa demande de complément d'autopsie sur les corps des premiers forcenés. C'était primordial. Seules des analyses poussées pourraient permettre d'avoir une meilleure idée du phénomène. Le magistrat avait changé de ton et Mallock eut presque l'impression d'entendre un claquement de talon, en même temps qu'il lui promettait :

– Vous aurez toutes les autorisations nécessaires dans les plus brefs délais, cher commissaire divisionnaire.

Amédée se paya le plaisir de raccrocher sur un « Merci infiniment de votre complaisance », dont l'ironie n'avait aucune chance d'échapper à monsieur le juge. Puis il composa le numéro de téléphone de son ami Mordome, en vacances au fin fond de son Poitou natal. À la septième sonnerie, Bernard Barnabé Mordome, surnommé BB par ses étudiants, décrocha pour entendre un laconique :

– C'est Mallock.

Visiblement l'anatomo-pathologiste attendait son appel.

– Alors, ils t'ont enfin mis sur le coup ?

– J'y suis pratiquement depuis le début, en fait. Je te raconterai. Mais je peux déjà t'annoncer que l'on a eu six autres cas dans les dernières vingt-quatre heures.

Mordome laissa échapper un « Bon Dieu de merde » expressif et parfaitement de circonstance.

– Je suppose que tu as besoin de moi ?

– À ton avis ? Quand peux-tu être là ?

– Surprise ! J'ai devancé l'appel. Je suis arrivé à Paris, il y a une heure. J'ai détourné ma ligne. Maintenant, il me faut tous les corps.

– Je vais avoir toutes les autorisations. Je pensais te faire parvenir les documents nécessaires. Si tu pouvais t'en occuper comme d'habitude, en collaboration avec notre service…

– T'inquiète, j'ai l'habitude. À demain.

Mallock raccrocha, heureux d'avoir Bernard Barnabé Mordome à ses côtés dans la lutte qui s'engageait.

Il convoqua alors les trois autres pour les informer qu'ils avaient dérouillé et qu'ils étaient donc désormais officiellement en charge de l'enquête.

Frank lâcha un simple « On a intérêt à assurer », parfaitement dans le ton.

Mallock s'assura que le brief de la veille avait été parfaitement assimilé, puis il le compléta d'instructions plus administratives. Aucune erreur ne serait pardonnée, ni surtout pardonnable.

Tout en leur parlant, encore une fois, la responsabilité qui était désormais la sienne lui apparut comme écrasante. Le sort de milliers de personnes dépendait de son expertise, du professionnalisme de toute son équipe, de la chance avec un grand C et de ses propres capacités d'intuition. Justement, ces dernières, les avait-il écoutées ? Avait-il seulement essayé ? N'avait-il pas, parce qu'il ne l'aimait pas, négligé ce don particulier qu'il avait de rêver le futur, en analysant les faits jusqu'à la dernière goutte ? Les signes dans toutes leurs dimensions ? Les indices jusqu'à l'ultime atome ?

Qu'il s'agisse d'un virus, d'un groupe terroriste ou d'un gourou mégalomane, d'une série de passage à l'acte dû au soleil, à la lune ou à une pression sociétale devenue explosive, qu'importe ! Il se devait d'occuper le terrain, tous les terrains et chacun de ces terrains. À tous les niveaux. Il y avait toujours deux dimensions à une enquête, comme à tout acte humain : un niveau intellectuel où le rationnel, le raisonnement et les actes primaient et un autre, plus élevé, plus subjectif, faisant appel à l'intuition et à l'inspiration. Ces deux recherches étaient d'égale importance. Elles devaient être développées sur deux plans parallèles, sans se polluer.

Or il ne s'était pas mentalement isolé depuis longtemps et il en fut effrayé, comme si son absence à ce niveau spirituel avait laissé le champ libre à l'autre, le taré diabolique qu'il devinait derrière tous ces massacres.

C'est pourquoi, en plein branle-bas de combat, il fit la seule chose que personne n'attendait de lui. Il rentra chez lui.

Il était dix-sept heures et l'air était irrespirable. Le ciel était gras. Mallock venait de passer des vingt-deux degrés confortables de ses bureaux à plus de trente-huit à l'extérieur. Face au pont au Change, tout en retirant sa veste, il maudit injustement la climatisation du Fort. La sortie qu'il venait d'employer n'était connue de personne, en tout cas d'aucun journaliste. C'était une série de passages et de couloirs souterrains qui serpentaient sous la rue d'Harlay et le palais de justice, pour déboucher dans le tribunal du commerce, repère de la corruption des cols blancs, permettant ainsi aux initiés de sortir en toute discrétion. Malgré la proximité du quai aux Fleurs, il n'y avait même pas de plantes vertes en faction devant l'édifice.

Comme tous les jours, en été, il rentra chez lui à pied : quai de Corse, pont Notre-Dame et quai de Gesvres, avant de traverser la place Saint-Gervais et la rue de Rivoli. La diffusion des actualités télévisées de treize heures, amplifiée par la rumeur, avait eu un curieux effet sur les Parisiens.

Malgré leur peur, ou à cause d'elle, ceux qui sortaient se parlaient. Se regroupant au hasard des rues et des passages protégés, des ponts ou des magasins, ils échangeaient, dans la plus grande confusion, les informations que chacun pensait détenir. Certains émettaient des doutes sur l'étendue des massacres, voire sur leur existence même. D'autres s'interrogeaient sur l'origine de ce phénomène. Chacun, comme à l'accoutumée, inventait n'importe quoi pour se rendre intéressant et surtout ne pas passer pour un con. Comme toujours, l'effet produit était contraire. En les entendant, Mallock fit la grimace. Ici Paris, les imbéciles parlent aux crétins. Sacro-sainte opinion publique.

Très en vogue depuis le 11 septembre, l'hypothèse d'une action terroriste semblait être la plus souvent retenue. Il s'agissait, sans nul doute, d'un groupe d'illuminés qui empoisonnaient les aliments frais, fruits et légumes. Bien entendu, ces illuminés faisaient certainement partie du réseau Al-Qaïda. Mallock, sur le court chemin qui le ramenait vers la fraîcheur de son appartement, eut le droit à toutes les supputations. Il entendit même plusieurs passants affirmer que si l'on ne consommait pas ces produits, on ne risquait rien. Ça avait au moins le mérite d'éviter la panique. Le peuple était tout excité, la peur n'était pas encore présente. Amédée se demanda combien de temps ce relatif état de grâce durerait. Peut-être jusqu'au coucher de soleil, tant que la télévision n'aurait pas encore diffusé les images des massacres. Mallock était persuadé que, malgré leurs promesses, les journaux de vingt heures donneraient libre cours à leurs pulsions racoleuses. Il se souvenait très bien, lors d'un reportage, de ce petit présentateur de JT, hilare, lançant un « Génial » en découvrant les tours du *World Trade Center* en feu. Pour l'instant, personne n'avait rien vu, hormis quelques images volées après le massacre de la tour Eiffel et celui de l'école, vu de l'extérieur. Ce soir, il n'y aurait pas de pitié. Les médias se lanceraient à l'assaut de l'audimat, on aurait droit au grand n'importe quoi, avec sanglots dans la voix.

Mallock arriva sur la petite place qui protégeait la rue du Bourg-Tibourg du flot incessant de la grande artère Rivoli. Sa chemise était trempée et son dos recommençait à le faire souffrir. Il s'était donné une sorte de rendez-vous avec le maniaque responsable de tous ces meurtres. Malgré le fait qu'il ne parvenait pas encore à imaginer comment un seul homme pouvait produire autant de dégâts, il avait décidé de ne plus utiliser le pluriel. Peut-être parce qu'il avait besoin de ce singulier pour mieux intérioriser cet affrontement du bien contre le mal. Lui contre l'autre, une guerre qu'il devait mener et tenter de gagner seul. Entre guerriers. D'homme à homme. L'un jouant le bon, l'autre le méchant. Demain on changera, c'est promis, je ferai le meurtrier, toi le policier. Il fallait maintenant que Mallock intériorise son combat. Et c'est ce qu'il avait l'intention de faire.

Soudain, il devina son adversaire, tapi dans la fraîcheur de son appartement, l'attendant, monstre agile vautré dans des flaques d'enfants morts.

Mallock ralentit le pas. Il avait peur de cet autre, cet inconnu multiple qui l'attendait chez lui. Peur de ce diable, mais aussi de lui-même, de sa soudaine faiblesse, de son souffle court et de sa rage.

Cette vaste incertitude que l'on appelle l'âge.

19

Paris, mercredi 13 août

Mallock se réveilla le lendemain, crucifié sur son lit. Un clou traversait consécutivement son front, son cerveau, son oreiller et ses draps pour terminer sa course dans une traverse en bois du sommier. Il resta les yeux ouverts, immobile. À l'arrière de son cou, une humidité chaude et salée s'était répandue. Il n'avait jamais pu prévoir, ni guérir ces terrifiantes migraines du réveil. Il savait qu'il n'y avait rien à faire, sinon prendre sur lui et se lever.

Il arracha courageusement sa tête et son corps du lit en sueur. Ce n'était qu'en bougeant et en mobilisant son cou qu'il parviendrait peu à peu à atténuer la douleur et à la rendre accessible aux médications.

Sans s'y être vraiment préparé, il s'était encore livré hier soir au pouvoir de l'opium. Mais il n'y a pas de révélation possible sans réflexion élaborée, pas de vision sans intuition identifiée. Pas de résultat miraculeux sans effort préalable. C'était l'angoisse qu'il ressentait à l'idée d'échouer dans son enquête, l'urgence et la gravité de celle-ci, qui lui avaient fait négliger les préparatifs et les précautions dont il s'entourait normalement avant d'inhaler sa drogue. Il n'eut par conséquent aucune vision utilisable et passa la nuit, le corps secoué par des vagues de sueurs glacées, des cauchemars éprouvants et des attaques de nausées brutales. Pas une seule illumination, pas le moindre éclat de lucidité. À part l'image obsédante et assourdissante d'un type qui tournait une manivelle dans un grand bruit de crécelle métallique.

Ce matin, seul un clou, enfoncé au milieu de son front, et une envie de vomir témoignaient de sa lamentable tentative.

Dehors, les rues étaient pratiquement vides. Canicule. Les passants, atterrés par la chaleur, semblaient raser les murs. Mallock prit le chemin qu'il avait parcouru la veille mais à l'envers. La télévision était passée par là. En une soirée, avec la grand-messe de l'information de vingt heures, elle avait fichu la panique en mélangeant, comme à son habitude, faits et suppositions. Jamais il n'avait vu Paris aussi désert. Sauf peut-être, dans les actualités en noir et blanc, filmées lors de l'arrivée des Allemands dans Paris, en juin quarante.

Il croisa trois mères et leurs enfants. Le centre aéré avait été fermé et ils retournaient se mettre à l'abri chez eux. Mallock regarda le ciel. Il ne manquait plus que le hurlement des sirènes annonçant l'arrivée imminente de bombardiers ennemis.

Lui, il se sentait curieusement soulagé par ce vide dans les rues. C'était préférable à la présence de ce monstre imbécile, la sainte canaille, les hommes, lorsqu'ils se transformaient en foule.

Tous les cafés étaient fermés. En fait, les grandes surfaces étaient les seuls endroits où l'on pouvait encore trouver du monde. Un responsable de la DGS avait expliqué que le poison, s'il y avait poison, n'était vraisemblablement pas dans des produits conditionnés mais seulement sur ou dans les produits frais. Il fallait rassurer, faire semblant de savoir. Encore un qui avait perdu une bonne occasion de se taire car ses conclusions allaient se révéler erronées.

Les pauvres Parisiens, ignorant ce fait, se battaient maintenant pied à pied au rayon des conserves. Complètement dépassées, les caissières tapaient frénétiquement sur leurs machines, oubliant de facturer une partie des produits. La France se vouait à l'hystérique exaltation de la panique, s'y vautrant avec la délectation que procure un défoulement illicite, soudain toléré. Demain, ce serait plus calme. Pour l'instant, le premier choc avait pris tout le monde de court. À l'appréhension qui avait marqué l'annonce des premiers massacres s'était substituée cette lame de peur.

De leur côté, les touristes n'avaient pas hésité à s'envoler durant la nuit. D'après la préfecture, plus de deux cent cinquante mille voitures avaient déjà quitté la capitale. Ceux qui n'avaient ni véhicule ni billet d'avion ou de train, campaient désormais dans les gares et les aéroports. Roissy et Orly ressemblaient à deux gigantesques radeaux à la dérive sur l'océan noir des tarmacs. Dans le ciel, des processions d'oiseaux métalliques s'enfuyaient vers les quatre coins de l'horizon.

Le temps, qui ne s'était pas amélioré, concourait à parachever cette ambiance de fin du monde. L'absence d'air et du moindre souffle de vent, alliée à la pollution, empêchait le soleil de percer. Le ciel avait pris des teintes impossibles. Au matin, il avait fini par ressembler à une matière laiteuse. Vu du sol, on avait l'impression d'une monstrueuse méduse tirant la langue.

Curieusement, sur la rive gauche, autour de la fontaine Saint-Michel, les Parisiens étaient un peu plus nombreux. Ils marchaient presque normalement, peut-être un peu plus rapidement. On pouvait même apercevoir, au pied de Notre-Dame, quelques touristes réfractaires, l'œil rivé à leur appareil photo. Dans le square vert, une petite fille sautait à la corde. Elle portait une jolie robe en lin rose indien et comptait ses sauts. Elle en était à cent cinquante-deux, lorsque Mallock passa près d'elle.

En arrivant au dernier étage de la Crime, dans la partie réservée à son service, le commissaire fut frappé par une tout autre ambiance. Il eut beaucoup de mal à parvenir jusqu'à son bureau. Le Fort était envahi par un mélange compact d'hommes et de matériels. Des centaines de câbles couraient sur le sol, rendant tout déplacement dangereux. Des terminaux d'ordinateur envahissaient la moindre surface plane et il n'y avait pas un seul policier qui ne soit en train de téléphoner, faxer, envoyer des mails, taper sur un clavier ou procéder à de nouveaux branchements. Le contraste avec l'extérieur était impressionnant.

Jules et Ken étaient en grande conversation sur la méthode à employer pour compiler et croiser le maximum de fichiers en un minimum de temps. Jules privilégiait le qualitatif, se proposant de multiplier les entrées et les champs afin de permettre ultérieurement plus de recoupements. Ken optait pour plus de quantitatif et surtout plus de rapidité.

– C'est une putain d'épidémie. Ça urge. On doit faire au plus vite, mon p'tit Jules chéri.

– Je ne dis pas le contraire, mais si l'on bâcle le travail, on risque de ne rien obtenir de probant et, à l'arrivée, de devoir tout reprendre à zéro. On peut pas se contenter des quatre vieilles.

C'était le nom donné aux quatre questions basiques d'un questionnaire : nom, prénom, adresse et date de naissance. Amédée se sentit obligé d'intervenir.

– Jules a raison, il faut partir sur les meilleures bases possibles, même si on perd du temps. Vous l'estimez à combien ?

Mallock s'adressait à ses deux capitaines. Ce fut Jules qui répondit :

– Il nous faut bien deux jours pour sélectionner et saisir toutes les catégories de données concernant les derniers forcenés : calepins, relevés bancaires, éléments géographiques et tout le toutim. Pour gagner du temps, une autre équipe s'occupera du chargement et de la mise à jour des fichiers annexes, dont on ne validera le contenu que par quelques prélèvements aléatoires. Ça devrait nous faire économiser plusieurs heures et nous amener à des résultats pour samedi. Après, il y aura tous les recoupements, une première vague d'interprétation, de nouveaux croisements, puis à la phase proprement dite d'interprétation…

– Combien de temps ?

– Je dirais que l'on devrait avoir les premiers résultats mardi matin, pas avant.

Alors que Mallock maugréait sans vraiment se décider à gueuler, Julie arriva derrière lui.

– Patron, le professeur Mordome vient d'appeler. Il a été très précis. Il vous attendra le 15 à dix heures, à l'IML[13]. Les prélèvements – graisses, viscères, sang, salive, urine et morceaux d'organes – sont en train d'être regroupés. Il a reçu une partie des corps et a déjà commencé son travail. Il a dit aussi qu'il vous appellerait demain soir chez vous.

Julie portait une jupe en soie et des godillots de parachutiste. Amédée la trouva très sexy.

– Tant mieux, on a sacrément besoin de lui, lui répondit-il en détournant les yeux. J'ai chargé Bob, parallèlement aux sectes, de rassembler tous les fichiers de la PJ, même ceux qui sentent le camphre. Toutes les tronches fichées qui auraient déjà utilisé du poison. Qu'ils aient tiré des longes ou qu'ils soient en GAV. Tous sans distinction, même les interdits de territoire et les clients sous le bambou. Bob est parti en chasse et il est plus que parfait pour ce taf.

Jules jeta un regard sur Julie. Visiblement, lui aussi la trouvait sexy…

– Autre chose, ajouta Mallock. Vous n'allez pas aimer, mais il faut lancer une grande campagne de relevé d'empreintes sur le lieu de chacun des massacres, recenser les magasins

13. Institut médico-légal.

fréquentés récemment par les forcenés, procéder à une dactyloscopie complète sur les produits incriminés. Puis entrer et coder toutes ces paluches dans la base du FAED[14]. Frank, tu te chargeras de compiler les résultats.

– Mais, c'est un travail de dingue. Et puis notre juridiction…

– On a tous pouvoirs et tu peux détacher le nombre d'hommes que tu veux. Tu n'as qu'à créer de nouvelles plates-formes de saisie. Démerde-toi !

Mallock, sans s'arrêter sur le profond soupir de Frank, se tourna à nouveau vers la jeune femme :

– Laisse tomber tes fameuses pistes militaires et aide-le. Je suppose que, de toute façon, tu n'as pas obtenu grand-chose ?

– Pas grand-chose est en effet le terme approprié. Je dirais même, que dalle ! Ils m'ont fait le coup de la grande muette. Comme j'ai vu beaucoup de films, j'ai bien quelques hypothèses paranos…

Mallock lui sourit mais rajouta, à l'attention de tous, afin que tout soit bien clair :

– Concentrez-vous plutôt sur les pistes dont on vient de parler. Vous pouvez mettre le nombre de personnes nécessaires là-dessus. Comme je vous l'ai déjà dit, on a maintenant autorité sur tout le territoire. Si quelqu'un la ramène, bottez-lui le cul ou envoyez le vers Dublin. Tout doit être rassemblé et compilé ici. OK ? Au boulot !

Puis il ajouta, pour la forme ;

– Désolé pour tes vacances, Ken. Et sois le bienvenu !

– Merci, patron. Vous savez vraiment plus quoi inventer pour me faire revenir. Là, vous vous êtes dépassé.

Mallock entra dans son bureau en souriant. À peine assis, il passa coup de fil sur coup de fil. Il eut tout le monde, du président, qu'il mit au courant, à sa petite collection personnelle d'indics. Pas des gars dans la rue, mais des res-

14. Fichier automatisé des empreintes médicales.

ponsables dans les différents ministères. Il appela ses contacts dans l'armée, l'Intérieur, les Renseignements généraux et la médecine – experts infectiologues, toxicologues – et même des ethnologues. Le phénomène n'était-il pas déjà apparu quelque part au fond d'une forêt équatorienne ou dans un village de Sibérie ? Puis, après une longue conversation avec sa copine Jeanne – qu'il appelait « d'Arc » et qui avait bouté les prions hors de France lors de l'affaire des vaches folles – brillante directrice de l'Institut vétérinaire d'Alfort et spécialiste en pathologie animale, il contacta son correspondant de l'AFSSA[15], celui de Julic à l'InVS, puis Dublin en personne pour qu'il lui fasse une synthèse de l'affaire, vue par les yeux des autres organismes gouvernementaux. Son patron était épuisé, mais il prit le temps pour Mallock.

Quant il eut terminé, Amédée constata qu'il avait pris plus de trente pages de notes, qu'il n'avait pas déjeuné et qu'il était déjà près de dix-neuf heures. Il se dit, tout à la fois, qu'il n'était pas vraiment utile dans cette forêt électronique et qu'il avait besoin de marcher, quitte à revenir jeter un coup d'œil vers vingt-deux ou vingt-trois heures.

Après une journée de grand stress où décisions urgentes et interrogations s'étaient entremêlées sans la moindre seconde de répit, il fut soulagé de quitter son bureau pour rentrer dans sa tanière. Vis-à-vis des décisions qu'il prenait, il devait être le premier et le plus ardent des détracteurs. Il lui fallait absolument parvenir à prendre du recul. Il y avait des centaines de pistes, chacune multipliée par des dizaines de possibles. Des culs-de-sac, des murs aveugles et des angles morts. Et lui, au milieu !

Malgré l'heure avancée, le ciel de Paris continuait à se vautrer dans ses fantasmes tropicaux. La sueur suintait des hommes et des immeubles. À peine rentré chez lui, Mallock se déshabilla pour entrer dans la douche. Une image l'obsédait, l'enfant de *Shining*, piégé dans le labyrinthe.

15. Agence française de sécurité sanitaire des aliments.

Que faire ? Rester immobile et réfléchir, mais à quoi ? Ou bien utiliser rigueur et vélocité pour tester, l'une après l'autre, chaque allée. L'eau tiède, presque froide, le fit frissonner. Pourquoi ne pas rechercher un moyen de s'élever au-dessus du labyrinthe, afin de pouvoir en déchiffrer le tracé ? Il en conclut qu'il fallait tenter les trois techniques en parallèle et, tout compte fait, c'était exactement ce qu'il faisait.

Sans totalement apaiser son angoisse, cette pensée le soulagea.

20

Quelque part, nuit du 13 au 14 août

Des regards flottaient dans l'eau du bac. Une pyramide d'yeux posée sur un bureau. Sur la gauche, on apercevait, plus flou, un homme affalé contre un mur avec, au-dessus de sa tête, comme une couronne, sa cervelle figée sur la vitre de la glace derrière lui. Avec une pince aux bouts caoutchoutés, le diable roux retira le papier photographique du révélateur. Ce cliché du professeur ferait partie de sa collection. Il était parfait.

Après une nuit d'alchimie, il allait consacrer une partie de celle-ci à tirer ses dernières photos. En temps normal, le diable dormait peu. En ce moment, il ne fermait presque plus jamais les yeux, sauf pour de courtes périodes de sommeil, pas plus d'un quart d'heure. Le diable roux glissa un second négatif dans le passe-vue, c'était une perspective plus générale, prise avec le grand angle. Toute la classe y était représentée avec des corps affalés un peu partout, dans une mollesse sanglante. L'abandon de toute pudeur, la morbidité érotique de l'ultime pause et toutes ces déjections humides. L'urine donnait de sublimes gris et le sang, des taches d'un noir si profond qu'il pouvait s'y refléter.

C'était si merveilleux. Pas un seul cadavre, mais l'ensemble de ces corps mis en scène par le hasard. Sublime sculpture, art brut. Si beau, le poids d'un corps qui se disloque à l'instant de la mort, son squelette qui s'affale, subissant l'ultime gravité puis qui s'arrête, bloqué par le sol, un objet ou la résistance de ses propres articulations. Tout cela créait une position unique qu'aucun chorégraphe au monde ne saurait reproduire. Il y avait rupture de toute harmonie, mais de tout mensonge aussi. La mort même était éphémère, seul l'oubli était infini. L'homme apparaissait enfin comme il était réellement, une marionnette aux fils fragiles.

Le géant roux égoutta la photo quelques secondes et la glissa dans le bain d'arrêt. La première épreuve, lourde de tous ses yeux, était déjà tombée tout au fond du bac de fixatif.

Il avait fait du bon boulot à Bordeaux. Pour une fois, il avait été là au bon moment, avec ses appareils.

Le nouveau cliché n'était pas très lisible. En fait, il était à l'envers, il le retourna. Puis, il peaufina la mise au point en se servant d'une espèce de loupe en forme de microscope. C'était un plan du ventre et du sexe d'une petite fille aux jambes écartelées par la violence de la mort. L'homme aux cheveux roux eut un haut-le-cœur. Ce n'était pas ça qu'il voulait voir. Ça, c'était sale, ça l'avait toujours été. Il se demanda même encore comment il avait pu parvenir à surmonter sa répulsion pour faire deux enfants à sa femme.

Le diable avait la phobie des vagins, comme d'autres celle des araignées ou des serpents. Il n'avait jamais su pourquoi. Pourtant, quelque part, au fond de son esprit, l'explication l'attendait. Elle était rouge et noire.

21

Paris, jeudi 14 août

Mallock referma quelques secondes les paupières. Il avait attendu jusqu'à trois heures du matin avant de reconnaître son impuissance, son anxiété et son épuisement moral. Les coups de fil donnés hier et les tout premiers résultats que Mordome lui avait communiqués vers minuit indiquaient qu'il était peut-être sur la bonne piste. Mais à ses yeux, c'était loin d'être suffisant. Exigeant et jamais content, le commissaire avait bâti sa réputation, mais aussi son efficacité, sur ces défauts-là.

Il s'assit sur le bord du lit. À l'intensité et à la couleur même de la lumière, il estima n'avoir dormi que deux cycles, soit un peu plus de quatre heures. Il s'étonna d'avoir tant rêvé. La syntaxe allégorique du songe l'avait emmené sur une île déserte au sable bleu et à la mer verte. Il n'y était pas arrivé seul. En fait, il n'avait pas arrêté de faire l'amour dans les positions les plus invraisemblables avec son amie journaliste, Margot Murât. Qu'éprouvait-il pour elle ? Pas le temps. Trop dangereux. Il y réfléchirait plus tard.

Mais on ne chasse pas si facilement une pensée amoureuse. Il n'y avait que lorsque Margot était là qu'il ne se sentait plus seul au monde. Elle et son minois eurasien, ses yeux bridés bleu gitane, son petit nez et sa large bouche tombante sur un menton un peu prognathe. Ses petits seins aussi, ses mains, sa peau mate surtout et ses dents de perle. Il avait toujours envie d'elle et ne pouvait la toucher sans lui faire l'amour. Mais elle était mariée. « Si peu », aurait-elle dit. Enfin !

Et Amélie, aimait-il encore Amélie ? Silence ! Mallock redressa son esprit, lui tordit le cou pour l'éloigner du terrain bien trop mouvant, émouvant, de sa vie sentimentale. Entre deux maux, il fallait choisir le moindre. Il préféra revenir à ses seules préoccupations professionnelles.

Il s'en voulait. Faisant comme tous les autres pendant la journée d'hier, il avait foncé tête baissée dans l'action. Histoire de s'occuper, de se donner bonne conscience en agissant et en aboyant des ordres. Il savait qu'il avait tort d'agir ainsi, mais ne se sentait pas la force de rester immobile et chercher le coupable au seul endroit où il pouvait réellement le trouver, au fond de son esprit.

Il s'habilla le plus légèrement possible. L'angoisse lui nouait le ventre. Depuis trois jours – depuis mardi à quatorze heures pour être précis –, il portait officiellement la responsabilité de cette affaire. Et ce matin, il se sentait vide, incapable, trop troublé pour penser correctement. Trop stressé pour raisonner en se faisant encore confiance. Trop figé par une peur panique qui poussait en lui et envahissait son esprit comme une fleur cannibale.

Allez, au boulot. Il se leva en réprimant une grimace de douleur. Putain de dos.

En passant le porche, il consulta sa montre. Il n'était pas sept heures comme il le pensait, mais près de dix heures. Sur son portable, qu'il avait remis en activité, seize messages l'attendaient. Il jura et commença à les écouter tout en marchant. Une seule bonne nouvelle l'y attendait. La reine Margot, M. M. pour les journaux, était revenue de vacances.

– Bip ! Tu te rends compte, rentrer un 15 août à Paris, avec cette panique générale. J'étais pratiquement seule dans l'avion. Mais je me suis dit qu'une affaire comme celle-là, je ne pouvais pas passer à côté, surtout avec mon Mallock aux commandes. Quand se voit-on ? Je t'embrasse et j'attends ton appel. Je sais pas toi, mais moi, j'aimerais bien jouer au docteur… Bip !

Dehors, les passants se dévisageaient, guettant le moindre signe de folie chez l'autre. Leur marche, malgré la chaleur, était rapide.

Comme dans toutes les catastrophes, différents comportements apparaissaient parmi la population, plaçant les gens dans des archétypes assez marqués.

La veille, il avait demandé à Julie de lui préparer une sorte de revue de presse. C'était l'une de ses méthodes d'enquête. On ne sait jamais, dans l'amoncellement de conneries et de lieux communs dont nous abreuvaient quotidiennement les pisse-copies, on pouvait fort bien découvrir un indice, un fait inconnu, un témoignage ou une hypothèse nouvelle qui méritait que l'on s'y attarde.

D'habitude, pour ce genre de recherche, il allait voir Léon Galène, mais son vieil ami était en vacances. Comme tous les ans, son magasin était fermé depuis le 14 juillet. Même au Maroc – où il se rendait tous les étés, en souvenir de ses anciens petits amis de débauche – Léon Scheinberg, de son vrai nom d'avant-guerre, était vraisemblablement en train de remplir un nouvel album de presse sur les massacres. Mallock sourit en pensant aux gueulantes qu'il devait lancer contre les marchands de journaux du coin, sans doute incapables de lui fournir tous les titres qu'il souhaitait pour suivre l'affaire à sa manière.

Au Fort, il trouva Jules et Julie au milieu d'une montagne de journaux et de revues. Plus exactement dans le cratère qui s'était formé au centre de ce volcan de papier.

– Moi, j'ai référencé trois types principaux de… Ah ! bonjour, patron, vous voulez un café ?

– Une bière bien fraîche, s'il t'en reste une…

Jules enjamba les journaux pour partir à la recherche de la boisson. Sans attendre son retour, Julie commença son compte rendu. Amédée était toujours surpris par la résistance de ce petit bout de femme. Combien d'heures avait-elle dormi depuis son retour à Paris, il y a une semaine ?

Il le lui demanda, parce qu'il s'inquiétait pour sa santé et aussi parce qu'il souhaitait qu'elle le sache.

– Certainement pas assez pour donner satisfaction à mon corps, mais déjà trop quand je pense à ces salauds.

Jules était revenu avec trois bières japonaises bien glacées. L'une des préférées de Mallock.

– J'en ai recommandé deux caisses, qu'on ne tombe pas en panne de carburant.

Après en avoir avalé deux gorgées, Julie essuya sa jolie bouche d'un revers de main :

– En commençant cette revue de presse, on espérait secrètement trouver l'ombre d'une piste ou, au moins, deux ou trois témoignages intéressants, histoire de vous impressionner. Mais, sincèrement, on n'a rien découvert de probant ou qui mérite que l'on gaspille des enquêteurs dessus. En fait, les journaux ne parlent que de la réaction des gens.

– Ouais, ça joue les psys et les sociologues dans tous les coins ! rajouta Jules, visiblement agacé par ce genre de lecture.

– On en a quand même tiré une sorte de synthèse. Je ne sais pas vraiment à quoi ça va bien pouvoir vous servir ?

– Balance, on verra bien.

Julie avait préparé un mémo écrit.

– Bien entendu, tout le monde n'a pas réagi de la même façon. On a, grosso modo, quatre grands types de comportements. Les « fugueurs », qui ont purement et simplement quitté la France ou se sont réfugiés au fin fond de la campagne ; les « cloîtrés », qui ont dévalisé les magasins avant de s'enfermer chez eux pour ne plus en sortir. Il y a aussi les « fatalistes », qui une fois la panique passée, ont pris les précautions minimums et s'en remettent au destin ou, plus drôle encore, à l'État providence. Certains par inertie congénitale, d'autres par conviction, les derniers par pure inconscience. Et enfin, quatrième et ultime catégorie, la plus intéressante à mes yeux, les « opportunistes ». Là encore, ils se divisent en plusieurs groupes. Ça va du plus noble au plus abject, en passant par le très malin.

Une moto mal réglée passa en contrebas dans un bruit assourdissant. Jules en profita pour prendre la parole.

– Des artisans et des patrons de PME, voyant la faillite pointer son nez, ont rapidement réagi. C'est ainsi qu'on devrait voir apparaître dès mardi ou mercredi, dans les magasins encore ouverts, le lait en canette, le poulet grillé sous scellé, des assortiments complets de produits laitiers – beurre, yaourts, fromages, œufs et crème – dans des mini-tonneaux en laiton. On parle même de baguettes de pain en conserve métallique, de fraises en barquettes d'aluminium et de différents fruits enfermés dans des cagots en plexiglas.

Julie reprit :

– Ça peut faire sourire, mais ce sont des mesures très positives. Plus on trouvera de protection contre les empoisonneurs, plus on les empêchera de nuire et plus on aura de temps pour les alpaguer…

– C'est maintenant qu'il faut les trouver, l'interrompit Mallock, hors de question de s'accorder le moindre délai, Mademoiselle, en se satisfaisant de mesurettes politiciennes.

– On est bien d'accord, reprit Julie, c'était une façon de parler. Je peux continuer ?

Mallock était injuste et il l'avait vexée. Elle reprit :

– On a enfin recensé un nombre incroyable de profiteurs aux visées bien moins nobles. Et là, par contre, si l'on veut bien laisser tomber les intuitions et reparler de mobiles, refaire un peu dans le rationnel…

Julie n'avait pas attendu longtemps pour se venger de Mallock.

– C'est certainement à ces profiteurs que l'on devrait s'intéresser. Ça va des marchands du temple, qui s'apprêtent à sortir une quantité invraisemblable de gadgets inutiles et de fausses protections, jusqu'aux marchands de canon, qui comptent bien en profiter pour armer la population hors de toute réglementation et en toute impunité. Ça passe, bien entendu, par les petites bandes organisées qui commencent à monter des banlieues pour visiter les appartements de la toute première catégorie, celle dont je vous ai parlé au début de mon exposé, les fugueurs. D'où la nouvelle expression à la mode : « Qui s'envole, se vole ! » Expression à laquelle, les fugueurs rétorquent désormais par : « Demeure, tu meurs ! »

Julie avait, comme d'habitude, parfaitement construit son intervention. Mallock resta silencieux. Ces deux phrases étaient terribles car elles institutionnalisaient une situation qu'il considérait encore comme exceptionnellement grave, mais épisodique, transitoire. On cherche, on trouve les méchants et, dès demain, on passe à autre chose. Mais la rue ne pensait pas comme le grand commissaire. Elle s'était visiblement installée dans ce drame. En lui accordant de rentrer dans l'histoire par la porte de la langue, elle lui conférait la dimension immortelle du mythe. Mallock avait été le premier à soupçonner le pire, et pourtant ces deux phrases, ces deux locutions, il les reçut de plein fouet, comme deux gifles.

Secoué, ramené à plus d'humilité, il accepta la sentence. L'existence de ces expressions démontrait également le peu de confiance que le peuple de France portait aux institutions pour résoudre rapidement cette crise. Ils avaient raison, et il portait une grande responsabilité dans cet échec. Il n'avait encore rien trouvé de probant et tout était encore à craindre. Ce n'était pas à une enquête qu'il avait affaire mais à une catastrophe nationale sans précédent, une putain de guerre.

Il était grand temps qu'il se réveille !

22

Nord de La Rochelle, nuit du 14 au 15 août

Le diable rouge était fébrile. Il avait une nouvelle mission à remplir. Alors, il avait sorti sa vieille moto, un engin très laid, plein de protubérances bizarres et de couches de peinture hétéroclites. Drôle de mélange : une base d'Harley, un moteur de BM, le reste de bric et de broc, de barres et de tubes soudés. Mais cette horreur tournait comme une horloge. Elle produisait même un ronronnement harmonieux. Il enfila un casque en cuir marron rénové à la peinture mate. Du premier coup, sans le moindre effort, l'engin démarra. Une fumée nocive, noire et grasse, s'en échappa. Réprimant un haut-le-cœur, le diable quitta le terrain vague et longea les différentes roulottes et chignoles pour rattraper la départementale. La nuit était tiède et légèrement huileuse. Il accéléra en rêvant à d'autres ivresses…

Don Quichotte bavant sa gomme sur le bitume, il était la mort sur son cheval. Un mort qui mordait, défonçait et dévorait. Tout autour de lui, il ne voyait que moulins éventrés, vagins de pierre, tours flasques dont plus aucun bébé ne sortirait vivant. Comme toujours, ces courses en moto lui ramenaient devant les yeux les mêmes scènes sinistres de son enfance qu'il tentait tout à la fois de fuir et de retrouver. Pour quoi faire ? Comprendre ? Il ne s'en souciait plus vraiment. C'était bien trop tard. Inutile. Alors pourquoi les laisser revenir chaque fois ?

Fascination et obsession, c'était sans doute les mots qui convenaient le mieux aux pensées de l'homme aux cheveux roux, lorsqu'il chevauchait sa moto.

Quittant la départementale 949, le cyclope puant longeait maintenant la forêt d'Olonne. Et les clichés de sa mémoire s'écrasaient sur la visière de son casque comme autant d'insectes aux organes éparpillés. Souvenirs embrumés de ce que son père pratiquait sur son corps ou de ce que sa mère, à son tour, parfois, faisait.

Il s'était donné une heure pour parcourir les cent cinquante kilomètres qui le séparaient de l'île. Il espérait que ses sacoches, bourrées jusqu'à la gueule de poudre, ne le retarderaient pas trop. Sur place, il avait un long travail à effectuer pour repartir avant que le soleil ne se lève sur les marais salants.

La poudre, qui déformait les sacoches de sa moto, était la même qu'il avait employée lors de sa précédente expédition, quelques jours auparavant. Tout s'était bien passé et il était parvenu à contaminer les sept conteneurs renfermant le talc pharmaceutique, entreposé chez un grossiste. Le seul endroit où il avait pu atteindre le produit. Le laboratoire en amont ou l'usine de fabrication de gants en latex en aval étaient, l'un et l'autre, bien trop sécurisés.

Mais le talc allait très bientôt se retrouver dans la plupart des gants utilisés par les hôpitaux et les fabricants de produits alimentaires. Ces milliers d'utilisateurs potentiels, en décidant de mieux se protéger, allaient directement concourir à la catastrophe. Il sourit sur sa moto. L'ironie de la situation le réjouissait. Il lui suffisait d'attendre que le talc soit distribué chez les fabricants de gants, puis que les sachets soient achetés et utilisés. Si le résultat ne faisait que peu de doute, il se sentait toujours frustré, tant qu'il n'avait pas appris la nouvelle d'un massacre dont il puisse, avec certitude, s'approprier le mérite. Pour les gants, d'après ses calculs, ce n'était plus qu'une question d'heures.

S'il avait pu deviner ce que ces gants, par un terrible ricochet du destin, allaient bientôt attirer comme souffrance au fameux commissaire Mallock, le diable rouge en aurait hurlé de contentement.

Il fonça maintenant tout droit sur la D 38. Les odeurs de vase et d'iode, amenées par l'Atlantique, remplissaient ses poumons. Comme les pins le long de la route, son enfance continua à défiler, année après année.

Le jour de ses dix ans, sa maison avait brûlé. Papa et Maman étaient dedans. Lui, il s'était retrouvé dans un orphelinat perdu en pleine forêt. Un océan de cimes, hautes vagues de verdure, sur lequel flottait le lourd bâtiment. Il en était ressorti trois jours plus tard pour assister à l'incinération de ce qui restait de ses parents. Il avait eu l'impression d'assister de nouveau à la même scène que le jour de l'incendie. Il s'était demandé à quoi ça pouvait servir puisqu'ils étaient déjà complètement carbonisés. Il avait dû faire beaucoup d'efforts pour ne pas éclater de rire.

En dehors de ça, il se souvenait d'être resté debout, à s'interroger sur ce qu'il ressentait. Pas la moindre impression de réalité. Il aurait dû se sentir heureux ou, tout du moins, soulagé, mais il n'y parvenait pas vraiment. Ça avait été trop simple pour lui, si rapide. Puis il avait vu l'urne et il s'était dit que les croque-morts étaient des gens consciencieux. En fait, cette deuxième combustion de ses parents avait été une bénédiction. Ils ne reviendraient pas. Jamais. Alors il n'eut plus peur d'eux. Ni de rien ni de personne.

Pendant les années suivantes, le destin fut correct avec lui. Ce n'était pas le bonheur mais quelque chose de plus lisse, plus fade, dont il se contentait fort bien. Mais, à l'adolescence, les visions réapparurent. Comme il se croyait plus fort, il décida de les laisser venir, garder les yeux ouverts durant la projection. Huit millimètres, pellicule rayée, mise au point approximative et couleurs délavées. Premier film souvenir, enroulé sur une bobine en plastique jaune, deux minutes trente de mémoire : amorce floue, trop exposée, puis l'obscurité. Il y avait quelqu'un de terrorisé dans un décor d'intérieur, riche de brocards et de meubles de style. Qui était-ce ? Il faisait trop sombre, mais le diable voyait tout. Comment pouvait-il savoir ? Cette forme, c'était un enfant à genoux, le nez entre les jambes d'un homme et le bras tordu en arrière. Le géant rouge déchiffra le film, sans trop hésiter, jusqu'à la chute terrifiante de l'histoire : une substance qui remplit sa bouche et son bras qui se brise.

Le diable roux accélèra de rage, prenant sa mémoire de vitesse. Puis il se forca à ralentir.

Autre film, autre cauchemar. L'enfant, sans doute le même, était au centre d'un cercle de femmes aux lourdes cuisses écartées. Il ne voyait rien, un bandeau entourait sa tête. Des mains l'attrapaient par les épaules pour le faire tourner. Colin-maillard, version cauchemar. Il tomba à genoux. Hagard, les bras en avant, dans le désespoir et l'obscurité, il avançait vers ces mandibules détestables. Car il savait qu'il devait avancer, même si la terreur et l'écœurement le submergeaient. Il y avait des rires, des gloussements débauchés et la volonté perverse de sa mère. Soudain, sur sa joue, la texture particulière d'un bas de soie. Il sentit l'odeur abhorrée de l'une de ces araignées et se mit à respirer par la bouche.

Le motard ne savait pas vraiment d'où provenaient ces scènes. De son propre passé ou de ses fantasmes ? De leur perversion ou de la sienne ? Qu'importe.

Sans elles, il n'aurait jamais lancé sa grenade et, à l'adolescence, il n'aurait probablement pas eu le courage d'entreprendre sa toute première série de meurtres, sa période psycho-killer. Pour de vrai. Comme à la télé. C'était aussi grâce à elles, ces scènes initiatiques, qu'il avait eu sa grande intuition. Passer du statut de tueur en série à celui de créateur de tueurs de masse ! Une idée magnifique. S'il y parvenait, ce dont il ne doutait pas, il augmenterait ainsi, de façon vertigineuse, son potentiel personnel de destruction. L'équation de l'extermination était d'une simplicité enfantine. Tout en conservant son rôle de tueur en série, il fabriquerait par centaines des *mass-killers* involontaires, qui ne le connaîtraient même pas. L'arme parfaite pour démultiplier les massacres et disséminer les humains tout en restant impuni. Aucun lien ne pouvant être établi entre lui et ces forcenés. En prenant un minimum de précaution, jamais il ne serait pris.

Cette illumination, ce coup de génie, il le devait à ses parents. La fabuleuse destinée qui était désormais la sienne, ils en avaient été les premiers bâtisseurs. L'éducation par la perversion, c'était leur invention, pas la sienne. Ils n'étaient plus là et il était trop tard, sinon pour les remercier, en tout cas pour leur montrer que lui, leur fils, avait enfin compris ce qu'ils avaient tenté de bâtir : un être puissant au service du sang, un ange déchu certes, mais surpuissant.

Ingratitude de l'enfant. En les brûlant vifs, il n'avait éprouvé aucun autre sentiment que du plaisir, beaucoup de plaisir. Celui de la revanche assouvie. Il avait adoré respirer la fumée de leur combustion, sentir leur âme venir hurler à l'intérieur de leurs poumons. Et la recracher par le nez et la bouche. Il avait fumé les cheveux de sa mère, avec cette odeur âcre de cochon grillé, et les ongles de son père, tandis que ses dents éclataient sous la violence du feu. Avec un tisonnier, il s'était approché assez près pour casser ce bout de charbon gémissant qu'était devenu sa lamentable verge, juste au moment où les dernières humidités intestinales bavaient en bulles grotesques. Le jeune diable avait ressenti alors l'euphorie de la vengeance, mais surtout l'excitation physique causée par le spectacle, sa violence, son grotesque et sa dimension infernale. Identique, mais plus forte encore que celle qu'il éprouvait quand il jouait avec les parties génitales de ses victimes. Ou lorsque, après s'être noyé dans des litres et des litres de bière, il laissait enfin s'écouler, le long d'un arbre, le contenu brûlant de sa vessie trop pleine.

Après Saint-Hilaire, à la hauteur de Bois-Juquaud, le diable à moto quitta la D 38 pour la D 59, direction Saint-Gervais, Beauvoir-sur-Mer puis la Croix Rouge. Ça rallongeait un peu le chemin, mais ça lui permettait d'éviter de se faire trop remarquer en prenant l'unique pont qui menait sur l'île. Il avait consulté l'horaire des marées. Il savait qu'il pourrait prendre le passage du Gois, pratiquable à basse mer.

Avant l'opération talc, il était parvenu à un autre exploit. Pénétrer dans la fabrique de colle d'un des fournisseurs des principaux papetiers et notamment de celui de la Poste. Une indiscrétion et un petit coup de main de l'un des cadres qu'il avait été obligé d'aller jeter au fond d'un lac, bien lesté mais encore vivant, et le tour était joué. Ce brave petit fonctionnaire n'était pas mort pour rien, une énorme quantité d'enveloppes était maintenant enduite d'une colle infectée par son poison chéri. Avant que l'administration ne s'en rende compte, c'était par centaines qu'il allait pouvoir enregistrer les massacres.

Pour les timbres eux-mêmes, les systèmes de sécurité étaient trop renforcés et il n'avait rien pu faire. Il s'était consolé en se disant que, de toute façon 90 % des timbres étaient maintenant autocollants.

Sa lourde moto léchait maintenant la route humide, écrasant bébés crabes et crevettes translucides, milliards d'animaux microscopiques écroués dans les nids-de-poule de la route. Le sens de la vie ? Comment l'homme pouvait-il être assez naïf pour s'interroger sur ce sujet ? Elle n'avait, bien entendu, pas plus de sens que lui, l'humain, de raison d'être. Seul le globe terrestre pouvait être encore suspecté de posséder une âme, une forme de compassion. Lui seul méritait qu'on le soupçonne d'avoir un dessein de nature divin. S'il parvenait un jour à donner naissance à des êtres pensants, aptes à ensemencer les étoiles, ce ne pourrait en aucun cas être l'homme ! Peut-être une autre race, bien plus tard, lorsque la Terre serait venue à bout de celle-là. Ou bien le rien, superbe, un désert de passion et de chair sur des océans de dunes et d'arbres.

Passé Le Bonhomme, La Mongendre, L'Épine et La Bosse, au sud-ouest de l'île, le triste géant rouge fut assailli par les odeurs puissantes des marais salants. Il avait tellement ralenti sa moto que son compteur n'était plus capable d'indiquer la moindre vitesse.

En récompense, ce fut dans un silence complet qu'il contourna le terril principal, un cône d'une douzaine de mètres de sel dont chaque fleur tétait le plus infime rayon de lune pour mieux resplendir. Comme toujours, le diable d'homme avait bien étudié son affaire. Après avoir longé une rangée de salorges, où le sel était mis à l'abri, il passa tout près de la station de pompage. C'était elle qui faisait entrer l'eau et l'envoyait par l'étier dans la vasière pour décantation. Mais ce n'était pas cet endroit qui l'intéressait. Pas plus que les surfaces de préparation – bassins et étangs plus ou moins profonds – où l'eau gagnait, à chaque passage, en salinité. Cobier, fares, adernes et, enfin, œillets. Ils s'enroulaient, spirales carrées, autour d'eux-mêmes pour que s'y déroule la cristallisation. C'était dans ces derniers, vastes bacs moins profonds qu'une main, que la fleur de sel était écumée, avant que l'on ne cueille, au las, le sel gris déposé au fond. Le diable avait jeté son dévolu sur l'un d'entre eux, le plus petit.

Sous la Lune, brillaient les cônes d'ivoire des camelles. Il déposa l'une de ses sacoches, puis repartit en moto vers le côté opposé. Arrivé sur place, il attrapa la seconde sacoche, la mit en bandoulière et commença à semer son poison. D'un geste large et puissant, il jeta la poudre jusqu'au centre du bassin. Quelques minutes plus tard, arrivé de l'autre côté, il attrapa la première sacoche et reprit son ensemencement en direction de sa moto. Il ne lui fallut qu'un quart d'heure pour terminer son travail. Les sacoches vides remises en place, il partit en direction de La Rochelle.

On était samedi. Il était trois heures du matin, mais il n'était pas le moins du monde fatigué. L'homme roux était capable de rester ainsi plusieurs jours sans dormir et sans manger. Il s'était souvent exercé à ce genre d'épreuve, en préparation de ses missions. Le besoin d'expier se mélangeait alors au plaisir de retrouver la douleur, rendre plus fort ce corps, tout en fossilisant patiemment ce qui lui restait d'âme. Selon ses plans, il avait encore deux nuits blanches devant lui. Tout était prévu, à la minute près. Maintenant, il allait repasser à la caravane se laver, avaler rapidement ses cocktails personnels de vitamines et d'amphétamines, enfiler sa tenue de photographe reporter et prendre la direction de Paris. Il devra y être vers dix heures au plus tard.

Dans la nuit, le diable accélèra, laissant la sueur de son visage s'évaporer au vent. Le sommeil viendra lorsqu'il l'aura décidé, pas avant.

23

Paris, vendredi 15 août

Sept heures du matin, dans l'air tiède et humide flottait un parfum de bitume. Il semblait à tous que l'orage n'allait pas tarder, mais ils se trompaient. Le ciel ne se déchirerait que bien plus tard, au soir du vingt-deux, laissant encore Paris, toute une semaine, dans une chaleur moite. Réticent à éclairer une journée qu'il craignait redoutable, le soleil avait mis un temps infini à se lever. Aujourd'hui comme hier, il aurait la même corvée. Assécher de nouveaux lacs de sang et évaporer, sur des visages tragiques, des milliers de larmes.

Mallock se réveilla triste et angoissé, avec du sable dans l'âme et l'essieu d'Apollon au fond du ventre. Il était en nage, le pyjama collé à la peau. Au plafond, la même lézarde était là aussi, un peu plus large chaque année, comme pour lui rappeler la précarité de toute chose, l'irrémédiable fragilité. Un jour, il se déciderait peut-être à la faire réparer. Ce serait simple et rapide. On racle la blessure en élargissant la plaie, puis on la remplit de plâtre, on lisse, on repeint et plus personne ne sait qu'elle a, un jour, existé.

Mais, pour l'instant, il n'en avait rien fait. Il ne parvenait pas à se faire à l'idée d'un plafond lisse et à la disparition de cette blessure, qui s'endormait toutes les nuits avec lui et lui parlait tous les matins.

À huit heures, il passa au bureau faire un point et remotiver les troupes. Elles n'en avaient pas besoin. C'était une telle fourmilière que Mallock se sentit comme un cadavre de buffle dans la jungle, lorsqu'elles se décident à passer à table. Jules, Julie et les autres passèrent leur temp à lui demander pardon, en le bousculant dans les couloirs. Alors à dix heures dix, sans demander son reste, Mallock prit la direction de l'Institut médico-légal, le cœur plein d'espoir et d'appréhension. L'IML était situé entre les gares de Lyon et d'Austerlitz et Amédée-le-Buffle eut du mal à se frayer un chemin dans la foule qui s'agglutinait aux alentours. À l'intérieur du bâtiment en briques rouges, Bernard Barnabé Mordome l'attendait.

Entre les deux hommes, plutôt chien et chat au départ, l'affection n'était venue que lentement, bien plus tard. Leur rapport était d'abord passé par une phase d'observation, puis de respect professionnel. Aujourd'hui, après une aussi longue approche, ils s'appréciaient et leur amitié n'en était que plus forte. C'était un atout important. Pour faire face à une affaire aussi complexe et dramatique, il fallait une entente sans faille.

– On n'est pas dans la merde, Amédée. J'ai trouvé des trucs pas rassurants.

C'était la première fois que le médecin légiste l'appelait par son prénom. Ils se tutoyaient depuis bientôt trois ans, mais ils ne se donnaient que du Mallock et du Mordome. Là, on franchissait un cap. Alors devait-il l'appeler Bernard ou Barnabé ?

– On ne déteste pas les emmerdes, mais là, on s'est surpassés… Barnabé.

Ce devait être le bon choix puisque Mordome ne broncha pas. Ils partageraient donc, désormais, outre leurs valeurs professionnelles et morales, un prénom à la con.

– Pour les morts anciens, dont on a obtenu le permis d'exhumer, j'ai fait ce que j'ai pu, mais ça reste limité.

Sans entrer dans le détail, sur ce genre de cadavres, en partie putréfiés par la prolifération de germes aérobies et anaérobies, il y a de grosses modifications cutanées et tissulaires. L'analyse visuelle ne nous a pas donné grand-chose. Qui plus est, l'absence de sang et d'urine nous a obligés à rester cantonnés aux viscères. Et puis l'un d'eux avait eu droit à un embaumement dans les règles. Là, toute recherche toxicologique est illusoire. Quoique... je n'ai pas dit mon dernier mot. Le Mordome ne se laisse pas décourager comme ça. On en reparlera plus tard, si j'ai du bon à te donner...

Mallock se massait les tempes. Signe d'un début de migraine. Qu'est-ce que Mordome avait bien pu découvrir ?

– Pour les autres, reprit son ami, j'ai demandé que l'on analyse les échantillons de terre au-dessous et au-dessus des cercueils, ainsi que les liquides de décomposition. Les analyses sont longues et très spécialisées. Je n'aurai pas de résultat avant deux ou trois jours. Mais, de ce côté, j'ai bon l'espoir, les prélèvements sont satisfaisants et l'on a recruté les meilleures équipes de toxicologie et d'infectiologie. Je reste également en contact permanent avec l'AFSSA et l'InVS.

Le légiste retira ses lunettes pour masser ses paupières avec le pouce et l'index. Il était dans un sale état. Inutile de lui poser la question, il n'avait visiblement pas beaucoup dormi ces trois derniers jours.

– Compte tenu du contexte, reprit-il, j'ai centré les recherches sur les poisons d'origine minérale ou organique. J'ai éliminé d'office l'empoisonnement par matières volatiles ou gazeuses. Ce qui nous a épargné de devoir procéder au recueil du sang en utilisant la procédure sous vide. C'est tout un bordel.

– Tu as l'air crevé, tu ne veux pas que l'on continue dehors. Il va être midi et, en venant, j'ai vu qu'il y avait l'un dès tout premiers cafés sécurisés en face du Macabo. Un peu de nourriture, même en boîte, ne nous fera pas de mal. Et puis peut-être finiras-tu par me dire ce que tu as appris ?

Bernard-Barnabé Mordome consentit enfin un sourire.

– Allons-y ! Je crois bien que j'ai oublié jusqu'à la couleur du ciel.

– Tu ne vas pas être déçu, lui lâcha seulement Mallock.

Dehors, la pollution commençait à diminuer. Mais Mordome fut agressé par la chaleur. Après tant d'heures dans son réfrigérateur, Paris lui apparut étouffant, sans oxygène. En face de l'institut, le café Le Mazagran était l'un des tout premiers à avoir reçu de la DGCCRF[16] le label « sécurisé ». L'endroit, qui venait de rouvrir une heure auparavant, était encore désert. Protégée du soleil par des velums rayés, bleus et blancs, la terrasse était pourtant accueillante. Mallock et Mordome s'y installèrent. Paris n'avait jamais été aussi silencieux. Curieuse impression de fin des temps. Le patron s'approcha d'eux, c'était lui qui servait. Ses employés avaient été licenciés. Pour cause économique, leur expliqua-t-il.

– Je n'ai eu le droit de rouvrir que si c'est moi qui m'occupe de toute la chaîne, de la livraison jusqu'au service. De toute façon, je n'aurais pas pu les payer. Ça ne se bouscule pas, comme vous pouvez le voir. Enfin, c'est la vie, comme on dit. Vous êtes mes premiers clients, je peux prendre votre commande ?

D'un même geste de la tête, les deux amis jetèrent un coup d'œil à l'ardoise posée sur une chaise en face d'eux. Compte tenu des restrictions, les cartes n'étaient plus d'actualité.

– Un confit de canard et une bière pression, cinquante centilitres, décida Mallock.

– Moi aussi, imita Mordome.

– Petits pois, haricots verts ou salsifis ?

Les conserves, aux couvercles dûment stérilisés selon un processus rigoureux enfin recommandé par la DGS, allaient désormais régner en maître.

– Haricots verts, précisa Mallock.

---

16. Direction générale de la concurrence, de la consommation et de la répression des fraudes.

– Salsifis, décida Mordome.

– Ah ! désolé, Messieurs, j'avais oublié mais la bière pression n'est plus autorisée.

– Alors deux bouteilles bien fraîches.

Le silence reprit sa place autour et entre les deux hommes. Barnabé fut le premier à le rompre :

– Tu sais, Amédée, pour la première fois de ma vie, j'ai vraiment la trouille. Ma femme et mes gosses, comme la plupart de mes amis, commencent à paniquer. Ils m'ont posé des questions et je n'ai pas trop su quoi leur répondre… Jusqu'à maintenant, rajouta-t-il au dernier moment.

Il retira à nouveau ses lunettes, pour les poser ouvertes sur la table et pouvoir ainsi se frotter le visage avec ses deux mains à plat. Puis la tête en arrière, le cou reposant sur le dossier en osier du siège, il ferma les yeux.

– J'suis crevé.

Amédée ne répondit rien. Il se permit deux petites tapes amicales sur le genou de son ami et laissa une fois encore le silence s'installer. Pourtant, il mourait d'envie de l'interroger sur sa formule, « jusqu'à maintenant ». Mais il attendit. Une minute plus tard, Mordome se redressa :

– Pour les corps des forcenés les plus récents, j'ai procédé aux examens médico-légaux courants. Externes, pour voir si le produit avait créé des lésions cutanées, comme des érythèmes, des colorations, des kératodermies, voire d'éventuelles nécroses. Ce n'était pas le cas. La peau était impeccable. J'ai, bien entendu, entrepris parallèlement les examens internes, mais là, le processus est plus long. Tu veux les détails ?

– Oui, tu sais que ça me passionne. Mais, si possible, avant l'arrivée du canard.

Mordome consentit un sourire fatigué avant de réciter :

– Tout d'abord, il a fallu que j'équipe toute ma troupe. Dans l'hypothèse, non pas du poison, mais d'une saleté de microbe, pas question de prendre le moindre risque, même si cette amibe de mes deux n'est apparemment pas contagieuse.

Masques, bonnets, lunettes et poches à air. J'ai même fait ressortir nos gants en mailles d'acier. On ne sait pas encore à quoi s'attendre et aucun d'entre nous n'est à l'abri d'une projection ou d'une piqûre. Ainsi équipés, on a pratiqué sur chacun des corps un examen de la muqueuse gastrique pour vérifier s'il y avait des ulcérations, des œdèmes ou des suffusions hémorragiques. Puis, après extraction, j'ai fait peser les foies et les reins, en recherchant notamment un aspect marbré sur le parenchyme. On a examiné les poumons, pour déceler d'éventuelles traces de congestion ou de nécroses de la muqueuse de l'arbre respiratoire. Puis l'équipe a travaillé pour nos collègues toxicos : prélèvement des liquides biologiques – sang, urine, bile – et après, recherche de lésions viscérales, échantillonnage codifié des viscères ainsi que des phanères.

Le garçon arriva, portant sel, poivre et moutarde en sachet métallique, ainsi qu'une bouteille d'eau scellée, comme le pain, enfermé dans un tuyau métallique, avec le mot « pain » et la date de fabrication comme seule décoration. Pour le reste, il faudrait encore attendre. La seconde stérilisation complète des boîtes durait près d'une demi-heure.

– Alors maintenant, les bonnes nouvelles, reprit Mordome. Tous les résultats ne sont pas encore rentrés, mais les toxicos et les infectiologues ont déjà procédé à des dizaines de tests. En ce qui concerne les morts récents, ils ont commencé par un dosage sanguin et une recherche sérologique, puisque tu avais judicieusement attiré mon attention sur cette histoire de rage.

– C'était une idée de Julie, précisa Mallock, rendant à César…

– Quoi qu'il en soit, avec l'accord du parquet, ils ont mis en culture la souche découverte et parallèlement ont procédé à une PCR – pour ta culture générale, *Polymerase Chain Reaction* – afin d'identifier le génome de l'agent X de transmission. Or un fragment de ce génome s'apparente bien à une famille connue, la rage. Tiens-toi bien, on a trouvé des preuves de la présence de cette maladie virulente chez chacune des personnes autopsiées. Cette rage modifiée semble particulièrement active. Elle a sans doute été manipulée par quelque chercheur taré mais de haut niveau, pour en obtenir une mutation particulière. Mutation qui a d'ailleurs permis ce dépistage rapide. Normalement, il leur aurait fallu un bon mois, après prélèvement et mise sous culture, pour mettre en évidence la présence de ce virus. D'après ce qu'ils m'ont expliqué, a priori, cette nouvelle sorte de rage n'attaque pratiquement pas le corps même de son receveur, à part une forte fièvre et des nausées. Les victimes pourraient…

– Je les ai baptisées « lunatiques ». Ce ne sont ni des victimes ni des coupables.

– Les… lunatiques, si tu veux, pourraient donc rester infectés sans décéder pendant plusieurs heures, voire des jours, on ne sait pas encore précisément. Par contre, ce dont je suis pratiquement sûr, c'est que le virus agit rapidement sur le comportement de son porteur.

Sacrée Julie ! Elle avait vu juste. Mallock voulut interrompre à nouveau Mordome pour lui demander des précisions, mais celui-ci ne lui en laissa pas le temps.

– Laisse-moi terminer, je ne t'ai pas encore tout dit. Arrivés à ce point, on aurait pu sauter aux conclusions et partir vers l'hypothèse de l'épidémie et du phénomène purement infectieux. Mais, de leur côté, les toxicos ont recherché des traces de drogue et de toxique. Ils utilisent maintenant une nouvelle technique de dosage rapide par immunologie, dit test Élisa. Ça consiste, pour les cannabinoïdes, à un dosage de THC. Et notamment, la mise en évidence de delta-9-tetrahydrocannabinol, le composé le plus abondant de ce qu'ils appellent poétiquement la sécrétion des sommités fleuries du *cannabis sativa*. Et, là aussi, ça devient sacrément intéressant. Alors que, normalement, la pharmacocinétique est à ce point complexe dans le cas du cannabis qu'il est difficile de fixer un taux acceptable de THC – que ce soit dans le plasma, les urines ou les graisses –, il était ici non seulement identifiable et représentatif, mais présent à un taux proprement incroyable ! Les toxicos n'en sont pas encore revenus. Virus, plus cannabis, plus vraisemblablement d'autres joyeusetés à découvrir, on est devant un putain de problème d'empoisonnement criminel à grande échelle à l'aide d'un cocktail fabriqué par des fous furieux. C'est une soupe mortelle fabriquée par des tarés finis.

Mallock voyait ses pires craintes confirmées. Et il était encore loin de pouvoir envisager de choper le ou les coupables.

– Juste une question. Crois-tu qu'il serait déjà possible de travailler sur une espèce d'antidote, de vaccin ?

– Ne rêve pas. On a deux problèmes. Primo, cette merde n'est pas encore entièrement analysée et secundo, elle est tellement complexe et hétérogène que j'imagine mal une solution. Sans vouloir te renvoyer la balle, je crains fort que ce soit à toi de jouer et choper ces malades.

– Mouais, je m'en doutais. Peux-tu prendre contact avec Dublin ? C'est lui qui coordonne tout ça. Tu es mieux placé que moi pour lui expliquer.

– T'inquiète, c'est déjà fait. Ton Dublin est déjà au courant. Il a flippé grave quand je lui ai fait mon topo.

À l'instant où Mordome terminait sa phrase, les deux canards et le garçon firent leur apparition. Et tandis que le patron ouvrait, en se brûlant, la boîte en métal à même la table, procédure imposée par la DGCCRF, Mallock, un peu secoué par cette nouvelle, se rendit compte qu'il n'avait plus vraiment faim. En regardant son assiette, l'expression « la fin des haricots » lui sauta au visage.

– Et nos bières ? réclama Mordome. Signe que le légiste, de son côté, reprenait du poil de la bête.

24

Paris, samedi 16 août

Deux mauvaises nouvelles attendaient Amédée dans la grande salle des ordinateurs. Ken étant parti se reposer dans une pièce du troisième, ce fut Frank qui dut lui annoncer la tuile. Un retard dans les premiers résultats.

– Un virus, un bug ou une perturbation électrique nous a obligés à tout éteindre. On a eu beau reconstruire les autorisations, défragmenter, on a été obligés de reformater la moitié des disques avant de réinstaller les systèmes d'exploitation et les programmes. C'est reparti, mais ça nous a fait perdre une demi-journée et six gigas de données. Ken a raison, il faut absolument acheter des modulateurs de tension et un système RAID de sauvegarde. Il préconise un RAID de niveau 0 ou bien 5. Les données sont distribuées avec gestion de parité et ça permet…

– Je m'en fous. En nombre de morts, vous avez idée de combien ça fait, vos quatre heures de retard ?

C'était cruel et, encore une fois, injuste de la part de Mallock. Il s'en rendit compte, mais ne daigna pas s'excuser. Il tourna le dos à son collaborateur, furieux contre le destin et la médiocrité de sa propre attitude. Pourtant, hier soir, il avait revu Margot et ils s'étaient bien amusés. Peut-être trop. Tant de plaisir alors qu'il aurait dû rester sur le pont à combattre le diable. Et puis troublant aussi, le fait qu'il n'ait pas supporté de ne pas la trouver à côté de lui ce matin. Alors même qu'elle ne faisait que répondre à l'un de ses dictats machos : « Pas de petits déjeuners au lit et autre brossage de dents en commun. Chacun chez soi », lui avait-il souvent répété.

Il entra dans son bureau en faisant claquer sa porte. Devant lui, penaud, Robert l'attendait.

– Et toi, Bob, t'as quoi pour moi ?

Daranne baissa la tête. Sa moisson était plutôt maigre. Il se lança cependant, en utilisant son vocabulaire des grands jours :

– Les sectes, a priori, faut oublier. J'ai pas trouvé la moindre relation entre eux et les dingos. Parallèlement, j'ai pris contact avec tout mon réseau de gars, les fleurs au parfum et mes lépreux perso. Pas grand-chose à grailler. Et pour les dossiers, j'ai pas encore fini. J'avais trouvé un bon client, mais il a été gerbé à vioc[17]. Il a tourné toqué. J'avais aussi repéré une tête de velcro qui jouait de l'arsenic sur des vioques, mais il s'est fait troncher en plein quartier rose, à la villa Suché, y'a pas trois mois. Je pars maintenant interroger un autre gugusse encore en GAV. Ça va pas être fastoche. Ah ! si on pouvait graisser la patte aux tontons !

Mallock, qui savait décoder son charabia, lui lança :

– OK, pigé, continue. Pour tes tontons, pioche dans nos fonds perso. Demande à Julie. C'est elle qui tient les cordons. Démerde-toi, je veux des résultats et fissa. D'ailleurs, pendant que je t'ai sous la main, je te donne une seconde mission : te rencarder auprès des institutions psychiatriques. Ont-ils déjà soigné une personne atteinte de ce que j'ai appelé pompeusement le « syndrome de Lucifer », en substance : l'envie irrépressible d'empoisonner son prochain. Notre fou furieux ou l'un de ses adeptes a peut-être fait un tour chez les cinoques avant de passer professionnel. Démerde-toi, mais je veux la réponse à cette question dans les vingt-quatre

17. Argot signifiant « condamné à perpétuité ».

heures. Fait causer les toubibs, j'emmerde leurs sermons d'hypocrites de mes deux...

Comme le téléphone sonnait sur une table, le commissaire l'arracha du combiné :

– Mallock ! hurla-t-il.

Il écouta douze secondes et interrompit son interlocuteur par un « J'arrive ! »

Puis il se retourna vers Frank.

– Frank, tu t'amènes ? Ken dort depuis longtemps ?

– Environ deux heures, je crois ?

– Qu'on le réveille et qu'on le remette à son poste. Il a l'habitude quand il part en bateau. Il s'est vanté de fonctionner en polyphasés, le p'tit rigolo. Dites-lui aussi qu'il a tout l'argent qu'il veut pour ses modulateurs, d'autres unités centrales et un système Read 0 ou 5, à lui de voir. Qu'il passe commande pour hier et fasse faire une installation dans la journée. On ne peut pas se permettre une nouvelle panne. Toi, tu t'amènes, s'il te plaît ! Un nouveau carnage vient d'avoir lieu juste en face.

Dehors, flottait une ambiance de fin du monde. La chaleur équatoriale plombait le ciel et les gens. Le bitume avait commencé à fondre par endroit. Frank traînait des pieds. « Tu t'amènes », lui avait lancé Mallock. Lui, il avait de plus en plus l'impression d'être la dernière roue du carrosse, le porte-gomme. Et la nana avec laquelle il vivait maintenant ne faisait rien pour arranger les choses. En fait, sa vanité à elle était venue renforcer son orgueil à lui et puis l'envie de tuer le père aussi. « Qu'est-ce qu'il serait, Ken, sans toi, hein ? », qu'elle lui disait. « Et ton Mallock, pour qui il se prend ? T'es pas son larbin. » Et elle continuait l'énumération. « Daranne est un vieux ringard. Quant à Jules et Julie, ce sont des arrivistes. Ne te fais pas d'illusion. ». « C'est toi qui fais fonctionner le Fort, en fait. » Frank la laissait dire. Même s'il savait bien que tout cela était faux, il ne détestait pas cette version flatteuse des faits. Il en était d'ailleurs en partie responsable, en s'attribuant quotidiennement des mérites qui n'étaient pas les siens. Il aurait dû être reconnaissant. Mais non, le voilà qui avançait sur le pont Saint-Michel avec l'âme chargée de ressentiments, en remâchant son « Frank, tu t'amènes ! », qu'il jugeait soudain indigne de lui.

Devant, bien loin de se douter des pensées mesquines de son lieutenant, Mallock marchait. Malgré la faiblesse de son dos, c'était une armée à lui tout seul, une détermination guerrière. Il avançait au combat, la tête haute et les mâchoires serrées, avec son éternel costard trop large et ses épaules qui racontaient des choses.

Au milieu du pont, dominant la scène, il put enfin avoir une première vision d'ensemble. Et les pas du commissaire se ralentirent.

Des dizaines de corps s'éparpillaient sur toute la place Saint-Michel et au-delà, chacun encadré par une flaque rouge brillant au soleil. L'odeur parvenait jusqu'à eux. Mélange écœurant de sang, de déjections corporelles et de goudron évaporé. Encore une fois, Amédée en appela à Dieu, plus par habitude que par conviction. Qu'est-ce que Dieu pouvait avoir affaire avec tout ça ? C'est vers le diable et les hommes qu'il devait se tourner pour réclamer des comptes.

Tous les cafés de la place, sauf La Fontaine Saint-Michel, avaient pris les mesures nécessaires pour obtenir le label « sécurisé » et pouvoir ainsi rouvrir pour ce samedi d'août. Quelle ironie ! Les panneaux officiels, imprimés en urgence par la préfecture avant les définitifs infalsifiables prévus pour lundi, étaient accrochés bien en évidence sur les différents stores. En les regardant, Mallock se rendit compte que les velums du café du Départ Saint-Michel et du Saint-Séverin, comme ceux de La Fontaine St Michel, du Fénelon ou de la Rive Gauche, étaient de la même couleur. Un rouge profond.

Le même que les flaques de sang qui coloraient le bitume de la place et les multiples ruisseaux écarlates qui s'écoulaient vers les caniveaux.

Le regard d'Amédée s'arrêta sur le centre de l'esplanade. Avec sa couleur de canon de forteresse et son attitude guerrière, la statue de bronze de saint Michel semblait être responsable de tous ces corps terrassés à ses pieds. D'habitude parfaitement transparente, l'eau de la fontaine était du même rose translucide que les bouées en plastique des petites filles en bord de plage.

Ces morts-là n'étaient pas des soldats de 40 ou des habitants de l'arrondissement morts en combattant, comme le proclamaient les stèles des dragons cracheurs d'eau. Ces morts n'avaient pas lutté contre l'occupant allemand, ils avaient été abattus par le hasard, victimes de la brutalité du destin, touristes ou riverains téméraires, coupables d'avoir voulu nier, quelques heures, la malédiction qui s'était abattue sur l'ensemble du pays.

Plus de quarante victimes, le plan blanc avait été déclenché. Sur place, à l'intérieur et autour du premier café, Le Départ, un des deux PMA était déjà en plein fonctionnement. Gigi, un ami de Mallock, médecin régulateur du SAMU, était en train de décommander maintenant une partie des hôpitaux mis automatiquement en alerte lors de chaque catastrophe. Tous les blessés avaient déjà été triés et pris en charge sur place ou hospitalisés à La Pitié, en neurochir à la Salpêtrière ou à l'Hôtel-Dieu. Les morts n'avaient pas été touchés.

Mallock s'entretint quelques minutes avec son ami. Toujours très professionnel, en quelques phrases, il lui avait brossé un tableau rapide et complet de la situation.

– Merci, Gigi. Je vais jeter un coup d'œil.

– Bon courage, ce n'est pas beau à voir.

Le responsable du SAMU avait les traits marqués par la fatigue et une tension qui rougissait ses yeux. Il en avait vu et, surtout dans le feu de l'action, ne ressentait rien d'autre que le besoin d'agir avec le maximum d'efficacité. La place était aux brancards, ambulances et médecins, pas aux émotions.

Pour éviter de marcher dans le sang, un trajet sinueux avait été tracé à la hâte par les médecins et les premiers policiers sur place. Mallock et Frank l'empruntèrent les lèvres serrées. Le chemin commençait de l'autre côté du PMA, sur le trottoir de droite en face du Rive Gauche. Mais avant d'y parvenir, ils passèrent devant l'entrée de la rue de l'Hirondelle, elle aussi fermée par un cordon de police. Sous les arcades, Amédée aperçut une demi-douzaine de corps dont un bébé figé, les yeux grands ouverts vers le ciel, l'arrière du crâne écrasé dans le bitume mou, cervelle et goudron mêlés. Envie de vomir. Devant le café, un homme émasculé, une femme et sa fille enlacées dans le même drame, le même sang. Les doigts de la fillette avaient été coupés. Rage et nausée, Mallock luttait. Il détourna les yeux pour se concentrer à nouveau sur le café.

C'était visiblement l'un des épicentres du massacre. Le ou les tueurs avaient commencé ici même leur terrifiant parcours. Mallock pivota vers le brigadier qui avait installé le dispositif. Il remarqua que ses gants blancs étaient entièrement rouges de sang :

– Y aurait-il un survivant qui se serait trouvé aux abords de cette terrasse ?

Bouleversé et suant sous son uniforme, le brigadier Paliçade se racla la gorge avant de répondre :

– Un des garçons qui servait en terrasse. Il a tout vu, mais je ne crois pas qu'on puisse l'interroger tout de suite. Il est en état de choc.

Amédée se tourna vers Frank :

– Tu t'en occupes. Tu le calmes, tu passes éventuellement à l'hôpital et, dès que possible, tu nous l'amènes au commissariat.

– Bien, patron, furent les deux seuls mots qui parvinrent à sortir de la bouche de Frank. Il avait momentanément oublié ses griefs face à l'horreur. Il avait mal au cœur et les dents hermétiquement soudées.

Frank parti, Mallock traversa directement la place. Il avait repéré quelque chose et, comme un chien de chasse, fonçait droit vers son objectif. Le brigadier Paliçade le suivit, mais en respectant l'itinéraire imposé.

Devant le Départ Saint-Michel et le Saint-Séverin, quelques cadavres recouvraient encore la chaussée, mais il y en avait de moins en moins au fur et à mesure que l'on se rapprochait de la Seine. Par contre, leur nombre augmentait devant la célèbre librairie d'étudiants Gibert, qui jouxtait l'Espace Saint-Michel. De ce côté gauche de la fontaine, il y avait une carriole réfrigérée de vente de boissons. Elle avait été renversée et ses deux grands bocaux de jus d'orange s'étaient fracassés sur le sol. Des centaines de canettes de boissons diverses aux couleurs vives avaient roulé dans la rue et sur la place.

En se penchant sur les cadavres, Mallock remarqua qu'ils n'étaient pas tous morts de la même façon. De l'autre côté, le ou les assassins avaient utilisé des couteaux et tous les corps étaient égorgés ou mutilés. Avec la chaleur, l'odeur était insoutenable. De ce côté-ci, hommes, femmes et enfants avaient été massacrés à la main, à coups de poing ou de divers « objets contondants », comme on dit dans les séries policières. Enfin, nombre d'entre eux, comme le bébé, avaient eu le crâne fracassé directement sur la chaussée. Après l'avoir examiné de plus près, Mallock reposa doucement la tête d'un jeune Noir puis, tout en regardant pensif ses propres mains entachées de cervelle, demanda au policier :

– Brigadier, y a-t-il des témoins non blessés qui ont assisté au massacre de ce côté-ci de la place ?

Le brigadier Paliçade regardait les mains du commissaire.

– Le type qui tenait cette échoppe, répondit-il. Mais il était complètement traumatisé, quelqu'un l'a vu partir. Il marchait droit devant lui vers Saint-Germain.

– Il faut lancer un avis de recherche. Je dois l'interroger rapidement. Mettez-vous en contact avec l'un de mes adjoints, Ken ou Jules, au 36, service du commissaire Mallock. Puisque vous êtes là, veillez aussi à ce que l'on procède bien à des prélèvements de ce jus d'orange et que personne ne ramasse ces canettes. Pour le reste, je m'en charge.

Le brigadier Paliçade salua, avant de s'éloigner d'un pas lourd. Un de plus qui se réveillerait plus tard… inconsolable.

Les GSI, anciennement TSC[18], envoyés en voisin par l'Identité judiciaire, commençaient déjà à arriver. Une armée de combinaisons blanches. Après avoir reconsidéré l'état de ses mains, Amédée se contenta de les saluer de loin. Il continua son inspection en faisant bien attention de tenir, bien écartés de chaque côté du corps, ses doigts pleins de sang et de matière cérébrale.

Il ne pouvait décemment pas les essuyer contre son costume ou sur un autre cadavre, alors il les laissa sécher ainsi, oiseaux morts ensanglantés au bout des bras.

18. GSI : Gestionnaires de scènes d'infractions.
TSC : Techniciens de scènes de crime.

25

Même endroit, même heure

À soixante mètres au-dessus de la place, un homme observe Mallock. Il est accroupi juste au bord du toit, sur la pente en zinc de l'immeuble qui surplombe la fontaine. Bien que la sueur dégouline de son menton et que les puanteurs de la mort montent jusqu'à lui, il semble s'amuser follement. Sa tignasse rouge flambe au soleil. Prévenu au dernier moment par sa radio CB, il avait eu toutes les peines du monde à parvenir aux abords de la place, puis à trouver un immeuble qui lui permette de parvenir jusqu'à la toiture. En fait, c'est un risque qu'il aurait mieux fait de ne pas prendre, mais il est maintenant sur la couverture métallique, bien retenu par ses semelles de crêpe et son passé de grimpeur d'arbres.

Dix minutes plus tôt, en arrivant par l'arrière, le diable rouge avait repéré un homme en tricot de corps qui regardait la scène accoudé à une fenêtre située au rez-de-chaussée d'un des immeubles donnant sur la place. Cinq minutes plus tard, après lui avoir montré sa carte de presse et son accréditation de journaliste, ainsi qu'un paquet de billets de cinquante euros, il se retrouvait tout en haut, surplombant le lieu du massacre.

– Faites attention. La deuxième pente est plus forte et elle est en ardoise.

Pendant que le géant roux dirigeait son appareil en contrebas, le gros homme, resté en arrière, s'inquiétait pour lui. Gardien de l'immeuble, malgré ses cent trente kilos, il avait l'habitude de monter pour accompagner l'architecte ou le poseur d'antenne mais, habituellement, ils ne s'approchaient pas si près du bord. Rassemblant tout son courage, il s'était cependant décidé à avancer pour rejoindre le photographe. La vue devait être spectaculaire, s'était-il dit.

Le diable rouge, lui, était prêt à prendre tous les risques pour photographier ce massacre, témoignage et œuvre d'art. Ironie du sort, la première chose qu'il avait aperçue dans son viseur, c'était Mallock, les bras ballants, en train de quitter les lieux du drame. Encore un cadeau du destin, comme cette chance qui ne le quittait plus, depuis qu'il avait commencé l'exécution de sa mission.

Par simple plaisir, il avait déclenché le moteur et tiré le portrait d'Amédée marchant vers le pont pour rejoindre le 36. Son corps de flic dégageait une force impressionnante. Le photographe savait, sans autre indice que le frisson qu'il ressentait, qu'il avait devant lui le seul ennemi potentiellement dangereux. Le seul qui pourrait posséder le pouvoir de le confondre, l'arracher du ventre du monde, et pire que tout, l'empêcher de terminer son grand œuvre. Mais il n'était pas prêt à se laisser faire…

Il appuya trois fois sur le déclencheur de son appareil, cadrant son ennemi, bras ballants. Comment pourrait-il même le soupçonner ? Plus personne ne croit au diable de nos jours.

En souriant, il en rendit grâce à Dieu.

– J't'ai eu, Monsieur le commissaire, et toi, t'es pas près de m'avoir.

Il gloussa bêtement puis zooma en arrière pour photographier l'ensemble du lieu du massacre. Il devait faire vite.

Ce serait trop stupide de se faire repérer maintenant. Mais c'était tellement beau ! Amoureusement, son objectif passa sur les différents groupes de cadavres, les caressa, les cadra. Son index déclenchait le moteur de l'appareil avec une précision diabolique. Rien ne devait lui échapper. Il dévissa son objectif pour mettre une focale plus courte. Là, c'était parfait, il avait devant les yeux l'ensemble du massacre. Encore deux ou trois clichés et ce fut fini. Tout était en boîte. Il se retourna, souriant, vers son guide.

– Vous voulez voir ce que ça donne avec un téléobjectif ?

Le photographe lui tendit la main.

– Approchez-vous, je vais vous aider.

Une fois la main du gros bien tenue dans la sienne, il le laissa faire deux pas vers lui et, tout en riant, lui lança :

– Vous voyez, ce n'est pas si difficile que ça. Vous allez devenir un véritable paparazzi.

Puis, de toute sa force, il le tira vers lui avant de le lâcher. L'homme ouvrit la bouche de surprise, tomba sur les fesses et glissa sur les ardoises avant de plonger dans le vide. Pas de témoin, c'était pourtant pas difficile à comprendre !

26

Quelque part en France, samedi 16 août

Aussi loin que remonte sa mémoire, jamais la France n'avait connu une telle panique. Malgré ces événements ou peut-être à cause d'eux, Barthélemy se réveillait depuis une semaine, sans avoir ce goût amer dans sa gorge. Il marchait sans ce regard sur les gens et les gares, cette crispation des épaules et cette détresse au ventre qu'il avait mis tant d'années à identifier comme étant tout simplement l'envie quotidienne et récurrente de mourir. Il conservait encore, de son ancienne vie, quelques escarbilles acides et le souvenir un peu mélancolique de sa passion pour les bandits manchots.

Un même casino éphémère dans chaque ville traversée, les mêmes machines à sous, la même gestuelle des bras et des doigts et les soirées qu'il gâchait, les unes après les autres, en les glissant dans la fente du temps, cercles de métal glacé, secondes vides, jetons à jeter vite, sans espoir… À cette drogue aussi, il avait fait la peau, comme à tout ce et ceux qui le rattachaient au Barthélemy d'avant. Il avait remplacé ses machines à sous par d'autres machines, elles aussi métalliques, celles des salles de gymnastique, temples de toutes les métamorphoses, et n'avait offert à son corps qu'un seul produit de substitution, la sueur.

Pour faire fondre les lipides et les transformer en belles fibres musculaires, il n'y avait rien de plus efficace que les cardio-trainers. Vingt minutes sur une bicyclette pour s'échauffer et commencer à puiser dans ses réserves, puis un cross-trainer pour extraire toute cette rosée malsaine qui jaillissait, inépuisable, de sa peau. Il terminait enfin par une longue séance de rameur, extirpant par l'effort l'eau la plus lourde de son corps. À cet instant, comme à chaque fois, le même miracle s'accomplissait. Au ras de ce plan d'eau, après avoir jeté par-dessus bord ses lests de graisse, Babar s'envolait. Animal sauvage aux cheveux rouges, il s'arrachait de l'étang, gagnait rapidement les couches hautes du ciel et, tout là-haut, le cœur en nage, Babar narguait les nuages.

Aujourd'hui, on était samedi, le jour le plus important de la semaine pour ses parents et donc pour lui. Il avait l'ordre formel de les aider à tenir leur satanée baraque. Comme d'habitude, il serait chargé du singe, lui tourner la manivelle en hurlant les même mots stupides, chargés de faire venir les touristes. Son père était de plus en plus souvent absent. Il s'enfermait dans son labo ou partait sur sa moto faire des choses dont Barthélemy avait une idée de plus en plus précise. Depuis sa résolution de maigrir, il notait tout sur les activités de ses parents, allant jusqu'à les espionner derrière la porte pour ne pas manquer la moindre information. Pourquoi faisait-il ça, si ce n'était pour les dénoncer enfin, mettre fin à tous ces massacres ?

S'il leur obéissait encore, c'était sans plus en éprouver la moindre rage. Il était au-delà. Du moins le croyait-il ! Leur temps est compté, bientôt il serait parti. Ne gardant d'eux que quelque scories. Si seulement il n'y avait pas le meurtre de sa petite sœur, et puis tout ce que ces monstres étaient en train de faire. Pouvait-il s'enfuir comme ça ?

Il chassa cette question par un simple « on verra ». Il avait déjà fait ses trente pompes. Le samedi, toutes les salles étaient encombrées par une foule d'amateurs. Alors il avait commencé ses exercices dans sa caravane. Il faisait de la musculation depuis environ un mois. D'abord, une simple barre de vingt kilos. Cent tractions pour commencer. Biceps et triceps à développer. Puis des levers. Il en avait encore pour une heure, sa mère l'attendrait !

Il rajouta deux disques de cinq kilos aux extrémités de la barre et essaya de tout oublier. Seul son corps était important. Même si la question revenait sans cesse. Pouvait-il s'enfuir comme ça ? Sans rien dire et sans aucun compte à rendre ?

Depuis tout petit, la graisse qui entourait ses muscles avait également envahi son cerveau, son cœur et son âme. Puis elle s'était écoulée sur ses iris pour former une pellicule translucide, lui donnant de la vie une vision trouble. En l'entourant de matière adipeuse, sa mère ne l'avait pas seulement dissimulé aux autres, elle lui avait également masqué les autres. En l'étouffant de tendresse et de graisse, elle l'avait moulé dans un gros mensonge, qui était devenu pour Barthélemy son réel, la vérité simple et pure, indiscutable. Elle ne lui avait laissé aucun sens critique, aucune porte entrouverte vers autre chose qu'elle. Comment aurait-il pu vouloir apporter la moindre modification à sa vie ?

Il croyait, comme tout enfant, que l'enfer de ses parents, c'était son paradis à lui.

Alors, en arrachant tous ces morceaux de lard greffés par la magie chirurgicale des sentiments maternels, il dénudait cette répugnante croyance et en révélait toute la perversion. En écorchant ce gros bonhomme qu'il était, en lui retirant son écorce de graisse, il découvrait enfin qu'il y avait, macéré, momifié, tout terrifié à l'intérieur, un autre Barthélemy qui attendait de naître et de se battre pour sa propre vie.

C'était aux yeux de ce nouveau Barthélemy que les agissements de ses parents reprenaient peu à peu le sens qu'il aurait toujours dû y voir, celui d'une perversion meurtrière, une terrifiante psychose familiale. Plus le jeune homme quittait son identité de monstre, se rebâtissait une âme et un corps décent, plus la monstruosité de ses parents lui apparaissait. Plus il se débarrassait de sa graisse, plus sa conscience revenait.

Avec le respect de lui-même, réapparaissait la considération de la vie des autres. Terrible balancier qui lui révélait, de façon grotesque et caricaturale, l'une de ces contradictions cruelles dont la vie se délecte. Peut-on être lucide en gardant la joie, intelligent sans être blessé, comprendre sans se pendre ?

Plus simplement, pouvait-il maintenant laisser agir le diable rouge et sa femelle, tout en prétendant ne rien savoir ?

Qu'allait-il faire également de toute sa rancœur, ce mal au cœur, toute cette douleur ? Pouvait-il partir en les tenant quittes – « Pouce ! Je joue plus » – et en espérant que la vie reprendrait son cours ? On rentre du jardin, le gendarme et le voleur, le cow-boy et l'Indien. Des enfants qui redeviennent ce qu'ils étaient avant, d'heureux petits garçons.

Mais lui n'avait jamais été un petit garçon, et encore moins heureux. Alors comment pourrait-il reprendre sa vie, tout effacer, éponger la craie sur le grand tableau noir ? Pourrait-il se supporter, s'il fermait les yeux sur l'effarant passe-temps de son diable de père, dont il ne partageait que la couleur des cheveux ?

Son père, le terrifiant Théodore-Ann Barco !

27

Quelque part à l'Est, trente-trois ans auparavant

Deux ans après son entrée dans la forêt des orphelins, Théodore Barco, âgé alors de douze ans, avait pris l'habitude de monter sur le grand mât du vaisseau de pierre, une haute tour carrée se terminant en terrasse. Depuis son donjon, pendant des heures, il observait, sur la houle végétale, flotter le peuple des oiseaux.

Un jour, le professeur d'histoire-géo lui avait prêté ses jumelles, une lourde paire de Zeiss-Ikon noire dont la lanière de cuire cuite par les années avait été cent fois rafistolée.

– Avec ça, tu pourras mieux voir tes petites bêtes, lui avait-il dit en caressant son cou frêle avec une ostentation trop perverse pour que Théo ne puisse en reconnaître immédiatement la véritable nature. Il décida cependant de profiter du cadeau et pour le reste, il saurait faire face. Il avait connu bien pire avec ses parents. Et sans attendre, le soir même, à la stupéfaction ravie du professeur, Théo l'avait coincé au fond de la salle de chimie. D'autorité, à la lumière de la lune, il s'était collé à lui, avait ouvert les boutons de braguette de cet enfoiré de pédophile, pour en extraire un vieux sexe mou. Puis, parmi les éprouvettes et les becs de gaz, il l'avait fait monter au septième ciel. Depuis, le professeur lui mangeait dans la main, espérant sans aucun doute une seconde séance qui ne viendrait jamais.

C'est le surlendemain, en observant à la longue-vue le mouvement des vagues clairsemées par l'automne, qu'il avait découvert, à environ huit cents mètres, par-delà la rivière interdite, le toit d'une cabane en rondin visiblement abandonnée. Elle semblait comme immergée par quelques mètres de fond, dans l'océan rouge et jaune. La tentation était trop forte d'aller explorer la chose et il décida de mettre au courant les cinq compagnons de chambrée qu'il avait choisis et adoubés.

Malgré son caractère taciturne et ses brusques sautes d'humeur, tout le monde avait rapidement voulu faire partie du groupe de Théo. Ils étaient, pour Barco, moins une nouvelle famille qu'un clan dont il était le chef incontesté. D'autorité, il avait fixé les règles et personne n'avait songé à s'y soustraire. Pour tous les enfants de l'orphelinat, Théo était, à égalité avec le Christ sur la croix, l'être le plus fascinant de leur triste existence. Avec sa taille impressionnante et ses cheveux rouges, il possédait un charisme irrésistible. Et puis, il était capable de tout, du meilleur comme du pire. Tous les enfants avaient compris à qui ils avaient affaire. Seuls les professeurs s'étaient révélés incapables de saisir la nature profonde de cet élève hors norme. Comment auraient-ils pu ? Sa parfaite obéissance apparente aux consignes de l'institution et ses notes exceptionnelles en faisaient un exemple pour tous ses petits camarades. Et puis également une preuve palpable et patente de leur efficacité pédagogique.

C'est à cette époque que Barco avait réellement compris que le caractère même de ce qu'il était capable de faire, associé à une servilité feinte aux règlements, aux codes et aux apparences, le rendait pratiquement invincible. À condition de bien accepter de jouer le jeu du paraître et caresser les humains dans le sens du poil, on pouvait être n'importe qui, faire n'importe quoi.

C'était le même principe qui avait permis à ses parents, si respectables, de lui faire subir tous leurs jeux pervers, sans être inquiétés par leur entourage.

Pour monter l'expédition vers la cabane abandonnée, Théo su se montrer patient. Il attendit le premier dimanche d'été pour franchir résolument, suivi de ses amis, l'habituelle limite du parc, la rivière à anguilles. Après une heure et demie de marche et le passage à gué de deux autres ruisseaux, ils atteignirent enfin la cabane entraperçue presque six mois plus tôt. La baraque, envahie de lierres séculaires aux troncs d'anaconda et d'inexpugnables buissons d'ortie, était pratiquement invisible. Ils seraient sans aucun doute passés à côté, si Théo n'avait pris la précaution de profiter de l'absence de feuilles sur les arbres pour dessiner un plan précis. En fait, ce n'était que du ciel et durant l'hiver que l'on pouvait en soupçonner la présence.

Théo ne regretta pas sa patience. L'endroit dépassait toutes ses espérances. Il donna l'ordre de dégager un chemin jusqu'à la porte, mais en restant à ras de terre et en suivant une ligne courbe. Il fallait que cet endroit reste secret. Munis d'Opinel et de couteaux suisses, les enfants mirent deux bonnes heures à fabriquer un tunnel dans la végétation pour parvenir jusqu'à l'entrée. Ce fut bien entendu à Théo que revint l'honneur d'ouvrir la cabane. D'un coup de pied brutal, il en défonça la porte vermoulue.

Ce qu'ils découvrirent à l'intérieur dépassèrent leurs rêves les plus fous.

Le soleil qui passait entre les branches, puis dans les espaces séparant les rondins, finissait sa course en illuminant l'épaisse poussière en suspension dans l'air. La faiblesse et la nature de l'éclairage concouraient à donner un aspect fantastique à l'unique pièce dans laquelle Théo pénétra. Cette seule lumière dans un lieu déjà magique aurait suffi à leur bonheur, mais tout cela n'était rien en regard de ce qu'ils aperçurent au milieu de la pièce.

Sur un vieux fauteuil défoncé, recouvert d'une toile bleue, était affalé le cadavre squelettique d'un homme encore vêtu de lambeaux d'uniforme. Au casque tombé à terre après la désagrégation des chairs, ils reconnurent un soldat de la Wehrmacht. L'homme, qui devait être assis là depuis une bonne dizaine d'années, avait été attaché au fauteuil par des cordes avant d'être abattu d'une balle en plein front. Les toiles d'araignées, la poussière et ses propres déjections l'avaient comme incrusté dans son fauteuil. Le temps avait méticuleusement momifié l'ensemble, le meuble et son occupant.

Mais il était déjà tard. Théo eut juste le temps de toucher du doigt le crâne et les insignes, avant de donner l'ordre de repli. On reviendrait le dimanche suivant. C'est à cet instant que le plus jeune d'entre eux fit remarquer que le parquet poussiéreux semblait sonner creux sous l'unique fenêtre. Ils s'approchèrent, se mirent à genoux comme un seul homme pour dégager fébrilement les trois centimètres de saleté qui dissimulaient le plancher. Il y avait effectivement une trappe.

Malgré son envie de savoir, pour affirmer son autorité sur les événements comme sur le désir des autres, Théo réitéra son ordre de quitter les lieux :

– On verra ça dimanche prochain. On retourne au bahut.

La semaine fut longue pour Théo comme pour ses adeptes, surtout qu'il était hors de question de parler de leur découverte à qui que ce soit. Barco eut le temps de récolter un 19 sur 20 en histoire – alors qu'il était complètement hors sujet avec sa rédaction sur l'amiral de Coligny –, trois 18 en mathématique, biologie et latin et un 20 en physique-chimie, quatre notes qui, elles, étaient pleinement justifiées. C'est également durant cette semaine fatidique qu'il découvrit, grâce à un vieux livre de la bibliothèque, les bases de l'alchimie. Ce fut un véritable coup de foudre, une révélation qui, plus tard, allait avoir de bien singulières conséquences.

Le dimanche suivant, armés de balais empruntés à l'intendance, ils débarquèrent devant la cabane. Théo donna ses ordres :

– On jette un coup d'œil dans la trappe et après on nettoie tout !

À l'intérieur, le boche, vert-de-gris sur son fauteuil bleu, semblait les avoir attendus. Théo, sans un regard pour cette statue macabre, se dirigea directement vers la trappe. Ils ne furent pas trop de quatre pour parvenir à l'ouvrir. Au fond, il y avait une caisse. Elle était bardée de signes, dont un représentant une tête de mort avec, marqué au pochoir, « *Achtung* ». Le coffre était beaucoup trop lourd, impossible de le sortir de sa cachette. Alors, à l'aide de leurs deux plus gros canifs, dont le Laguiole d'Henri, ils en forcèrent le couvercle. Ce fut d'autant plus facile que le bois avait subi l'attaque conjointe de l'humidité et des termites. Le dernier craquement leur dévoila une toile huileuse, sur laquelle étaient inscrits le chiffre 50 et un « SS » rouge qui leur donna à tous un délicieux frisson. Dessous, bien rangées, ils découvrirent une rangée de grenades. Elles étaient cylindriques, peintes en vert et munies d'une grande poignée en bois.

Sans encore trop savoir ce qu'il faisait, Théo s'empara délicatement de l'une d'entre elles, avec ses deux mains en coupe, comme il aurait attrapé un bébé ou une statuette en plâtre de sainte Thérèse de Lisieux. Puis, comme sortant soudain de sa réflexion, il la glissa dans la ceinture de son pantalon avant de donner l'ordre de faire le ménage :

– Virez le fauteuil et ne gardez que le macchabée. Mettez-le dans un coin sans trop l'abîmer, j'ai une idée pour notre ami.

Puis, alors que tous se mettaient à passer le balai, il sortit à l'air libre, pensif. Le soleil était chaud et des centaines de mouches vibraient autour de lui. L'odeur était celle de l'humus, de la sève verte et des milliards d'insectes morts en train de pourrir parmi les feuilles. Barco n'avait désormais plus qu'une pensée, éclatante, indélébile, dictée par une autorité plus forte que la sienne, un désir aussi. Il s'en rendit compte avec l'érection qu'il ressentait depuis quelques minutes.

Alors il se traça un chemin jusqu'à la fenêtre.

À l'intérieur, ses amis s'activaient, en se lançant des blagues douteuses sur le passé sexuel du cadavre. L'un d'entre eux venait d'ouvrir la braguette du pantalon pour en sortir un reste de membre pétrifié qui se cassa dans sa main. Ils hurlèrent de rire. De la fenêtre, une poussière épaisse s'élevait lourdement vers le ciel. Théo dégoupilla la grenade, la regarda quelques secondes avant de la lancer à l'intérieur, là où ricanaient encore ses amis. Elle tomba directement dans la trappe, qui se trouvait juste au-dessous de la fenêtre, rejoignant les quarante-neuf autres explosifs. Il eut le réflexe de s'éloigner, en courant le plus vite possible avant de se jeter au sol. La déflagration fut terrible et toute la cabane vola en éclats, le recouvrant de milliers de morceaux de bois et de chair. Le souffle avait vidé ses poumons de tout oxygène. Pendant quelques secondes, il crut qu'il allait mourir asphyxié. Puis sa respiration reprit, douloureuse. Il se releva.

Le spectacle était d'une beauté insigne. La plupart des têtes avaient été arrachées, les corps en partie démembrés et les ventres éviscérés. De chacun des bustes, comme autant de vasques étrusques, s'écoulait un alliage de sang et de tripes luisant au soleil. Dans l'un des corps, le cœur à l'air libre continuait à battre. La vie était encore là, en suspension dans l'air. Ce fut là la première grande émotion de Théo, à la fois artistique, charnelle et mystique. Il recula, glissa sur une oreille et éjacula au même instant. Le tout premier jaillissement de ce liquide stupide qui, plus tard, donnerait naissance à Barthélemy.

Vingt minutes passèrent. Quand il en eut assez de se donner du plaisir en regardant son œuvre, il se jeta de toutes ses forces contre un tronc d'arbre. Puis, se rendant compte qu'il ne s'était pas assez abîmé, recommença par trois fois.

C'est en sang et en pleurs qu'il débarqua dans l'entrée de l'orphelinat avant de s'y évanouir. Le lendemain, il raconta qu'il revenait de la rivière avec de l'eau pour nettoyer la cabane, lorsqu'arrivé à cinq mètres de la porte, il avait été projeté par l'explosion. On le soigna, on le plaignit et pendant tout le reste de l'année, il fut l'objet de tous les égards.

Aujourd'hui, lorsqu'il se remémorait ce jour, il ne savait pas trop si c'était la stupidité de ses professeurs ou sa propre rouerie qui lui arrachaient encore un sourire. Mais en tout cas, ça restait pour lui son premier grand pas dans la vie. Son véritable acte de naissance.

28

Paris, dimanche 17 août

À sept heures douze, Amédée se réveilla paniqué, anéanti au fond de son lit. Il n'arrivait plus à retrouver le visage de son fils. Plus il essayait, plus ses traits se faisaient flous. Rien du visage, pas la moindre ombre et rien du corps, ni son ventre ni ses petites mains qu'il avait mille fois embrassées. C'était la première fois.

Il se leva, bouleversé, pour se traîner jusqu'au tiroir de sa commode. Les doigts tremblants, il en jeta tout le contenu sur le sol. Enfin, il tomba sur la boîte bourrée de photos, l'ouvrit. Son fils était là, souriant, une pelle verte dans la main, un sceau en plastique rouge dans l'autre. Mallock fut pris de sanglots, s'effondra sur le sol et pleura douloureusement pendant cinq minutes.

Toute la nuit, il avait rêvé de sa première femme, la mère de Thomas. Ce qui ne lui était pas arrivé depuis une éternité. Sans doute le retour de Margot avait-il réveillé en lui ce sentiment intime, cette tendresse charnelle qu'il éprouvait pour les femmes en général et pour la première d'entre elles en particulier, celle qu'il avait épousée en 1985. Marie-Luce Lizou. Une poupée qui se faisait appeler Lilou.

Belle à couper le souffle et l'intelligence d'un clou, Lilou Mallock était une enfant. Et cette enfant, c'était un autre

Amédée qui l'avait épousée. Un jeune commissaire, fraîchement promu, tout étonné de pouvoir contempler chaque matin et exhiber toutes les nuits une femme aussi sublime, sa femme. À l'époque, poussé par elle, le gros ours sortait pratiquement tous les soirs. Chaque apparition de la belle et de la bête dans un lieu public créait un certain remous dans la foule. Aussi surprenant et ridicule que cela puisse lui paraître aujourd'hui, ça flattait alors son petit orgueil de mâle et lui procurait une forme de reconnaissance. Lui, le paysan aux parents fous, lourd, crotté et mal dans sa peau, il avait la plus jolie et la plus élégante des poupées. Avec un petit cul à damner tous les saints de la Terre.

D'abord, il avait refusé de se rendre compte de l'étendue de la bêtise de sa compagne. Puis, lorsqu'il s'était rendu à l'évidence, il était resté avec elle, supportant une stupidité qui, diffusée au quotidien, ne pouvait plus être compensée par la beauté exceptionnelle de Lilou. Pire, sa sottise chronique l'avait peu à peu rendu laide aux yeux d'Amédée. Mais elle était gentille et Mallock avait ses principes. Alors, à ce superbe cygne infantile, après dix ans, au lieu de la quitter comme il en avait précisément envie, le vilain canard lui avait fait un enfant. Thomas, son petit Tom. Trois mois plus tard, prise dans une dépression post-partum, elle avait été retrouvée morte. « OD, désolé, Commissaire », avait dit l'interne. Overdose de cocaïne. Mallock avait retrouvé le dealer et lui avait fait un sort, six mois d'hôpital avant de finir en prison.

Six ans après la naissance de Tom, on lui avait confié une mission aux États-Unis, l'affaire NAP, *Necros Alan Poe*. Ils avaient besoin d'un Français et il travaillerait sur place, dans le cadre du *Behaviour Sciences Service* et du *Violent Criminal Apprehension Program*, en collaboration avec diverses personnes du FBI, dont un certain Tom Marvin qu'il avait retrouvé plus tard à Paris, lors de l'effroyable affaire des

Visages de Dieu. Bien qu'éprouvante, la mission s'était bien passée, il était resté là-bas en sous-marin, pendant plus d'un mois. Une véritable supplice pour Papa Amédée, qui ne supportait pas de rester éloigné de son fils plus de trois jours.

En revenant à Paris, un matin vers sept heures, il était tombé sur Dublin qui l'attendait à l'aéroport.

Jamais il n'oublierait son expression. Son supérieur s'était approché de lui, le visage blafard, les lèvres serrées. Pendant une éternité, il n'était même pas parvenu à prononcer un mot. Puis il avait réussi à arracher du fond de sa gorge la terrifiante nouvelle :

– C'est Thomas. Mon Dieu, Mallock, je sais pas quoi vous dire...

Puis, par bribes, il lui avait dit l'irracontable. Ça tenait en quelques mots, autant de balles tirées dans le corps de son commissaire préféré, son ami. On avait retrouvé le corps de Thomas Mallock calciné au fond d'un ravin, dans une voiture, à côté de celui que l'on pensait être son ravisseur.

Ce jour-là, tout s'était éteint subitement. Le soleil et les sentiments. Le bruit des gens. Plus rien qu'un cri sans fin qui grossissait au fond de son ventre. Il avait essayé de parler, mais il ne parvenait même plus à respirer. Il se souvenait vaguement d'avoir fait un pas, ouvert désespérément la bouche, avant que son corps l'abandonne.

Il était tombé tout droit dans un grand fracas d'arbre.

On ne rêve pas sans raison. Surtout Mallock. Lorsqu'il ne rejoignait pas son fils, là-haut, c'était que son esprit essayait de lui dire quelque chose. Pourquoi avait-il rêvé de Lilou ? Il avait maintenant la certitude qu'il y avait bien là un message de son inconscient, mais lequel ? Pourquoi Lilou ? Il avait également rêvé d'iceberg et de milliers de glaçons dans des milliers de verres. Là aussi, il était sûr qu'il y avait des conclusions à en tirer. Mais lesquels ? Il respira tranquillement pendant trois minutes, interrogeant la fissure dans le plafond. Une lumière apparut. C'était, encore une fois, évident.

Il se leva brusquement du lit, corps et cœur engourdis. Dans la salle de bains, il ouvrit les robinets de la baignoire. Chaud et froid, toute la vie, c'est comme ça, pensa-t-il.

Pour chasser la marée dépressive, il retourna dans le salon se verser un whisky Lagavulin, non filtré, iodé de désespérance. Assis dans son canapé, il repoussa doucement le souvenir de Tom et lui substitua les événements de la veille. Quelles informations utiles pouvait-il tirer du dernier massacre ? Comme souvent, son cerveau avait fonctionné durant la nuit, en tache de fond. La plupart des réponses étaient déjà là, dans son crâne, à l'attendre. Il lui fallait maintenant les décoder, leur donner un ordre et en vérifier la pertinence. C'est ce qu'il fit rapidement, avant d'appeler Ken.

Bonne nouvelle, les deux principaux témoins, le serveur du café et le propriétaire de la carriole, avaient été retrouvés :

– Ils seront au Fort vers dix heures, lui précisa son collaborateur.

– Impeccable. Je t'appelle parce que j'ai eu une petite idée.

– J'aime beaucoup vos petites idées, chef. C'est toujours joli et ça se transforme inévitablement en RTT pour le gentil Ken. Même si ça passe d'abord par la case boulot de forçat.

Ken mettait toujours Mallock de bonne humeur. Sa vision positive de la vie était communicative.

– Ça, du taf, tu vas en avoir. Vérifie que l'on a bien mis de côté les canettes vides retrouvées par terre et que l'on n'a pas oublié de prélever des échantillons du jus d'orange. Puis, passe récupérer les bacs à glaçon du Fénelon et fais-les rapidement analyser. Il me faudrait les résultats dans l'après-midi. Qu'ils regardent le dessus des canettes, surtout la languette, et le fond des bacs à glaçons.

– On prévient la FNAEG[19], pour qu'ils mettent en rapport les ADN des forcenés et des canettes. On pourra peut-être trouver des antécédents ?

– Laisse tomber, ces crétins de politiciens ont limité le fichier aux seuls auteurs de délit et de crime sexuel dûment condamnés. En plus, on n'a pas le droit de procéder à la moindre connexion entre le fichier génétique et celui des empreintes digitales. Tous ces trous du cul de bien-pensants au secours des violeurs de p'tites filles. Enfin ! Je te laisse, je serai au bureau vers dix heures trente.

Il n'était que neuf heures. Mallock avait décidé de s'accorder un peu de temps pour se laver des sueurs de la nuit. L'eau, pour calmer tout ça. Le dehors et le dedans. On était dimanche et lui, il se sentait à court de vie. À court de souffle. En bout de route. Des raisons pour continuer, il en avait, mais pour tout arrêter aussi.

Sans allumer la lumière de la salle de bains, il rentra dans la baignoire pleine, un peu froide. L'âme au bord des lèvres, il serra les dents pour en retenir l'essence. Cul sec, il avala un second verre pour la refouler brutalement au plus profond. Gagner du temps, c'est tout ce qu'il pouvait faire. Il y avait de belles choses dans sa vie, mais le passé abîmait tout.

À la surface de l'eau, remontèrent les fragments d'une colère qu'il n'avait jamais pu éteindre. Il vit aussi des reflets du visage de son Tom, son fils calciné. Dans cette obscurité de faïence, seules ses dents souriaient encore.

19. Fichier national automatisé des empreintes génétiques.

29

Quelque part en France, dimanche

Après s'être plongé à corps perdu dans la chimie, la biologie, la botanique et dans l'étude de la toxicologie et de l'alchimie, Théodore-Ann Barco s'était découvert une autre grande passion. Comme d'autres « philatélisent », « numismatisent » ou épinglent les papillons, il s'était mis à collectionner les poisons.

À dix-sept ans, pour fêter dignement son départ de la pension et son baccalauréat remporté avec mention, il empoisonna son vieux professeur d'histoire-géo. Ce n'était pas une vengeance. Il ne lui en voulait pas le moins du monde. C'était plutôt un choix qu'il trouvait amusant, assassiner celui qui l'aimait le plus. Ça lui procura une immense satisfaction.

Durant les sept années suivantes, Barco partagea son temps entre les périodes de mise au point de nouveaux poisons et celles d'expérimentation sur cobaye humain, in vivo. Il avait épousé une femme, fille de confiseur, qui rapportait assez d'argent dans le couple pour qu'il soit libre de s'adonner à ses passions. À chaque fois qu'il y repensait maintenant, il était bien obligé de reconnaître que cela avait été les meilleures années de sa vie. Son activité d'empoisonneur lui avait rapidement procuré tout à la fois un sentiment exaltant de pouvoir et une certaine forme de jouissance, qui remplaçait avantageusement le sexe pour lequel il n'éprouvait qu'une sorte de désintérêt, aggravé de dégoût. Pour compenser également, il s'était mis à la confiserie, parce que ça l'amusait et lui permettait de partager un minimum de complicité avec la mère de son rejeton de fils.

Plus tôt, durant sa vingt-cinquième année, diplômes en poche, il était parti en mission en Amazonie. Il y avait rejoint l'une des toutes premières expéditions organisées en radeaux volants, plates-formes gonflables posées délicatement sur le sommet des grands arbres de la forêt afin d'en étudier la canopée. À son retour, sa collection de poisons s'était considérablement enrichie. Son corps aussi. Déjà costaud de naissance, il était peu à peu devenu une force de la nature, un squelette de près de deux mètres relié par des muscles puissants et surmonté d'une tignasse rouge. À force de monter et descendre des arbres géants à la seule force de ses poignets dans la moiteur du biotope, il avait encore renforcé sa morphologie d'alpiniste et acquis également la conviction que l'homme était le prédateur de la planète, son assassin sans pitié.

Après ces différentes explorations, Barco avait recommencé une nouvelle campagne de recherche et d'empoisonnement. Les directions prises étaient multiples. À certaines périodes, il cherchait plutôt à tuer en procurant le plus de souffrance possible. À d'autres, c'était la rapidité du produit qu'il étudiait. Mais, toutes choses confondues, il n'avait qu'un seul but : trouver le poison parfait. Un mélange sans amertume ni odeur, facile à administrer, à effet rapide mais non foudroyant et, bien entendu, matériellement et chimiquement indécelable.

Chance ou intelligence, lui-même n'aurait su dire, ses débuts dans la carrière de tueur en série se déroulèrent sans le moindre problème. Il empoisonna beaucoup, à tort et à travers, mais ne fut jamais inquiété.

La plupart des gens se satisfaisaient très facilement des explications vaseuses de leur médecin de famille ou de l'ignorance empressée d'un jeune pompier, voire d'un interne du SAMU fatigué par des heures et des heures de garde. Très rarement, la PJ fut appelée sur place. En fait, ça arrangeait tout le monde, ce flou artistique autour d'un cadavre forcément encombrant. Le meurtre parfait existe et contrairement à ce que l'on pense, il n'est pas l'exception, mais presque la règle. Pas vu, pas pris. Pas mis dans les statistiques, le crime n'a tout simplement jamais eu lieu. Il lui suffit d'être simple : chute d'escalier, empoisonnement ménager, attaque cérébrale, crise cardiaque, défenestration ou accident de voiture.

Il y eut bien quelques enquêtes, mais Barco ne fut jamais dans la ligne de mire. Il prenait une précaution fondamentale : ne jamais empoisonner quelqu'un ayant une quelconque relation avec lui. Et pour tout dire, il adorait cet aspect de son travail. Lorsque, son dernier poison en poche, il partait à l'aventure dans les rues pour choisir sa prochaine victime, il était soudain Dieu et le destin, le hasard, le sort, la poisse avec des cheveux rouges, un diable tout puissant, Lucifer fait homme, détenant pouvoir de vie et de mort sur tous ceux qu'il croisait. Oh ! oui, c'était bien mieux que le sexe, cette puissance-là, cette fabuleuse faculté d'éjaculer sa haine ou sa mansuétude, en tout arbitraire. Laisser une jolie paire de seins continuer son chemin ou clouer le corps d'une femme sur le bitume, la regarder ouvrir grand la bouche, baver et écarter les cuisses, avant de lancer son dernier râle.

Mais Barco avait parfaitement conscience de perdre son temps à s'amuser ainsi alors qu'il avait une mission à remplir. De tueur en série, il devait passer à la vitesse supérieure, glisser du qualitatif en quantitatif, de l'assassinat singulier au meurtre de masse.

Troisième nuit blanche. Barco avait décidé de faire le ménage parmi tous ses petits protégés. Il prenait chaque bocal entre ses mains, l'un après l'autre, pour en vérifier le contenu, la quantité et l'état de conservation. Puis il le dépoussiérerait avant de le remettre en place. Parfois, il refaisait une étiquette ou transférait un poison dans un bocal neuf. Cette tâche simple lui laissait le temps de penser à autre chose. Il dirigeait son esprit vers son grand, son ultime projet, son chef-d'œuvre. Maintenant que tout était pratiquement en place, il en répétait mentalement le déroulement, s'attachant à en parfaire la moindre phase, prévoir l'imprévisible et y remédier. Puis, comme une récompense, il essayait d'anticiper visuellement les effets, d'imaginer les scènes, les couleurs et les hurlements. Jamais le monde n'oublierait.

Dans son labo, à l'exception de la partie dévolue à ses recherches d'alchimiste, tout était parfaitement rangé. Le long d'une cloison, brillait un grand plan de travail immaculé en céramique. Sur le côté opposé, à droite et à gauche d'un évier en faïence blanche, un mur d'armoires blindées où s'alignaient ses bocaux. Chacun d'eux entrait dans une encoche à sa taille, de façon à rester stable lors du déplacement du véhicule. À droite, ils étaient fermés par des couvercles jaunes, verts ou blancs.

Les flacons jaunes contenaient les poisons extraits des champignons ; les verts, les différents venins d'animaux ; les blancs, les drogues, psychotropes, neuroleptiques, ainsi que différents produits courants utilisés essentiellement pour la destruction des nuisibles. À gauche, les autres bocaux en acier étaient peints en rouge ou en noir. Les premiers contenaient les poisons classiques, améliorés par la recherche militaire ; les seconds contenaient les huiles essentielles de plantes, qu'il avait lui-même raportées ou découvertes en Amazonie, soit en interrogeant les Yanomamis ou les Wayanas, soit en se promenant au sommet des arbres ou à leur pied. Feuilles, fleurs, herbes, racines, sèves, chacune possédait, cachée quelque part, sa propre puissance de destruction.

Dans les bocaux blancs, à l'extrême droite, il avait rangé les médicaments et drogues classiques, présentant une forte toxicité : barbituriques et neuroleptiques, benzodiazépines, bêtabloquants, digitaline, colchicine et chloroquine, antiarythmiques, méthanol et glycol, dérivés chlorés, paraquat et diquat. À part les drogues, comme le cannabis, dont il avait retravaillé la concentration, les bocaux blancs ne présentaient, à ses yeux d'utilisateur, que peu d'intérêt.

En revanche, les blancs marqués d'une tache rose continuaient à le passionner. C'était en combinant le contenu qu'il avait mis au point la partie aphrodisiaque de son poison : ambre, yohimbine ou cantharide, mélangées à des excitants plus puissants ramenés, pour l'essentiel, d'Amazonie et d'Asie. Il avait également travaillé sur les nouvelles drogues de synthèse, celles qui empoisonneraient le monde de demain. Le gamma hydroxy butyrate – la drogue du viol parfait –, le DOB, cent fois plus puissant que l'ecstasy, le MDMA[20], le CH3 et toutes ses variantes. Il s'était également penché sur ce qui touchait aux précurseurs, comme l'éphédrine, et sur la façon de les synthétiser pour obtenir des drogues ultrapuissantes, faciles à dissoudre et indécelables.

Les tout premiers bocaux sur la droite avaient aussi une place à part dans son cœur. Dans ces récipients jaunes étaient stockés les poisons qu'il avait utilisés, adolescent, pour tuer ses semblables. L'art de la concentration, qu'il avait développé alors et perfectionné depuis, conférait à ces poisons, extraits de champignons déjà redoutables, une toxicité fulgurante. Négligeant tous ceux qui ne déclenchaient que des intoxications bénignes – orellaniennes, muscariennes, phalloïdiennes, digestives ou cardiaques –

20. Méthylène-Dioxy-MéthylAmphétamine.

ce mycologue très particulier s'était concentré uniquement sur les espèces qui produisaient des effets psychotropes, bien plus passionnants. Surtout dans l'optique finale de ses recherches. Les dérivés isoxazolés et la redoutable psilocybine avaient la formidable capacité de conduire à des états d'hallucination et d'excitation morbides, liés à des phénomènes paranoïaques mêlant angoisse, euphorie et forte agressivité. Ses petits préférés portaient les doux noms de *panaeolus sphinctrinus* et de psilocybe semi-lancéolé. Il y avait enfin, bien représentée, la grande famille des amanites, qu'elles soient citrines, tue-mouches, panthères, phalloïdes, porphyres, vireuses, engainées ou royales. Il en avait tiré des huiles essentielles et des composés délétères aux caractéristiques comportementales aussi originales que foudroyantes.

Le contenu des bocaux à fermeture verte n'avait pas grand-chose à leur envier. De toute façon, s'ils n'avaient pas été mortels, ils n'auraient pas fait partie de sa collection. Il y avait là venins d'abeilles africaines et de guêpes, de serpents, de scorpions, de poissons rares du Pacifique et même, plus subtils, venins d'araignées. Après extraction, par simulation des glandes grâce à un système d'électrodes, il avait entreposé et conservé dans ces pots les venins de diverses anthrax. Sur chaque bocal figurait le nom de la famille productrice : mygales australiennes de la famille des *hexathelidae*, petite malmignatte rouge et noire du bassin méditerranéen, toutes les *megaphobemas*, *mygalarachnes*, *sericcopelmas* d'Amérique sans oublier les *xenesthis* au pelage gris bleuté. Plus tard, il avait fait venir d'Asie, *lampropelmas* et *harpactirellas* ; d'Afrique, différentes variétés de *latrodectus* et d'Amérique du Sud, les sept familles les plus dangereuses du continent.

Théo, comme tout collectionneur, tendait vers l'exhaustivité. Leurs noms étaient maintenant amoureusement calligraphiés à la plume Sergent Major, encre violette sur étiquettes bordées de vert, sans la moindre faute d'orthographe.

Afin ne pas conserver une ménagerie dangereuse et dont il n'avait ni le temps ni la patience de s'occuper, une fois la récolte faite, il passait chacune de ces charmantes bestioles dans le broyeur à ordures. Il ne fallait pas se tromper, c'était les poisons qu'il aimait, pas les animaux !

En fait, il n'aimait personne, même pas lui-même. Sa femme était pratique, alors il la tolérait. Mais son fils… Il soupira. C'était inquiétant, ce corps qui fondait de jour en jour, reprenant forme. Menaçant, ce nouveau regard qui ne se détournait plus. Alarmant, la façon dont ses muscles bougeaient et ses lèvres se taisaient. Théo n'avait jamais compris son fils ni cherché à le comprendre d'ailleurs. Pour lui, Barthélemy n'était qu'un animal inutile qu'il avait recueilli pour faire plaisir à sa femme. À la fois comme un tribut envers elle, mais aussi comme un otage qu'il détenait à portée de main. Tant qu'elle obéirait, Bart resterait vivant. Jamais la menace n'avait été clairement formulée, c'était inutile. Barthélemy appartenait à sa femme, rien qu'à elle. Pour elle, ce gros tas de saindoux était une petite merveille ! Pendant des années, elle l'avait engraissé et, apparemment, elle l'aimait. Tant mieux, à Théo, ça lui évitait de faire le moindre effort.

L'amour, c'était sale et encombrant, une putain de perte de temps. Si Barco était sûr de quelque chose sur cette terre, c'était bien de cela. Il n'aimait pas aimer et encore moins être aimé. Être craint, ça, c'était vraiment une joie. La seule.

Bocaux rouges, rayon virus. Beaucoup moins nombreux mais terrifiants, les bocaux en verre incassable étaient eux-mêmes enfermés dans des petits conteneurs en titane. Barco avait peint les couvercles à la peinture acrylique. Dedans, il y avait, par ordre de grosseur, virus, bactéries et parasites. Des petites bêtes aux tropismes variés mais pas véritablement virulentes. Théo n'était pas fou et il aimait que tout ce qui l'entoure reste sous contrôle. Reine de cette collection, une souche virale de la rage dont on avait recombiné le génome en y insérant un gène codant pour une protéine hautement toxique. Il l'avait échangée à un biochimiste aussi fêlé que lui, contre des échantillons de ses différents bocaux.

Le jour commençait à se lever. Sans montrer le moindre signe de fatigue, Barco passa aux récipients noirs, résultat de ses années d'expéditions dans les arbres d'Amazonie. Il commença tranquillement à nettoyer le premier d'entre eux, le curare-une-liane, poison qui ne laissait au singe que le temps d'un bond unique vers un autre arbre avant de tomber foudroyé. Ça lui fit repenser à Barthélemy et à sa propre indécision sur le sort qu'il lui réservait.

En fait, il n'y avait que le nom de son fils qu'il aimait. Était-ce suffisant pour prendre le risque de le laisser vivre ? Pour Marianne au moins, il avait su faire le nécessaire. Comme il s'apprêtait à le faire pour le reste du monde. Nettoyer la Terre de tous ces germes pathogènes, ces parasites qui, inexorablement, l'assassinaient. Haïssait-il plus les hommes qu'il adorait la nature ? Certainement. Mais qu'importe, son plan était parfait et demain, après la France comme terrain de mise au point, il s'occuperait de tout le globe. Pour cela, il avait un plan simple et imparable. Un simple geste de l'index et, en quelques mois, il ne resterait plus personne.

Pas un gros bouton rouge, comme dans les films, non ! Une touche rectangulaire avec une petite flèche dessus, qui allait de droite à gauche. Dans le sens du chaos.

30

Paris, dimanche 17 août

Le Fort, comme toute la PJ, était dans un état de grande fébrilité, à la limite de l'hystérie. Ça courait dans tous les sens. Dans les couloirs et les escaliers, les ordres se cognaient les uns contre les autres, formant une masse de mots hurlants. Même ici, où le calme aurait dû trouver son ultime refuge, la panique s'était installée. Mallock en fut profondément affecté. C'était un mauvais point pour lui et une bonne nouvelle pour le diable rouge. Il poussa une gueulante pour qu'au moins dans le Fort, « ça se calme ! » et passa voir Dublin pour l'informer des dernières avancées de l'enquête.

Jusqu'à présent, il s'était arrangé pour échapper à la réunion générale qui avait désormais lieu, un jour sur deux à l'Élysée. Y était conviée une petite dizaine de personnes dont le ministre de l'Intérieur ou son chef de cabinet, le ministre de la Défense, celui de la Santé, de la Consommation, de la Communication, le commandant en chef de la gendarmerie, son homologue de la police, Dublin et théoriquement Mallock. Ce dernier prétextait des opérations de terrain pour envoyer son supérieur au charbon, sans lui.

Ce matin-là, il avait une bonne excuse. Les deux témoins du massacre de la place Saint-Michel l'attendaient pour interrogatoire. Mallock retourna au Fort avec la bénédiction polie de Dublin : « Fais chier avec tes conneries, Mallock, c'est toujours moi qui m'y colle ! Putain de merde. » En s'asseyant lourdement sur son fauteuil, Amédée se rendit compte qu'il avait mis beaucoup d'espoir dans ces rencontres. Peut-être trop. Il demanda à Julie de lui amener rapidement le premier.

– Lequel ?

– J'm'en fous. Celui qui t'inspire.

Julie soupira et jeta son dévolu sur le serveur du Fénelon.

Maigre et de grande taille, le visage vulgaire, il avait les cheveux roux rasés et portait l'inévitable bouc, tous les poils à la mode en ce début de siècle. Sans doute en raison du quartier et de la fréquentation de tous les jeunes branchés qu'il servait du matin au soir.

– Merci d'être venu, attaqua Mallock. Je n'ai qu'une seule question à vous poser, mais je vous demanderai de bien réfléchir avant de me répondre.

Une seule question ? Julie regarda son patron du coin de l'œil. Décidément, il l'étonnerait toujours.

– Réfléchissez bien. Quelles étaient les boissons que vous avez servies aux personnes qui sont devenues… folles ?

Le menton du jeune homme trembla. Le choc n'était pas loin et il n'était pas près de se remettre.

– Il faisait très chaud. Je n'ai pas servi de cafés ou de thés. Essentiellement des bières, des panachés, et puis des cocas et des pastis.

– Quelles boissons ont consommé précisément les personnes qui ont été atteintes de folie ? répéta Mallock.

Le jeune homme parut méditer quelques instants. À moins qu'il ne tentât plutôt de retenir son envie de pleurer ?

– Il y en a eu trois qui sont devenus vraiment mabouls. Deux d'entre eux avaient bu de l'alcool, un pastis et un whisky, le troisième un Coca. Ça ne peut pas être l'alcool, chaque bouteille est refermée et mise en coffre entre chaque client. Et les sodas sont scellés.

Mallock poussa intérieurement un soupir de satisfaction. Lui, il connaissait le lien commun entre ces trois boissons : les glaçons, qui en accompagnaient normalement la consommation. Il remercia silencieusement ses rêves. C'était, encore une fois, grâce à eux. À moins que ce ne fût son esprit qui soufflait les réponses à ses rêves, avant d'oser s'adresser directement à lui ? Qu'importe, seul le résultat comptait.

– Inutile de vous justifier, ni vous ni votre patron n'êtes le moins du monde responsables, répondit-il au grand rouquin.

Le jeune homme, sous l'effet du soulagement, fondit en larmes.

– C'était horrible. Mon Dieu ! Ils sont devenus fous. Ils ont pris les couteaux que je venais juste de poser sur les tables pour le déjeuner et ils ont attaqué tous ceux qui se trouvaient à leur portée. Je n'ai rien pu faire, à part essayer de sauver ma peau.

Le garçon était pris de tremblements. Julie s'approcha de lui, en regardant Mallock d'un air interrogatif.

– J'en ai fini avec lui. Il a besoin d'aide. Vous vous en occupez ?

Souvent, Mallock se mettait à vouvoyer ses collaborateurs en présence de tiers. Sauf lorsqu'il oubliait.

– Oui, patron. Je demande à Jules de vous amener l'autre témoin ou vous préférez attendre ?

– Envoyez-le. Inutile de le faire patienter, il doit être dans le même état. Donnez-moi seulement cinq minutes, j'ai quelqu'un à appeler.

La sonnerie du portable ne sonna qu'une fois avant que Margot ne réponde.

– C'est Mallock, annonça-t-il.

Il ne disait jamais Amédée et elle non plus d'ailleurs. Comme si sa fonction lui avait retiré le droit d'avoir, en même temps qu'une vie privée, un prénom.

– Mon gros ours préféré. Je suppose que c'est la big panique. Tu es vraiment mignon de me rappeler.

C'était bien la première fois que quelqu'un lui donnait ce qualificatif ! Lui, mignon ? Il songea que c'était sans doute sa propre mère, il y a si longtemps, dans une autre vie, qui avait dû le qualifier ainsi pour la dernière fois. Il devait être encore tout jeune. Après, elle avait commencé à péter les plombs... Mallock fit un effort pour chasser l'image finale. Il passa sa langue sur sa molaire supérieure gauche. Un tic qu'il n'avait jamais analysé. C'était pourtant cette dent que sa mère avait fracassée, un jour de folie, d'un coup de sabot. Depuis, il y avait en lieu et place un plombage grossier. Plus aucune douleur. Seulement ce geste inconscient de la langue.

– Tu es bien silencieux. Ça doit être dur pour toi ? lui demanda Margot.

– C'est dur pour tout le monde.

– Comme je te l'ai dit hier, vu de l'extérieur, c'est tellement incroyable. Dans le monde entier, on ne parle plus que de ça. La France et ses massacres. Mais ça reste des titres, des descriptions, des conjectures fantaisistes.

Elle marqua un temps, puis reprit :

– En tant que journaliste, on a beau essayer de raconter ou de filmer, ce n'est qu'une histoire, un concept de malheur que l'on transmet. Tout le monde s'apitoie, mais personne ne peut se rendre compte de l'ampleur et de la profondeur d'un drame, en tout cas tant qu'il n'en fait pas partie.

– Ouais, se contenta de répondre Mallock.

Même s'il approuvait son amie, il ne se sentait ni l'envie ni la force de disserter sur le sujet. Son rôle était d'agir et, de ça, il en avait la plus douloureuse des consciences.

– On se voit ?

– J'sais pas vraiment. On devrait pas, mais...

– Écoute. Dis-toi seulement que je suis à Paris, toute seule, avec mes deux jolis petits seins. Et que toutes les trois, ça nous ferait vraiment plaisir de tâter tes gros biceps et te compter les poils du nez.

– OK ! lança l'ours avant de raccrocher.

Rien qu'OK. Deux lettres. Pour remplacer toutes ces phrases qu'il aurait dû lui dire, tous ces sentiments doux, cette rivière fraîche qui coulait en lui, lorsqu'il entendait sa voix. OK. Deux putains de lettres. Triste record !

Après avoir raccroché, il s'approcha de la fenêtre pour contempler la Seine.

Oublier une rivière en regardant un fleuve ! Le large cours d'eau caramel, insensible aux désarrois des hommes, ne se souciait pas plus de leur sort qu'ils ne se souciaient réellement du sien. Il se surprit à l'envier. Être un fleuve et n'avoir qu'à couler vers la mer pour s'y jeter et rejoindre vagues, courants et les grands poissons d'argent.

– Commissaire ?

Julie était debout derrière lui avec, à ses côtés, un homme au visage marbré de veines éclatées.

– J'ai frappé, mais vous ne m'avez pas entendu.

– Ce n'est pas grave, je réfléchissais à notre affaire.

Il n'allait certes pas lui dire qu'il rêvait d'être un fleuve, même si, réflexion faite, Julie l'aurait probablement compris.

– Monsieur Gérard Laudard, je vous présente le commissaire divisionnaire Mallock.

L'homme était nerveux, en colère et pas vraiment conscient des dommages psychiques qu'il venait de subir. Le cheveu rare et gras, il avait l'air con. Il l'était et il sentait mauvais.

– J'aimerais bien savoir qui va m'indemniser ? fut sa première question. Vous êtes tous impliqués dans ce bordel. Depuis le temps que ces salopards courent en liberté.

Touché ! Mallock n'avait pas besoin de ce genre d'accusation pour se sentir responsable et, pourtant, ça lui faisait mal. Comment l'opinion du premier crétin venu pouvait-elle encore le contrarier ? Y'a pas que la vérité qui blesse, le mensonge en fait autant. Même plus, puisqu'il rajoute l'injustice.

– J'avais une question à vous poser, commença Mallock. Les personnes qui ont perdu la raison avaient-elles bu votre jus d'orange ou bien une canette de boisson ?

– Qu'est-ce que vous voulez que j'en sache ?

– Faites un effort, c'est important.

Le front de Laudard se remplit de rides horizontales, signe qu'il réfléchissait ou du moins, qu'il essayait. Visiblement, son cerveau n'était pas son organe préféré.

– Ben non ! Ça ne pouvait pas être mes jus d'orange, vu que je venais à peine de me faire réapprovisionner. J'étais d'ailleurs furax. Avec une chaleur pareille, rester deux heures sans carburant, vous imaginez le manque à gagner, sous prétexte de passer par toutes ces nouvelles procédures de sécurité, de scellés et tout le merdier.

Mallock préféra rester calme. Y'a rien qui vous fait perdre plus de temps que de tenter de convaincre un abruti.

– Où vous procurez-vous vos canettes maintenant et…

– Ben au nouveau dépôt surveillé par la DGGC… R… j'sais plus trop quoi.

– Elles sont sous quelle forme ?

– En pack de cinquante, entourées de trois plastiques renforcés. Elles sortent direct du frigo, pour la sécurité, rapport aux maniaques que vous feriez bien d'arrêter, au lieu de me poser des questions à la con.

Mallock, une fois encore, prit sur lui.

– Avez-vous laissé votre échoppe sans surveillance, à un moment donné, dans la matinée ?

– Avec toutes les canettes à portée de main, vous plaisantez ?

– Je vous en prie, réfléchissez bien.

Autant demander sa route à une borne kilométrique. Le front de Laudard se couvrit à nouveau de rayures horizontales, plus profondes et plus serrées que la première fois. Le Laudard pensait plus fort, c'était bon signe.

– Ben, vers dix heures, j'suis parti passer un coup d'fil dans le troquet d'à côté pour engueuler la maison-mère qui était censée me ravitailler en jus. C'est là qu'elle m'a parlé de la DGCC… R. Et merde ! En attendant, j'ai demandé à l'un de mes clients de me garder la baraque.

Mallock ressentit un choc dans l'estomac. Julie aussi. Elle avait compris que l'instant était peut-être crucial. Le p'tit coup de chance qu'ils attendaient depuis le début de ce cauchemar.

– Vous pouvez nous être extrêmement utile, insista Mallock d'un ton grave. Répondez-moi simplement. Seriez-vous capable de reconnaître cette personne ou même de nous aider à établir un portrait-robot ?

– J'en sais foutre rien. Je vois tellement d'pékins. Puis, j'suis nul en dessin.

Avec un QI pareil, Laudard avait dû se faire recaler à tous ses examens, même d'urine. Mallock resta calme :

– Ne vous inquiétez pas, nos services s'en chargent. Ils sont parfaitement compétents. Combien de temps l'avez-vous vu ?

– J'sais pas moi… Cinq minutes. Ah ! Non, peut-être plus. Il me rôdait autour depuis un bout d'temps. Je l'avais remarqué. Vous savez dans nos métiers, il faut sentir ces choses-là. En fait, c'est lui qui a engagé la conversation. Il avait l'air très correct et plutôt sympa, alors je lui fais confiance pour garder mon échoppe. C'était un photographe ou un journaliste. En tout cas, il avait plein de super appareils autour du cou.

Mallock sentit son cœur partir à cent à l'heure.

– Julie, tu le conduis directement à Hassan et tu restes avec eux le temps d'établir le portrait-robot. Après, tu le mets en lieu sûr. Il est peut-être l'unique témoin encore vivant à avoir vu notre homme. Sa fuite, après le massacre, l'a peut-être sauvé.

– Eh là ! C'est bien gentil vos histoires, mais qui va s'occuper de mon bahut ? J'ai presque tout perdu dans cette histoire et j'ai des enfants à nourrir, lança le Laudard, moitié grincheux, moitié pleurnichard.

– Fais pas ta danseuse, l'interrompit immédiatement Mallock. Il y a une récompense à la clé pour toute personne nous permettant d'arrêter ces salauds. Ça devrait encourager ton sens civique. Sinon, je peux agir autrement. Une garde à vue de trois jours pour complicité d'empoisonnement, ça te dirait ? Où alors j'te lâche seul dans la nature. Avec ton gros bide, tu feras une bonne cible.

Gérard Laudard, malgré son QI dans les chaussettes, comprit le sens caché du message, sécha ses larmes et suivit Julie en maugréant.

À quatre heures, Ken et les résultats des dernières analyses débarquèrent ensemble dans le bureau de Mallock.

– Je ne vais pas vous poser de questions indiscrètes sur vos intuitions, bien que j'en meure d'envie, mais là encore, vous avez tapé dans le mille. J'ai deux bonnes nouvelles, quoique la première me foute carrément les j'tons.

– Je vais t'aider. Ces enfoirés d'empoisonneurs ont mis au point une sorte de gel et l'on en a retrouvé quelque part au fond des bacs à glaçon et sur les languettes des canettes. Dès que l'on en ouvre une, le morceau d'aluminium empoisonné entre en contact avec le liquide et le contamine.

– Putain, c'est du Dédé-le-Devin tout craché. Bingo, ça s'appelle une fermeture *Cluster Pack*, précisa Ken. Ça évite de jeter par terre les anciennes languettes. En fait, c'est vraiment vicieux. D'après le rapport, ils utiliseraient une espèce de pulvérisateur et ne couvriraient que le système d'obturation. Mais ça déborde un peu tout autour. Alors, ceux qui boivent directement à la canette ont à tous les coups leurs lèvres en contact avec le poison. Le danger existe aussi avec les conserves. Heureusement que le ministère a conseillé de faire bouillir les boîtes. Pour les bacs à glaçons, les tarés pulvérisent le produit au fond. Vous imaginez ce que ça signifie. Non seulement, ils ont la possibilité d'empoisonner le contenu, mais aussi le contenant. Ce n'est pas un liquide ou même un gel, comme vous le pensiez, mais carrément une sorte de vernis. Une fois sec, il est parfaitement invisible et pratiquement indétectable au toucher. Plus rien, ni plus personne, n'est à l'abri. Ils peuvent vernir les verres exposés en grande surface, les assiettes, les carafes…

– On est très, très, très mal barrés, l'interrompit Mallock.

Ken laissa le silence s'installer. Son patron allait peut-être lui sortir une solution miracle de son sac, comme à son habitude. Mais, comme rien ne venait, il reprit :

– Vous allez prévenir la population ?

Le commissaire fit la grimace.

– C'est le pire scénario qui puisse arriver, devoir s'en remettre au discernement de la masse. Mais je ne crois pas qu'on ait vraiment le choix. Il faut faire attention à ce qu'on mange et laver tous les objets qu'on achète. Faire en fait ce que la DGCCRF a imposé aux restaurants. Le principe de précaution a parfois du bon. Je vais demander à Dublin d'appeler l'Institut de veille sanitaire et les ministères concernés. Il faut élargir dès aujourd'hui le processus de décontamination des objets à toute la population. C'est à la DGS de communiquer le remède en même temps que l'existence du mal.

– Ça va être la panique !

– C'est déjà la panique !

Mallock semblait perdu. Ken sentit la peur s'emparer de lui et sa croyance en l'invincibilité de son patron en prit un coup.

Lorsque Mallock reprit la parole, ce ne fut que pour lui poser la traditionnelle question :

– Et au fait, ma bonne nouvelle ?

Mallock demandait souvent à ses collaborateurs de se démerder pour lui amener à chaque briefing, une bonne nouvelle. C'était devenu une tradition. Le cœur n'y était pas, mais Ken l'informa.

– Je ne sais pas si vous êtes au courant mais, pour améliorer la performance de son fichier automatisé, l'Identité judiciaire est passée à la version 3.1 de son programme. Ils bénéficient maintenant d'algorithmes de comparaison beaucoup plus puissants, entre les traces et les empreintes. En fait, pour faire simple, on peut désormais prendre en compte les déformations d'une trace. Grâce à ça, l'IJ a découvert qu'il y avait des empreintes identiques sur l'un des bacs et sur deux des canettes, avec une moyenne de huit points de similitude. L'une d'elles, une dactyloscopie du pouce, est parfaite, un modèle du genre. Malheureusement, il n'y a pas d'antériorité, ni à la FAED ni dans les fiches cartonnées du fichier manuel de la PP.

Mallock était surpris. Comment l'empoisonneur avait-il pu commettre pareille erreur ? Peut-être, pensait-il que ses empreintes, mélangées à tant d'autres, étaient en quelque sorte anonymes. Ou n'avait-il pas songé que Mallock puisse avoir l'idée saugrenue de mettre en parallèle les empreintes trouvées sur les canettes et sur les bacs à glaçon. Péché d'orgueil.

Une nouvelle idée traversa l'esprit d'Amédée. Douloureuse car évidente, et par trop tardive à son goût.

– Va voir Jules et Julie. Je leur ai demandé, il y a deux jours, de procéder à une grande campagne de relevé d'empreintes sur et tout autour des lieux des différents massacres : produits alimentaires dans les domiciles des forcenés, dans les magasins et les grandes surfaces qu'ils fréquentaient. Qu'ils commencent déjà à compiler les premières réponses, sans attendre. Après avoir entré, comme référent, l'empreinte type, la paluche que l'on vient de découvrir.

– Ça ne nous donnera pas le nom du ou des empoisonneurs, objecta Ken.

– C'est un trajet que je cherche. Et puis on pourra peut-être répondre à ce « du ou des » empoisonneurs.

– Si vous étiez un peu plus clair, chef ? Le Ken est con, il a besoin qu'on lui explique bien…

Mallock lui sourit :

– Pas le temps, capitaine Ducon ! Réunion générale demain matin, huit heures. Préviens les autres, je vous expliquerai où j'en suis. Et, dès que tu auras vu Jules et Julie, fais-moi le plaisir de rentrer un peu chez toi. Je te rappelle que c'est dimanche et que tu as passé toute la journée ici. Ta femme et ton bébé te réclament. Casse-toi et embrasse-les pour moi.

– Ce sera fait, patron, plutôt deux fois qu'une, et directement sur ses petites fesses.

– Tu parles de ta femme ?

Ken éclata de rire.

– Je parle des deux.

– Allez, file.

Il était cinq heures trente. Ken parti, le sourire qu'il avait fait naître sur le visage de Mallock s'effaça rapidement et le commissaire se mit à se comporter de façon très inhabituelle. Lui qui détestait téléphoner, appela à droite et à gauche, dans différents services administratifs, posant des questions apparemment anodines. Puis il alluma le poste de télévision qui était relié par satellites à toutes les chaînes existantes. Il zappa pendant une vingtaine de minutes, entre stations de radios et canaux de télévision, le visage grave :

« … et l'on peut affirmer, malgré de nombreux démentis, qu'ils envisageraient bien de signer un accord drastique, visant à isoler la France… Parront-sur-Blois, petit village paisible qui comptait hier encore soixante-douze habitants, n'est plus aujourd'hui qu'un… Dans l'Aude, où les services d'urgences sont depuis trois jours complètement asphyxiés… est désormais plus qu'une simple hypothèse et l'on pense, dans les milieux bien informés,… décisions des instances européennes. La France a pris acte, mais réprouve ces mesures qu'elle juge contraires au droit de libre circulation des… assis, prostré, dans une marre de sang, il mangeait le bras de ses… de nombreuses coupures d'électricité et d'eau dans les départements limitrophes… longtemps le gouvernement aurait dû agir. Il n'y a pas d'empoisonneurs ou de sectes, sinon le libéralisme lui-même. C'est comme le sang contaminé, la dioxine, les vaches folles ou la listeria, la logique de marché prédominante est le seul danger et l'unique responsable. Ce sont les services vétérinaires… la pénurie, en matière de produits de première nécessité est maintenant une terrible réalité. Depuis la dernière… ssaire Mallock fait ce qu'il peut. Je ne souhaite remettre en cause ni l'homme ni la fonction. Cependant, il est clair que c'est un problème qui le dépasse. Je dirais même, qui nous dépasse tous… le gouvernement en porte la pleine responsabilité, nous au parti… ni pain, ni eau, ni même assez de lait pour les bébés. Les autorités ne savent plus comment… secte meurtrière n'a même pas encore pu être identifiée. Il y a fort à parier, que pour faire de tels dégâts, elle doit compter dans ses rangs plusieurs dizaines, voire centaines de membres. J'exige ici que…

Mallock éteignit tout et se versa un whisky, sans même choisir la marque et sans regarder la quantité. Il avait la confirmation de ce qu'il redoutait depuis quelques jours. La situation avait atteint un stade critique, et la pression médiatique de nouveaux sommets. Tous les organismes censés réguler la vie des Français étaient saturés : hôpitaux, médias, police, gendarmerie, transports… Comme les hommes eux-mêmes, asphyxiés par l'ampleur des événements, les services administratifs ne pouvaient plus répondre à la demande. Déjà qu'en temps normal…!

Maintenant, la peur coulait dans chaque rue de chaque village de chaque département. Et puis, avec ce qu'il venait de découvrir sur le poison, les choses allaient empirer. Mallock se demanda ce que pouvait bien signifier ce « pire », à l'heure où rien ni personne ne fonctionnait correctement ? Il en eut la réponse, fulgurante. Le pire viendrait lorsque les vivants ne parviendraient plus à compter leurs morts. Quand on basculerait de l'autre côté. La courbe était exponentielle et la menace, sans précédent.

À dix-huit heures trois, sa décision fut prise. Il composa, sur son téléphone cellulaire, le numéro confidentiel qui le mettrait directement en contact avec le premier homme de l'État. Il avait une suggestion pressante à lui faire. Et ce serait à ce dernier de prendre la décision. Chacun ses emmerdes.

En entendant la première sonnerie, il se redressa sur son siège et s'éclaircit la gorge.

31

Dimanche, fin d'après-midi

Louise Barco entra dans le magasin avec ce qui se rapprochait le plus pour elle de l'entrain. D'habitude, le moment idéal, c'était le samedi en fin d'après-midi. Toutes les ménagères, qui travaillaient durant la semaine, se précipitaient après la sieste pour faire leurs courses. Ça donnait une masse compacte de corps énervés, chacun concentré sur le meilleur itinéraire pour parvenir aux produits convoités et en finir le plus rapidement possible avec ce pensum, les commissions de la semaine. Barco et sa femme en profitaient alors pour agir en toute sécurité.

Mais aujourd'hui, c'était différent. Depuis quelques jours, les grands magasins s'étaient réorganisés. Fouille à l'entrée, fermeture des étalages les plus exposés, protection des rayons par une barrière et obligation de demander l'entrecôte ou le merlan convoité à une serveuse qui vous l'apportait, scellé sous vide en un lieu précis, marqué au sol. C'était une question de survie pour eux et chaque grande surface avait rivalisé d'imagination pour, sinon supprimer totalement les risques, du moins en faire assez pour les limiter et surtout rassurer ses clients.

En contrepartie et pour tenter de compenser la baisse dramatique des ventes, les grands magasins avaient obtenu de l'État l'autorisation de rester ouvert le dimanche. D'où la balade dominicale de Louise Barco.

Son mari avait été très clair.

– Tu ne prends aucune initiative. Tu observes et tu m'appelles avant d'agir si, par miracle, tu penses avoir trouvé une faille dans leur système.

Louise avait dit oui. De toute façon, de mémoire de Barco, elle ne lui avait jamais dit non. C'était une chose totalement inenvisageable. Depuis qu'ils étaient ensemble, elle n'avait jamais osé, ni pensé, ou même jugé nécessaire de discuter la moindre des décisions prises par son mari. Même pour Marianne, sa petite fille, elle l'avait laissé faire. Sa seule et ultime frontière, son territoire réservé, c'était Barthélemy. Il pouvait tuer le monde entier et même lui demander de l'aider, à condition qu'il la garde à côté de lui et lui laisse son Barthy. Ce n'était pas trop demander et l'accord tacite avait toujours été respecté.

Louise Barco déposa la pièce d'un euro sur l'emplacement prévu à cet effet, repoussa le tiroir et dégagea l'un des caddies métalliques. Faire plaisir à son mari était l'une de ses trois raisons de vivre. Obéir à Barco, nourrir Barthy et jouir de ses propres pleurs.

Incapable d'éprouver le moindre bonheur personnel, elle s'était vite rendu compte qu'elle ne pouvait tabler que sur le malheur des autres pour éprouver enfin quelque chose d'agréable. Le soulagement qu'elle éprouvait à ne plus se sentir seule à souffrir se transformait en pur et simple ravissement, lorsque toute la cruauté du monde tombait sur d'autres gens, laissant sa famille à elle, saine et sauve. Elle en ressentait une euphorie faite, tout à la fois, du bonheur de ne pas être atteint par la foudre et d'un trop-plein de commisération pour toutes ses victimes. Lors de ce second épisode, une marée de compassion, un océan d'affliction l'engloutissaient. Elle fondait en larmes et s'apitoyait à en jouir.

Elle ne mettait jamais en relation la cause, dont elle était l'un des principaux acteurs, et l'effet, dont elle devenait la simple spectatrice enthousiaste et éplorée. Elle trouvait son bonheur dans la lecture des événements, pleurait à chaudes larmes, souffrait pour les rescapés et les familles en deuil. Ce qu'elle aimait, c'était la photo des visages déformés par le malheur et l'incrédulité. Heureusement pour elle, les journaux, souvent privés de la possibilité de photographier la scène du massacre, se consolaient en mitraillant le troupeau des désespérés, agglutinés tout autour, avec des larmes, des nez rouges dégoulinants et des mouchoirs sur la bouche.

Louise Barco trouvait son bonheur dans ces pages-là, vibrant en communion avec tous ceux qui pleuraient de tristesse. Oubliant que peu de temps auparavant, elle avait eu le tout premier rôle et la responsabilité directe de certains massacres.

Son mari lui avait notamment demandé de tester une fois son poison en l'injectant dans la gourmandise vedette de leur stand, les pommes d'amour. Pendant la dernière semaine de juillet, elle avait eu comme instruction de contaminer une ou deux pommes, deux jours de suite. En mettant le poison dans cette sucrerie, elle ne tuait personne, elle accomplissait simplement la volonté de son mari. C'était ça l'important, rien de plus, rien de moins. Elle, elle se sentait du côté des victimes et de leur terrible malheur.

En fait, cette inconscience schizophrène était l'une des rares bénédictions dont Dieu avait bien voulu la combler.

Pendant longtemps, Louise avait pensé que la joie, le sourire et toutes ces sortes de choses ne seraient jamais pour elle.

Son enfance ressemblait à une masse compacte faite de mie de pain mouillée, une boule irrégulière avec des visages déformés qui tentaient d'en sortir. Une énorme miche de seigle et de sang baignant dans un lac d'urine, un rêve désagréable dont Théo était venu la sortir un jour de printemps. Il avait été le seul homme à voir la femme en elle et à bien vouloir lui faire l'amour.

Elle s'arrêta quelques secondes pour observer le rayon pâtisserie. Rien à faire, tout était hors de portée. Le moindre gâteau avait été soigneusement mis sous vide.

Certes, une fois dans un caddie, les produits étaient plus vulnérables, mais c'était dangereux. Le mot d'ordre de Théo était de ne prendre aucun risque. Et puis, de toute façon, elle n'emportait plus de seringue avec elle. Le procédé avait fait son temps.

Louise allait ainsi seule, rêveuse, dans les allées de l'hypermarché, songeant à sa vie, les yeux rivés sur la seule partie de son corps qu'elle regardait encore, ses mains. Petites et boulottes, crispées sur la poignée rouge du caddie, toujours parfaitement manucurées comme ses pieds, les seules parcelles d'elle dont elle acceptait encore l'existence. Pour tout le reste, elle n'éprouvait plus rien. Elle ne fuyait pas les miroirs. Elle n'y était plus obligée. Depuis quelques années déjà, elle avait remarqué que, quelles que soient leurs tailles ou leurs formes, elle ne s'y reflétait plus !

Malgré les cachets qu'elle avait pris avant de partir, elle recommença à sentir la terrible névralgie qui la prenait presque quotidiennement. Ça partait de la mâchoire, passait dans son oreille droite et finissait dans un point situé en haut du crâne. Sans doute l'angoisse de faillir à sa mission, aggravée par le vacarme du supermarché. La musique de fond, trop forte, était couverte par les annonces du magasin, toutes sur le même thème de la sécurité : « Ne nous souciant que de la protection de nos clients, nous avons fait ceci et cela, blablabla… » Les précautions prises étaient assez draconiennes pour complètement désorienter un esprit aussi faible que celui de Louise.

Franchement, elle ne voyait pas très bien comment s'y prendre.

Au début, c'était facile. Elle avait même trouvé, toute seule, quelques astuces pour placer le poison. Chaque fois, elle avait reçu les félicitations de son mari. Une fois même, pour la récompenser, il lui avait refait l'amour. Vite et dans le noir, mais l'amour quand même. Elle se souvenait encore de l'impression qu'elle avait ressentie au moment de la pénétration, puis le sperme s'était écoulé dans son ventre, comme une immense gratitude.

Aujourd'hui, elle était totalement désemparée. Rien ne semblait possible. Et elle commençait à croire que tout le monde la regardait. Chez Louise, cette impression pouvait vite devenir insoutenable. Pour la troisième fois, la roue avant gauche de son caddie grinça, tout en tournant sur elle-même. Elle décida de retourner vers l'entrée pour en choisir un autre, en bon état. C'est là, en arrivant devant la triple rangée de caddies, qu'elle eut l'une de ses rares illuminations.

Elle se mit rapidement dans un coin, pour utiliser son portable et appeler son Théo. Avec ses gros doigts manucurés, elle eut du mal à composer le numéro. Et puis elle se sentait si nerveuse. Qu'allait-il lui dire ?

– Oui, c'est moi, je viens d'avoir une idée pour ce que tu sais.

Théo l'écouta sans l'interrompre, lui donna son accord et se décida même à la féliciter. Son idée était si simple, que même lui n'y avait pas pensé. Il lui précisa aussi d'être très prudente. Qu'elle ne prenne pas de risque et ne se fasse surtout pas remarquer. Louise raccrocha, ivre de reconnaissance pour son Barco. Elle fit même semblant de penser que ce conseil signifiait qu'il s'inquiétait pour elle. En remettant son téléphone dans son sac à main, elle remarqua que ses doigts tremblaient de joie.

Elle attendit un moment d'accalmie et, avec la plus grande discrétion, fit semblant de vouloir ranger les caddies. En passant au-dessus, à l'aide de sa bombe de laque, elle pulvérisa le poison sur les poignées rouges des chariots. Elle dut s'y prendre en trois fois, s'arrêtant dès que quelqu'un approchait. Elle prit son temps et les traita tous. Puis elle repartit faire ses courses, le cœur léger. Il ne fallait pas trop traîner. Elle ne voulait pas se retrouver face à l'une des prochaines victimes. Bien qu'il y eût peu de chance pour qu'une ménagère suce encore son pouce, songea-t-elle, en riant sous cape de sa propre plaisanterie.

Pour elle, des mouchoirs en papier ; pour son Barco, des bières ; et pour Barthélemy, des céréales.

Elle grimaça en pensant à son amour. Elle n'aimait pas du tout cette décision qu'il avait prise de vouloir maigrir. Sans doute ainsi lui échapperait-il un peu, mais elle avait confiance en la force de son amour pour lui, son emprise sur sa vie. Jamais il ne l'abandonnerait. Elle sélectionna les deux marques de céréales les plus sucrées, celles recouvertes de miel et fourrées au chocolat.

Elle lui dirait qu'il n'y en avait pas d'autres.

32

Paris, lundi, 3 h du matin

Mallock en était à son troisième verre. Whisky pur malt. Islay, de plus en plus tourbé, au fur et à mesure que la nuit avançait, pour terminer par un brut de fût, à 60°. Il pensa une seconde à son taux de triglycéride et à ses gamma GT qui trouaient le plafond. Tant pis. Le whisky était la seule médication qu'il avait accepté de prendre pour parvenir à cohabiter avec sa dépression, une sorte d'étourdissement fripé qu'il portait comme une seconde peau. Une question le hantait. Avait-il eu raison ?

Il venait de conseiller au président de la République l'établissement de la loi martiale sur l'ensemble du territoire. Ce n'était pas sans conséquences ni sans danger. Était-il dans le vrai ? N'avait-il pas perdu son sang-froid ? Et n'aurait-il pas dû demander son accord à Dublin ? Son supérieur avait toutes les qualités de modération et de diplomatie qui lui faisaient, à lui, défaut. Et ce manquement à la hiérarchie, pour une fois, était inexcusable. Dublin ne méritait pas que Mallock le court-circuite ainsi.

Alors il appela son chef pour l'informer et s'excuser. L'autre ne l'excusa pas. Il avait raison et Mallock-le-Roc baissa la tête, accepta de recevoir la bordée d'injures d'un Dublin qui se sentait trahi par son meilleur homme, surtout que c'était lui qui avait demandé à Dublin de faire tampon. Amédée renouvela ses excuses, sans chercher à se disculper ou à avancer quelque circonstance atténuante. Il attendit enfin que Dublin se défoule une dernière fois en lui raccrochant au nez. Ce qu'il fit après lui avoir lancé :

– Ne te fais pas plus important que tu ne l'es, Mallock. Ce n'est qu'un avis que tu as donné au président. Il n'est pas obligé d'en tenir compte, Dieu merci. La loi martiale ! Et pourquoi pas la mobilisation générale ? Réfléchissez à vos actes, commissaire, ils peuvent avoir de grandes conséquences.

En raccrochant le combiné, désormais silencieux, Mallock se recroquevilla sur son siège. Encore et toujours, le doute. Ce virus que la vie lui avait inoculé, tout petit, avant même la varicelle et les oreillons. Les affres de l'incertitude. À part ceux qui le connaissaient vraiment, tout le monde trouvait Mallock trop sûr de lui. Ce trait de caractère lui avait occasionné de nombreuses inimitiés, ainsi qu'une réputation d'autoritarisme et de mégalomanie, surtout chez les pisse-petits de l'administration judiciaire.

En fait, Mallock doutait. Le Roc était fait de millions de cristaux fragiles et de failles douloureuses. Contrairement à eux, il s'interrogeait des centaines de fois avant de faire un arbitrage. Il en calculait toutes les conséquences, puis fonçait sans regret. C'était précisément toutes ses interrogations, ses crises de doute et d'angoisse, jamais étalées au grand jour, qui lui conférait aplomb et assurance lorsqu'enfin, il prenait sa décision.

Mais aujourd'hui, c'était différent. Il ne maîtrisait pas tout. Ni l'étendue des dispositions qui allaient être prises ni leurs détails, et encore moins les conséquences de celles-ci.

Et puis son rôle n'était-il pas justement d'éviter d'en arriver à de telles extrémités ? Jamais bien loin du doute, la culpabilité était, elle aussi, au rendez-vous, en cette nuit sinistre.

Il ouvrit la grande fenêtre du salon, en arc de cercle. Tout là-haut, dans le ciel, l'haleine des étoiles avait des senteurs de cyanure.

Alors, pour cette raison et tant d'autres, il se leva pour attraper l'une de ses pipes cloisonnées et sa vieille boîte à opium. Il avait pris sa décision, sans autre conviction que le devoir de tout tenter et dans l'espoir d'un miracle. Une vision providentielle obtenue par l'inhalation de l'*Opos papaver somniferum*. Ou l'apparition éblouissante d'un indice, déjà là peut-être, quelque part, et que la fumée d'opium viendrait extraire, comme un diamant dormant depuis la nuit des temps dans sa gangue de kimberlite.

Amplifiées par l'alcool et l'*ayahuasca*, les dernières volutes de la première prise emmenèrent Mallock à neuf ou dix mètres au-dessus du sol. Malgré ses sentiments d'acier et son ventre de plomb, le commissaire volait maintenant, battant des ailes dans un ciel de fin de journée. À ses côtés, une colonie d'hirondelles. Ensemble, ils tournoyaient autour d'un clocher qu'il reconnut, sans pouvoir lui donner un nom. Un oiseau lui murmura « Saint-Éloi ». Et en quelques secondes, il identifia l'endroit. Il survolait la fête de l'huître, dans le bassin d'Arcachon. Sous lui, trouant l'obscurité du sol, il devinait les couleurs violentes des stands de bonbons et les néons des manèges. Il pensa alors que ce rêve ne l'emmenait nulle part. Et qu'il ne lui révélait que son désir profond de retourner à Andernos, sur le lieu de ses vacances interrompues. Loin du cauchemar dans lequel il se débattait. À moins qu'il ne s'agisse de la suite de ce rêve qu'il avait fait au début de l'enquête ?

Sans lui laisser le temps de réfléchir plus avant, son corps descendit brusquement à deux mètres du sol pour pénétrer dans un espèce de hall, où toute une foule en short dégustait huîtres et moules marinières. Curieusement, ça ne sentait pas le fruit de mer ou le citron, mais la barbe à papa. Un orchestre, après avoir massacré *Imagine*, s'attaqua à une version problématique de *New York, New York*. Chassé par les beuglements du saxophoniste, « Mallock-qui-vole » pénétra alors dans une grande tente aménagée en musée de l'huître.

Il reconnut l'endroit. Il y était passé avec Claude, début août. Captage et détroquage des huîtres, il était devenu incollable sur le sujet et sur la capacité de ce fruit de mer à filtrer cinq à six litres d'eau par heure, pour en récolter le phytoplancton. Était-ce un signe de son inconscient, cette histoire de mollusque, un indice ?

Amédée volait maintenant sur place, au même endroit, comme un oiseau-mouche, une espèce de colibri dont le corps se transformait. C'était douloureux. Et dans son appartement parisien, à l'instant où des espèces de tentacules transperçaient les parois de son thorax d'hirondelle, Mallock poussa un hurlement qui se répercuta dans la cour de l'immeuble.

Quelques minutes plus tard, il n'avait plus mal et volait encore. Il s'était transformé en chimère, moitié oiseau, moitié étoile de mer. Tueur d'huîtres, il n'avait plus qu'une envie, abandonner les airs et plonger dans la mer, attaquer ces mollusques sans défense pour s'en repaître. Avec ses branches couvertes de ventouses, il pourrait facilement disjoindre les huîtres par une pression horizontale inversée sur les coquilles inférieures et supérieures. Puis leur injecter un suc paralysant. Ou bien profiter de l'instant où l'huître bâillerait pour projeter son estomac dans l'ouverture et l'ingérer.

En sortant de la tente, ses appendices se rétractèrent en ersatz d'ailes. Dehors, l'air était saturé de sucre et de sirop de fruit, rendant ses plumes collantes et son vol de plus en plus pénible.

Au-dessus du tohu-bohu, il aperçut d'abord Dessacre, le forcené, en tenue de policier, en train de tirer à la mitraillette sur des cibles en carton. À ses pieds, le sac en plastique retrouvé chez lui et décrit par Jules. Puis, juste à côté, il y avait les amis de Mallock, qui poussaient des cris et levaient les bras, alors que les vérins de la machine relevaient le manège à la verticale.

Resté au sol, Claude les prenait en photo avec son appareil tout neuf. La vision, appuyée sur les cheveux curieusement rouges de Claude et surtout sur son appareil, semblait vouloir lui dire quelque chose. Mais quoi ?

Nouvelle métamorphose, son corps se déchira et ses ailes se brisèrent avec un bruit de cristal. Il sentit le vent, alors qu'il tombait comme une pierre dans un grand bac plein de nougats de toutes les couleurs. Un grand singe jaune, entouré de pommes d'amour, faisait résonner une vieille paire de cymbales en métal doré. Seul élément noir et blanc, une gravure étrange où des enfants tombaient d'immeubles, dessinés en perspective forcée.

Il aurait bien voulu s'attarder sur cette vision, mais ni son esprit ni son corps ne lui appartenaient. Une main le prit sans ménagement pour le plonger dans un liquide chaud, rouge comme le sang lorsqu'il s'échappe par saccades d'une artère. Il se retrouva baignant dans un sirop caramélisé au goût de fraise, en compagnie d'une douzaine de pommes vertes. Posé à côté, un grand bol rempli de bâtons en bois de section carrée, attira son attention. Ce détail était-il aussi important qu'il le lui sembla sur l'instant ? Plus important que l'impression qu'il avait d'être passé entre les mains de l'assassin ? Ou bien encore, le sentiment d'avoir déjà vu cette personne ?

Encore une fois, il n'eut pas le temps de répondre. Un vent violent l'arracha de la bassine en cuivre et il se retrouva à nouveau dans les airs. Son corps astral grandit et il se transforma en aigle. En baissant la tête, il entraperçut, dans la forêt qui entourait la fête, une ombre bottée de cruauté. Plus près de la mer, derrière le stand de la maison hantée, il vit Thomas et une longue rangée d'enfants bien alignés. Petits choristes aphones, ils tenaient leur bouche grande ouverte, sortant leur langue le plus loin possible, afin que l'ombre, qui s'était rapprochée, puisse y enfoncer une énorme seringue. L'instrument transparent et gradué flottait horizontalement à un mètre du sol. Dedans, illuminant le bas du visage des petits chanteurs, brillait un liquide phosphorescent. Mallock plongea. Mais il avait beau descendre comme une pierre, en rabattant ses ailes contre son corps, Thomas et les autres enfants restaient toujours à la même distance. L'aiguille transperça la première langue avec un bruit de ballon qui éclate. Le gamin touché resta debout, maintenu par la bouche, alors que son corps commençait à se décomposer. Son cerveau liquéfié coulait déjà par ses oreilles, dégoulinant jusqu'aux orteils. Thomas était le dernier de la rangée. Mallock avait peut-être encore une chance de l'attraper et de l'emporter dans le ciel, avant que la seringue n'arrive à son niveau. Il se mit à prier fébrilement. Et ses larmes, au lieu de tomber, montèrent vers le ciel. Dieu l'exauça. D'aigle, il devint archange, homme nu doué d'ailes. En un seul mouvement, il attrapa Thomas et l'emporta en sécurité dans le firmament.

Souvent, sans qu'il ne puisse rien faire pour en hâter la venue, ses pires cauchemars se transformaient en rêve magnifique. C'était un moment magique, la récompense de la souffrance, un message de Dieu qui lui parlait, à lui personnellement, dans le creux de l'oreille. Pas le Dieu des hommes et des religions. Non, un Dieu de miséricorde et de compassion qui lui promettait que la douleur pouvait s'arrêter, qu'elle n'était pas un état patent et inéluctable.

Cette nuit-là, Mallock s'endormit sur un nuage orange, avec Thomas allongé sur son épaule, son crâne chaud, pain et savon touchant sa barbe et ses lèvres. Et toute la nuit, il le respira…

À son réveil, il avait le bras droit engourdi et un début de malaise vagal. Un soleil paille pénétrait entre les persiennes de sa chambre. Le long de son corps, il y avait dans le matelas la trace incrustée d'un autre corps plus petit. Les draps, à cet endroit, étaient chauds et humides. Il resta dix minutes, immobile, incapable d'effacer en se levant cette empreinte sur Terre de celui qui l'avait quittée depuis si longtemps.

33

Quelque part en France, lundi 18 août

Pas très loin, la cloche fêlée d'une église sonna l'heure. Une petite série continue, puis onze coups espacés d'un silence de deux secondes. Barco avait dormi une grande partie de la nuit et de la matinée, histoire de rembourser une dette de sommeil qui commençait à être lourde, même pour lui. Onze heures. Il se dirigea directement vers son laboratoire pour s'y enfermer. Au loin, il entendit les turbos d'un 747 croisant à quinze mille pieds.

Depuis qu'il avait été rayé des cadres, écarté de la confrérie scientifique, combien de milliers d'heures avait-il passés en ce lieu ? Des centaines d'heures, à collectionner ses poisons, à les travailler pour les rendre plus puissants et plus stables. Combien d'essais, de mélanges et de combinaisons invraisemblables, pour leur faire faire ce qu'il avait décidé ? Personne, avant Barco, ne s'était penché avec un tel acharnement et une pareille volonté sur toutes ces drogues mortelles. Nul n'en avait jamais eu les capacités ou les moyens, ni même l'envie. Pour Barco, la recherche du poison ultime – LD pour *Lethal Dream* – n'était rien d'autre qu'une quête, son Graal. La recherche d'un principe démultiplicateur. Non pas une simple drogue qui foudroie en quelques fractions de seconde, mais un poison qui transmute l'homme en bête, l'agneau en loup, le chaton en tigre mangeur d'homme, ou son gentil voisin en forcené ivre de sang. Une potion miracle qui ferait de chacun d'eux, non pas l'acteur de ce spectacle, mais l'un des auteurs, le créateur d'une entreprise esthétique, œuvre collective et éphémère de chair et de sang. La fascination de Barco, son obsession monomaniaque, avait un nom. Elle s'appelait massacre.

Pour Barco, un simple meurtre était sordide et sans intérêt. Rarement émouvant. Alors que les grands massacres possédaient une dramaturgie souvent suffocante, une beauté qui surpassait toute autre construction humaine. C'était une sorte d'épopée lyrique en un seul acte. À l'instar des grandes pièces classiques de la littérature, les massacres devaient se dérouler en respectant l'unité de temps, de lieu et d'action.

Outre cette règle, Barco avait ajouté une condition discriminatrice à son dogme. Pour être reconnu comme véritable massacre, il fallait impérativement qu'au moment du dernier crime, on puisse encore voir briller la chair, couler le sang de la première victime ou entendre son dernier soupir.

Théo avait toujours été fasciné par cet instant précis, la toute dernière seconde. Le moment où, pourpre hurlante, grand manège puni, l'homme présomptueux, devenu viande, s'emmêle en hurlant dans les tangons fracassés de son squelette, avant de se résoudre à l'immobilité. Il y avait aussi de la danse dans chaque carnage. Danse et peinture.

Tous les grands peintres semblaient s'y donner rendez-vous. De Vinci à Lebrun, de Bosch à Goya, de Jéricho à Delacroix. Des impressionnistes, dont les gouttes de sang en forme de larmes mimaient les traits de pinceaux lumineux, aux pointillistes, lorsque l'hémoglobine tiède tombait en petits cercles rapprochés sur le vert des gazons. Jackson Pollock, avec son art du *dripping,* entre *action painting* et expressionnisme abstrait. Il y avait enfin du Boronali dans les massacres, lorsque les taches de sang, maladroitement mélangées, semblaient avoir été barbouillées par la queue d'un âne.

Barco avait la sensibilité de l'artiste et l'ambition du philosophe. Il appréhendait le massacre, non seulement comme une œuvre d'art, mais aussi comme un chemin initiatique vers la lucidité. Pour l'homme, la révélation de sa véritable nature. « Tu es né barbare, venu au monde pour donner la mort et la recevoir. »

L'homme était le cancer de la Terre. Et Barco, ultime écologiste, fabriquait le seul vaccin capable de la guérir. Ce n'était pas un job comme un autre, plutôt une mission, un sacerdoce. Pour le père de Barthélemy, la planète n'était pas le berceau de l'humanité, mais une créature malade, infectée, contaminée, souillée par les exactions de l'homme. Il suffisait de se promener sur son dos pour comprendre. Alors un jour, il avait décidé de donner à la Terre le défoliant miracle qui la libérerait de ces parasites arrogants, un vaccin qui la guérirait de tous ces bipèdes décervelés qui l'infestaient. Alibi irréprochable, cette croisade lui permettait dans un même temps de donner libre cours à sa haine contre l'espèce humaine et de pratiquer à grande échelle sa passion pour les massacres. Sa perversion personnelle avançait dès lors masquée derrière une grande cause, comme tous les carnages qui avaient toujours marché en rang et sagement derrière les idéologies les plus humanistes, religions diverses ou socialismes de tous poils.

Ses motivations étaient plurielles, mais pas plus que celles de tout homme ordinaire. Il était simplement arrivé à trouver sa propre voie, en avançant dans la seule direction qui lui permettrait de tout concilier, tout confondre dans une même action et trouver enfin une cohérence parfaite entre ses aspirations et ses pulsions.

Depuis lors, chaque massacre, chaque décompte, le remplissait de complétude.

Théo avait testé ses tout premiers prototypes de *Lethal Dream* sur des chiens errants. Il y avait eu des échecs, des incidents regrettables et quelques désillusions. Puis un jour, il était parvenu à rendre un chat et deux chiens fous furieux. La souche mutante du virus de la rage faisait enfin partie de sa fameuse mixture. Les autopsies des animaux, qui avaient dévoré le visage d'un enfant et les jambes d'un vieillard, avaient conclu à une endémie localisée de rage. On en était resté là.

Alors Théo était passé à sa seconde phase, le test sur l'homme. Reprenant la même méthodologie qu'il avait utilisée pour ses poisons traditionnels, il s'était tout d'abord servi des champignons. Il avait essayé divers mélanges, au hasard. Grâce à une seringue cachée dans sa poche et dont il ne laissait dépasser que l'aiguille, il pouvait agir sans se faire remarquer. Sa femme lui prêtait main forte, lorsqu'elle n'était pas trop occupée à tenir le stand ou à acheter et trier tous les journaux après chaque campagne d'empoisonnement. Revue de presse très complète, qui leur était précieuse à tous les deux, pour des raisons différentes. Son mélange *Lethal Dream* 12.04 contenant des extraits de poison propre aux *Fungi*, les incidents trouvèrent, comme pour la rage, une explication qui satisfit tous le monde.

En se basant précisément sur les articles parus dans la presse régionale, Théo pouvait à chaque fois se faire une idée plus précise des effets de ses mélanges sur les différentes victimes.

Au début, les hommes tombaient foudroyés par la dose ou vomissaient tout ce qu'ils pouvaient, mais ensuite ils avaient pu résister, et même parfois parvenir à s'attaquer à d'autres individus avant de succomber. Les journalistes arrivaient trop tard, après que les victimes avaient été évacuées. Devant cette iconographie malheureusement très pauvre, il avait pris la décision de prendre le problème à bras-le-corps. Dès que l'information parvenait jusqu'à l'un de ses trois scanners radio – gendarmerie, SAMU et pompiers –, il se précipitait alors sur le lieu même des massacres. Ça faisait désormais partie du jeu et du plaisir qu'il en tirait. Il avait même fini par devenir un sacré bon photographe.

Récemment, en regardant sa femme se mettre du vernis à ongle, avec ses ridicules morceaux de coton entre les doigts de pied, il avait eu un éclair de génie. Une apparence inédite pour la version LD13 de ce qu'il appelait aussi son « sang d'encre ». Car si ses effets commençaient bien à correspondre à ce qu'il avait longtemps recherché, il lui manquait une présentation digne de lui, applicable, indécelable et belle à regarder.

Lors de la nuit suivante, il y a un mois, à la fin du processus de fabrication, il l'avait retravaillée à l'aide de divers solvants. Pour peu qu'il trouve les durées et températures idéales, il espérait bien pouvoir lui conférer la texture et la transparence qu'il recherchait, celles d'un vernis dont les débouchés seraient alors sans limites. Il y a une quinzaine de jours, après de multiples essais infructueux, il avait ouvert, une nouvelle fois, l'Athanor. Au fond du four, dans le petit creuset d'argile, il avait pu enfin observer la formation de cette fameuse pâte qu'il recherchait. Seul, il avait réussi l'impossible.

Quelques jours plus tard, il mettait sa nouvelle formule à contribution, en empoisonnant toute la place Saint-Michel. Une semaine s'était déjà écoulée depuis cet exploit, mais Barco en vibrait encore de joie et de fierté.

Aujourd'hui, lundi après-midi, il s'était donné pour tâche de travailler sur la dilution. Le remède contre l'homme serait peut-être homéopathique. Barco en rigolait déjà.

TROISIÈME PARTIE

34

Paris, mardi matin, 18 août

Article 16 :

Lorsque les institutions de la République, l'indépendance de la nation, l'intégrité de son territoire ou l'exécution de ses engagements internationaux sont menacées d'une manière grave et immédiate et que le fonctionnement régulier des pouvoirs publics constitutionnels est interrompu, le président de la République prend les mesures exigées par ces circonstances, après consultation officielle du Premier ministre, des présidents des assemblées ainsi que du Conseil constitutionnel. Il en informe la nation par un message…

Le réveil ne fut pas cruel que pour le seul Mallock. La France ouvrit les yeux sur un pays quadrillé par l'armée. Après avoir mis du bleu dans la rue, on y avait rajouté du vert. Militaires, policiers, gendarmes et CRS prenaient peu à peu position à chaque carrefour, chaque place de chaque ville et du moindre village. Cette année, les touristes du mois d'août ne seraient pas en short ou en chemise hawaïenne, mais de verts vêtus, avec gilets pare-balles « seconde chance », et armes automatiques.

Depuis six heures du matin, les trois principales chaînes diffusaient en boucle l'allocution du président de la République, expliquant les raisons pour lesquelles il avait été dans l'obligation de prendre ces mesures exceptionnelles. Le ton était grave et la langue de bois avait laissé place à quelque chose de plus sincère et qui visiblement convenait mieux à sa nature profonde.

Pendant une vingtaine de minutes, le premier homme de l'État s'était attaché à calmer la population, tout en justifiant sa décision. Puis il avait expliqué, le plus simplement possible, les principales directives nationales qui devaient être scrupuleusement suivies par l'ensemble des Français, jusqu'à la découverte des criminels. Il officialisait ainsi la présence sur l'Hexagone de ce fameux poison qui faisait perdre la raison et poussait au meurtre. Se risquant à emprunter les chemins hasardeux de la psychiatrie, il expliqua que le produit exacerbait, de façon dramatique, les deux pulsions que tout homme a en lui, Éros et Thanatos, la libido et l'instinct de mort. Il avait dévoilé également au public l'existence d'un nouveau mode de contamination touchant les objets, en même temps qu'il révélait la méthode, relativement simple, pour décontaminer les produits. Dès demain, partout le liquide miracle serait gratuitement à la disposition de la population. Il s'utilisait comme un simple détergent pour vaisselle.

Le président avait également décidé de déployer la gendarmerie et l'armée sur l'ensemble du territoire. Ils avaient pour ordre principal d'y faire respecter un couvre-feu, dont les modalités seraient exposées lors de la conférence de presse qui suivrait son allocution. Bien entendu, il n'était ici question que de protéger le plus efficacement possible citoyens et ressortissants étrangers encore présents en France.

Le président n'avait pas précisé que l'armée avait reçu l'ordre de tirer à vue sur les individus contaminés. Il n'avait pas non plus parlé de la décision, qu'il avait dû prendre, de retirer à Mallock la direction générale de l'enquête. Il pourrait poursuivre ses propres pistes, mais d'autres services travailleraient désormais en parallèle. Ce fut au ministre de l'Intérieur d'annoncer l'information en organisant; une heure plus tard, sa propre conférence de presse. Comme d'habitude, pour donner plus de réalité à cette nouvelle étape et un impact plus médiatique, les services de la place Beauvau lui avaient donné un nom, « La théorie de la triple piste ». Une direction par hypothèse : sectes religieuses, terroristes basanés et maniaques.

Pour Mallock, ça ne changeait pas grand-chose. Et pour le gouvernement, c'était une manière de montrer à l'opinion publique, convaincue de la présence d'une secte ou d'un virus sur le territoire, qu'il prenait en compte son avis.

Le président avait enfin appelé ses compatriotes au calme et à la confiance, en terminant son discours par un vibrant «Vive la France ! » qui reprit un sens, non seulement en raison de la situation mais surtout de l'émotion que le président ne put s'empêcher de laisser transparaître.

Arrivé au 36, Amédée se sentit personnellement agressé par l'ambiance délétère et électrique qui y régnait. Les policiers étaient tout à la fois tendus et furieux, mais aussi démobilisés, comme si la relève était assurée par l'armée et que, désormais, c'était à ces derniers d'assumer la responsabilité des événements. Ils semblaient totalement hypnotisés par le discours du président, qu'ils repassaient en boucle, comme pour l'apprendre par cœur ou en comprendre enfin le sens caché. Un peu comme lorsque le monde entier avait regardé des milliers de fois deux tours gigantesques s'effondrer ou les reportages sur l'assassinat de Kennedy ou de Lennon.

Mallock se posa sérieusement la question de pousser l'une de ses gueulantes mémorables dont il avait le secret, mais il n'en fit rien. C'était souvent le surcroît de tension ou d'énervement qui donnait naissance à ces typhons ravageurs. Aujourd'hui, il n'y avait rien de tout cela dans sa tête, même pas son niveau normal et quotidien d'anxiété. Seulement une immense lassitude. Aurait-il seulement assez de force pour briefer correctement ses propres troupes ?

Heureusement, à son étage, le Fort ne chômait pas. L'air conditionné et la présence active de ses capitaines n'étaient pas étrangers à cette ambiance de travail. Il en ressentit fierté et reconnaissance. Ils lui étaient devenus indispensables et il pouvait compter sur eux pour assurer la gestion du service. Il en avait bien besoin.

À huit heures pile, prévenus par Ken, ils entrèrent les uns après les autres dans son bureau. Le club des cinq au complet, mais sans Dagobert. Leur air était grave et Mallock n'eut pas droit aux diverses blagues qu'ils échangeaient traditionnellement entre eux. Ils venaient voir le patron et attendaient de lui sinon des réponses, au moins des ordres précis et pertinents.

Mallock réunit toutes ses forces. Il ne fallait surtout pas que sa fatigue puisse passer pour du découragement.

– Vous êtes tous au courant que le président a décidé de diversifier les sources de commandement sur cette enquête…

Un début de murmure fut aussitôt arrêté par cette précision de Mallock :

– C'est avec mon accord. Nous avons tous les deux pensé qu'il était plus raisonnable de ne pas mettre tous nos œufs dans le même panier. Si nous… si je me trompe, c'est tout le pays qui risque de payer très cher mon erreur. En me retirant, en quelque sorte, l'exclusivité de l'enquête et en la confiant à trois équipes différentes, le président multiplie les chances de succès face à un adversaire non encore identifié. S'agit-il d'une secte, de terroristes ou d'un maniaque ? Il faut bien comprendre que nous sommes les seuls partisans de cette dernière hypothèse. Et l'on n'a pas fait grand-chose du côté des sectes et rien du tout en ce qui concerne la piste terroriste. La stratégie, dite de « la triple piste », nous permettra de continuer notre travail, avec une pression moins forte sur les épaules. Alors que ce soit bien clair, c'est pas une punition. Depuis le début de l'affaire, vous avez fait du bon boulot.

Le groupe se redressa comme un seul homme et des semblants de sourires réapparurent. Sauf Frank, qui tirait la tronche. Mallock fit semblant de rien, on a tous nos moments, mais il se promit de l'interroger à part, à la fin de la réunion. Il reprit :

– J'ai même une mention spéciale pour Julie qui, dans notre affaire, a fait preuve d'une grande sagacité.

Julie le regarda, ravie mais interrogative.

– Qu'est-ce que j'ai fait ?

– À la fin de ton exposé sur les poisons et les virus, tu avais émis l'hypothèse ardue de l'utilisation d'une souche mutante de la rage.

– C'était qu'une hypothèse mais…

– Les forcenés ont bien été empoisonnés par une saloperie de soupe, faite de multiples poisons et de drogues. Une combinaison si puissante que l'armée n'a pas attendu pour classer « secret défense » les premiers résultats obtenus.

– Ben, on a rien alors ?

– Si Julie, grâce à Mordome. Il suit parallèlement les recherches de Pasteur et des ministères et il m'a mis au parfum. Les résultats sont… stupéfiants, si j'ose dire.

Comme d'habitude, Mallock s'était arrangé pour captiver son auditoire dès le début de son exposé. Non pour faire son malin, mais parce qu'il tenait à être bien écouté. L'efficacité avant tout.

– Tout d'abord, il apparaît que le ou les vicieux ont prévu une autoprotection à leur propre poison. En substance, des stimulants et des tonicardiaques pour aider le cœur à tenir le choc et ralentir ainsi l'inéluctable détresse respiratoire. Il faut en effet, dans leur logique, que les forcenés aient le temps de massacrer un maximum de personnes avant de rendre l'âme à leur tour. Pour parvenir à ce louable objectif, ils ont également inclus dans leur bouillon des dérivés ultra-dosés d'amphétamines et de cocaïne. Sans oublier un produit parent de l'adrénaline, normalement efficace par injection parentérale, mais ici rendu active par simple voie orale. Pour dire plus simplement les choses, plus besoin d'injection, la seule absorption suffit. S'étant assuré de la survie momentanée de leur victime, ils ont mis dans leur mélange toutes sortes de joyeusetés, savamment mélangées, pour rendre dingues et agressifs ceux que j'ai appelé les « lunatiques ». Extraits ultra-dosés de cannabis, curare-une-liane, huiles essentielles de plantes encore inconnues au bataillon, psilocybine, drogues exotiques, poisons extraits d'animaux et j'en passe. Même Mordome n'a pas tous les éléments. Il soupçonne les militaires, non seulement de garder certaines informations sous embargo, mais surtout d'avoir été incapables de tout analyser. Ce ou ces empoisonneurs seraient des putains de génies dans leurs genres.

Ken offrit un cigarillo à Frank et les alluma tous les deux sous le regard réprobateur de Julie.

– Pour en revenir à notre Julie, parmi tous les composants, il n'y a qu'un seul élément viral, la p'tite bébête au père Pasteur, la rage ! Et qui plus est, sous une forme mutante, comme Super Julie l'avait pressenti.

Julie eut droit à son ovation personnelle. Un de ses superbes sourires éclaira son visage. Mallock se rendit compte qu'elle n'avait plus souri depuis le début de l'affaire et son retour à Paris avec Jules. Il reprit son exposé :

– Cette nouvelle forme de rage, baptisée *hyperrabia*, est une arme… diabolique, dont la mise en culture est malheureusement très simple. En revanche, son identification est beaucoup plus rapide que la bonne vieille rage des familles. Et, contrairement à elle, elle ne semble pas pouvoir persister à bas bruit et n'utilise aucun vecteur. Elle s'attaque directement à l'homme ou aux animaux et meurt avec eux.

En quelques secondes, les visages avaient repris leur gravité. Mallock décida de mettre un peu plus d'assurance dans ses affirmations qu'elles ne le méritaient vraiment. Dans une situation aussi tragique et qui touchait personnellement chacun d'eux, son groupe avait besoin d'un chef sans peur et sans reproche. Plein de bonnes idées et de perspectives.

– J'ai d'autres informations à vous communiquer. Déjà réjouissons-nous d'avoir à peu près identifié le poison et la plupart des procédés d'empoisonnement. Mais, d'après Mordome, on est bien loin de pouvoir mettre au point un quelconque antidote et encore moins un vaccin. D'après l'Institut, c'est tout simplement impossible. Par contre, on peut en effet essayer de s'en prémunir en nettoyant tout ce qui nous passe dans les mains. Le produit officiel est en fait un mélange d'eau de javel, d'acétone et d'alcool. Au fait, je pense que Ken vous avait déjà tous informés en détail au sujet de la version « vernis », avant que vous ne l'appreniez de la bouche de notre président ?

Il y eut un murmure général, affirmatif.

– C'est, sans doute, la forme la plus aboutie à laquelle « il » souhaitait parvenir. J'ai, en effet, maintenant, envie d'utiliser le singulier. Même s'ils sont plusieurs, je pense qu'il n'y a qu'un seul cerveau derrière tout ça.

Second murmure général.

– Réfléchissons bien et revenons en arrière. Étant sans aucun doute un scientifique, et particulièrement doué de surcroît, celui qui a élaboré cette formule n'a pas omis d'en vérifier les effets au fur et à mesure de sa gestation. Lorsque le poison a commencé à faire les grands titres, il a pu ainsi recevoir des informations en retour, mais avant ? Et surtout, au tout début ? Lors de ses premiers essais d'empoisonnement sur les champignons d'étalage, il n'avait aucun moyen de connaître la victime avant que son avis de décès n'apparaisse dans le journal et encore moins, les effets que sa mixture avait eus sur elle. Son cœur avait-il lâché ?

N'y avait-il eu qu'une simple détresse respiratoire ou la personne sacrifiée s'était-elle montrée agressive, dangereuse avant de succomber ? Notre homme avait absolument besoin de ces renseignements pour mettre au point sa formule.

Mallock laissa passer un silence :

– À votre avis, comment s'y est-il pris ?

À ce moment, les cafés arrivèrent, apportés par Marie-Joséphine, la grande et somptueuse Martiniquaise qui faisait désormais partie des nouvelles assistantes en informatique, chargée des saisies et regroupements. Ken était convaincu qu'elle était sous-employée. D'après lui, ça la faisait mourir de rire de pirater des sites ou de craquer des programmes. Il en avait été bluffé.

– Faudra pas la laisser partir, patron, lui avait lancé son collaborateur la semaine précedente.

– Tu dirais qu'elle est meilleure que Frank ? avait demandé Mallock sans détour.

Ken avait préféré répondre à sa façon :

– Elle, c'est une surdouée. Elle a fait également des études en médecine scientifique. Tout ce qui concerne l'ADN, le sang, les substances corporelles. La biologie, quoi.

– Alors qu'est-ce qu'elle fout comme simple assistante au service informatique ? Elle pourrait passer chez Mordome. Elle est gradée ?

Ken avait fait la grimace.

– Non, c'est une civile, mais j'aimerais bien qu'on se la garde sous le coude.

– Encore faudrait-il qu'elle soit d'accord, mon cher Ken !

Le jeune capitaine avait alors regardé Mallock avec des yeux ahuris.

– Patron, faut vous réveiller. Je connais pas une seule personne qui n'ait pas envie de rejoindre le Fort. Même avec un patron comme vous.

Puis il avait ajouté, comme pour se rattraper :

– Je suis même sûr que, pour vos yeux magnifiques et votre corps de folie, elle serait prête à accepter un poste bien en dessous de ses compétences.

Mallock n'avait plus eu qu'à conclure en riant.

– OK, crétin, tu nous la gardes au chaud et on en reparle.

– Café pour tout le monde, lança la fameuse Marie-Joséphine à la cantonade. On a pensé que vous ne seriez pas contre.

Les « merci » fusèrent, tandis que les mains libéraient le plateau de son armée de tasses, sucre et pot de lait. Mallock proposa à la jeune fille d'assister à la réunion :

– Ça peut vous intéresser de savoir pourquoi on vous martyrise autant ?

– Oui, c'est très gentil, mais j'ai du travail. Moi pas avoir temps à perdre à bavarder, comme vous les hommes blancs.

Elle prit un air sévère, savoura le silence qu'elle avait provoqué et éclata de rire.

Ken, son chef direct, eut le droit à un service spécial avec tombée délicate d'un premier sucre, sectionnement et jeter d'un demi-morceau, nuage de lait et touillage. Quand elle ressortit, tous les membres du Fort, Julie comprise, regardèrent son incroyable derrière, sa cambrure de reins et son mètre quatre-vingt s'éloigner. C'était quelque chose, la Marie-Joséphine.

– Jules et Bob, reprit Mallock, revenez sur terre. Vous allez vous charger d'interroger toutes les personnes auprès desquelles l'empoisonneur aurait pu éventuellement se renseigner. Enquête de proximité classique, vous faites l'escargot : commerçants, voisins, et compagnie. Et surtout, les médecins qui sont intervenus sur les premiers cas.

Jules lança un regard furtif vers Julie. La seule idée de devoir passer les prochains jours loin d'elle, et en compagnie de Bob qui plus est, le rendait déjà malheureux. Mallock, sans pitié, continua ses explications.

– Moi, si j'avais été à la place du taré, j'aurais pris rendez-vous chez le médecin du coin pour un motif quelconque. On a tous un pet de travers. Puis j'aurais attendu sagement mon tour dans la salle d'attente et profité de ma visite médicale pour tirer les vers du nez à chacun de ces docteurs. Peut-être même en venant les consulter pour une légère dépression et en leur confiant qu'un ami proche, monsieur X, venait de mourir empoisonné ! Le médecin de ce même monsieur X, sans trop s'étonner de cette coïncidence tout à fait normale dans un petit pays, aurait alors pu se montrer un peu plus disert que ne l'aurait normalement exigé son serment d'Hippocrate. Surtout si ces précisions pouvaient aider son nouveau malade à surmonter son chagrin. Mais là, je vais peut-être un peu loin. Ce n'est plus de l'intuition ni de la déduction, mais plutôt…

– De la supputation, compléta Julie, en souriant.

– Mais de la supputation « mallockienne », précisa Ken. La meilleure sur le marché !

– C'est ça, votre commandant suppute, reprit Mallock, en souriant. L'empoisonneur a peut-être procédé d'une tout autre façon. Je suis sûr en tout cas que l'on doit pouvoir réussir à en tirer quelque chose pour notre enquête. Vous partirez avec Hassan, le spécialiste des portraits-robots. Frank et son équipe ont recensé une trentaine de médecins et une soixantaine de témoins potentiels. Il vous donnera la liste et les adresses précises.

– On devrait s'y mettre à plusieurs, ça irait plus vite, lança Jules.

– Non. C'est votre cerveau qui est le meilleur des ordinateurs.

Même celui de Frank, faillit-il rajouter.

– En étant seuls, vous pourrez établir au fur et à mesure une sorte de synthèse et être de plus en plus réactifs face aux descriptions des différents témoins. Les points communs vous apparaîtront plus facilement et vous saurez ainsi comment diriger les interviews en éliminant tout ce qui vous apparaît hors sujet. Et puis, ce qui n'est pas non plus négligeable, le dépouillage se fera automatiquement par élimination et nettoyage permanent de votre petite base de données personnelle.

– On aura de toute façon la possibilité de recouper après coup, renchérit Frank. N'hésitez pas à revenir avec plusieurs familles de portraits.

Tout en conservant sa tronche des mauvais jours, Frank était enfin parvenu à intervenir dans la conversation de façon positive.

– Ces portraits seront mis en relation avec notre seule référence actuelle, celle du vendeur de boissons que Julie a interrogé avec moi. N'oublions pas que l'on a un point fort. Le type serait roux, un vrai roux. Et le portrait que le vendeur nous a permis de faire est, semble-t-il, relativement précis, Frank ?

– Apparemment... Le témoin avait l'air satisfait du résultat, répondit Frank, regrettant de devoir encore une fois abandonner son mutisme boudeur.

– Ah ! pendant que j'y pense, j'ai une autre mission pour toi, Frank. Il faudrait que tu appelles le commissaire Guédrout ou Olivier, son lieutenant, afin qu'ils fassent envoyer au service de toxicologie les bâtons de sucettes que l'on a trouvés dans la chambre de la championne de tir à l'arc, ainsi que le même bâton de section carrée qui se trouvait dans la poubelle du professeur. Regarde aussi dans les éléments retrouvés chez le policier, s'il n'y a pas quelque chose se rapportant à des sucreries.

Frank se contenta de hocher la tête en signe d'acquiescement, tout en continuant à écrire dans son petit carnet. Mallock tenait à ce que ses collaborateurs prennent des notes lors de ses conférences restreintes. « Histoire de m'éviter de me répéter, ou de devoir encore gueuler », avait-il précisé à l'époque. Depuis, la disciple s'était relâchée et seuls Daranne et Frank continuaient à griffonner leurs consignes.

– Tout autre chose, Ken. As-tu eu le temps d'interroger les banques de données européennes et américaines, le CRGN[21] ?

– Ouais et l'on a été plus performant que prévu, grâce au nouveau moteur de recherche. Cependant, pas de fausse joie, ô vénéré patron à moi ! Résultat, néant ! C'est apparemment un cas franco-français, une exclusivité nationale.

– La fameuse exception française ! ricana Frank.

À l'exclusion d'une demi-douzaine de cas répertoriés dans les pays européens limitrophes, continua Ken, pas la moindre affaire de ce genre dans les banques de données mondiales, y compris celle du BSS américain[22]. J'en ai profité pour leur donner l'information. Ils étaient, bien entendu, au courant, mais, pour mettre à jour leur service des sciences du comportement et les fichiers du VICAP[23], ils vont nous faire passer toute une série de questionnaires types. Ils nous demandent de bien vouloir les remplir, dès que l'on aura toutes les informations. Ils m'ont proposé aussi de nous envoyer deux de leurs *G-men* pour faire le boulot. Genre, pour ne pas vous surcharger de travail avec, derrière, l'idée bien ancrée de leur écrasante supériorité intellectuelle, sexuelle et technologique sur un vieux pays en voie de développement, comme le territoire français…

– Ça a dû t'énerver, non ?

– Pas vraiment, non. Je les connais par cœur. Leur condescendance impérialiste me permet de les rouler gentiment dans la farine.

– Bravo, continue. Et ma bonne nouvelle ?

21. Centre de recherche de la gendarmerie nationale.
22. *The Biometric Services Section.*
23. *Violent Criminal Aprehension Program.*

– Là, c'est une vraie petite bombe. On est loin d'avoir terminé le nouveau boulot sur les empreintes, continua Ken, mais sur la première campagne de relevés déjà compilée, en suivant vos instructions d'hier, on a eu la confirmation de la présence du même bonhomme que celui de Saint-Michel sur les lieux de trois autres massacres. C'est déjà plus que significatif. Et puis, cadeau Bonux, je pense avoir découvert une deuxième catégorie d'empreintes. Elles comprennent entre elles une moyenne de douze points de concordance. A priori, ils seraient au moins deux, sinon trois…

Mallock enchaîna directement :

– Ça confirme mon histoire de trajet. Soit ils voyagent seuls, voyageurs de commerce ou camelots. Soit ils se déplacent en train – roulants de la SNCF – ou en avion – stewards ou pilotes de lignes intérieures. Soit, autre possibilité, ils font partie d'une tournée de théâtre, de musiciens, de conférenciers, de Tziganes, de forains ou de « je ne sais pas trop quoi » et l'on devrait alors pouvoir recouper leurs trajets avec celui des massacres et tenter d'anticiper, en délimitant un cercle en avant de leur itinéraire. Avec les bases de données du ministère de l'Intérieur, celui de la prévention routière et d'autres que tu dois connaître mieux que moi, on pourrait également coupler ces trajets saisonniers avec ceux de la prise nationale d'empreintes, mais nettoyée. C'est-à-dire en ne conservant comme référence que les empreintes que l'on vient d'isoler…

– Hum, fut le seul signe de soutien de Ken, dubitatif et déjà effondré à l'idée de mettre tout ce bordel en place.

– Il faut également, insista Mallock s'adressant à la fois à Ken et à Frank, les mettre en corrélation avec le circuit général des massacres, bien que ce dernier risque de s'être un peu dispersé sur l'ensemble du territoire, en raison de la mobilité des produits et des vict… lunatiques. Il faut absolument trouver une relation valable entre les massacres et un trajet de référence. C'est crucial et ça doit être votre souci premier maintenant.

– OK, chef. On s'y met, chef, concéda Ken, en simulant un salut militaire.

Sans même prendre le temps de sourire, Mallock continua :

– Pendant ce temps, Jules et Bob, vous partez à la recherche d'un visage et Julie, tu restes sur place pour tout coordonner et diriger officiellement le Fort à mes côtés.

Mallock rajouta à son intention :

– J'espère que cet honneur, bien mérité, compensera d'autres petits désagréments qui n'ont pas échappé à son commissaire préféré.

Julie rougit, sans pouvoir s'empêcher de jeter un regard en direction de Jules qui, lui, observait avec une attention concentrée le bout déchiqueté de ses lacets de baskets.

– Allez, cassez-vous. On est sur la bonne piste, tâchez de raviver le moral des troupes, avant que je ne sois obligé de leur remonter les bretelles. Une dernière chose que vous savez déjà, mais que je vais me permettre de vous répéter. Si l'empoisonneur est, selon notre hypothèse de départ, une forme, disons originale, de tueur en série, il devrait répondre aux principales caractéristiques de ce genre de sociopathes. Notamment l'abus sexuel ou la violence lors de sa tendre enfance, ainsi que la trilogie comportementale classique : pipi au lit après douze ans, intelligence au-dessus de la moyenne, pyromanie et cruauté envers les animaux. Je sais, vous le saviez, mais j'adore me répéter. Allez, filez ! Frank, tu restes encore deux minutes.

Les autres partis, Frank commença une danse folklorique au ralenti. Il passait son poids du pied droit au pied gauche, les bras croisés sur la poitrine. Mallock en profita pour rallumer un reste de Robusto, abandonné la veille.

– Allez, accouche ! Qu'est-ce qui ne va pas ?

La fumée du cigare était âcre et froide.

– Je ne voudrais pas avoir l'air de cafter…

– Arrête ton cirque, tu meurs d'envie de parler, alors vas-y ou barre-toi.

Il hésita pendant trois bonnes secondes avant de lâcher :

– C'est Daranne. En revenant de son voyage de noces à la con, il s'est mis à prendre des initiatives. Soi-disant pour mettre toutes les chances de notre côté. Il a fait appel à toutes sortes d'hurluberlus, y compris des espèces de médiums, et même une bonne femme qu'il a chargée de rechercher tous les points communs entre les différents massacres, tenez-vous bien, en utilisant la numérologie, l'astrologie, les cycles de la lune et tout ce genre de conneries.

Mallock éclata de rire.

– Eh bien, pour une fois qu'il fait preuve d'inventivité et de largesse d'esprit, on ferait mieux de s'en réjouir, non ? Et puis, n'oublie pas quelque chose, ça peut nous être utile. Car, si tu ne crois pas à ces conneries, comme tu dis, le dingue que l'on poursuit y croit peut-être. Ça peut très bien nous donner de précieux renseignements sur sa façon d'agir, les dates qu'il affectionne, etc.

–Vu comme ça, peut-être, mais elle et ses copines sont sur mon dos, jour et nuit, pour obtenir des informations. Elles me font perdre mon temps et elles me prennent carrément la tête. Plus chiantes, tu meurs.

– OK, j'ai compris, j'en toucherai un mot à Bob. Ça te va ?

– Ça m'va. Mais dites pas que ça vient de moi.

Frank tenait à sa réputation, sciemment fabriquée, de gentil de service.

– C'est d'accord, dégage. Non, attends, se reprit Mallock, j'ai un petit service à te demander en échange. Va récupérer au greffe le sac en plastique retrouvé au domicile de Dessacre. Le truc avec l'adresse d'Andernos et le nom « Ruanita quelque chose… » J'aimerais bien y jeter un coup d'œil.

Frank acquiesça et partit.

Tout en se sentant un peu coupable vis-à-vis d'Amélie, Mallock composa le numéro de Margot. Après toute cette accumulation de morts et de tristesse, il avait envie de vie et de choses tendres.

Mallock-le-Roc désirait caresses et consolation. En fait, il en avait désespérément besoin.

35

Voyage dans le temps
Paris, mois d'août de l'an de grâce 1572

L'amiral de Coligny se pose de multiples questions. A-t-il bien fait de laisser Charles IX partir seul se promener au Jeu de Paume ? N'aurait-il pas dû l'accompagner et ainsi l'entretenir par le menu de ce qui le préoccupe ?

L'amiral marche lentement, tout en mâchant un morceau de bois entre ses dents. Il se sent plus que jamais écartelé entre la puissance de ses convictions religieuses et l'attachement qu'il porte à son roi. Pour chasser de son esprit cette contrariété permanente, Coligny lit les placets qu'il n'a pas encore eu le temps d'examiner. Il a chaud et sa barbe, que frotte une dentelle trop empesée, le gratte depuis ce matin. Soudain il s'arrête et se baisse pour réajuster sa mule. Une explosion retentit, amplifiée par l'étroitesse de la rue des Poulies. Guerchy et Des Pruneaux, qui avançent à ses côtés, lèvent en même temps la tête. De la maison du chanoine Villemur s'échappe la fumée d'une arquebuse.

La première balle a emporté l'index droit de Gaspard de Châtillon, amiral de Coligny. Quelques secondes plus tard, une deuxième boule de cuivre est projetée violemment par l'arme de Maurevert. Elle viendra terminer sa course dans le coude gauche du premier protestant du royaume de France.

Couvert de sang, il reste debout jusqu'à la rue de Béthizy, où l'attend, au fond d'une cour, une maison étroite à trois étages flanquée d'un donjon. Guerchy l'aide à retirer son plastron. Aucun murmure, aucune plainte, sinon de rares anathèmes que l'amiral lance contre ceux qui ont commandité une telle vilenie.

Une heure passe et son sang n'arrête pas de couler. Comme le liquide écarlate, la rumeur se répand sur le pavé. Elle a déjà atteint les principaux quartiers de la ville. De nombreux partisans, jusqu'aux plus grands seigneurs calvinistes, tous accourent. Ambroise Paré, médecin royal, a toutes les peines du monde à parvenir au chevet de l'amiral.

L'illustre chirurgien entreprend alors de couper, à l'aide de ciseaux, ce qui reste d'os et de chair à l'index droit de Coligny. Tandis qu'il charcute les muscles de l'autre bras pour en extraire la balle, il ne peut s'empêcher d'admirer le courage de cet homme qui ne se plaint pas et qui, tout au contraire, use ses dernières forces à consoler ses amis en pleurs autour de lui.

Son front est brûlant, mais la fièvre qui monte dans le corps de l'amiral n'est rien en regard de celle qui se répand déjà dans tout Paris. La foule a flairé le goût du sang et son âme est pleine de haine pour tous ces huguenots riches et puissants. Le désir de les massacrer ne date pas d'hier, il s'accomplira enfin dans les heures à venir. À cette tuerie, l'Histoire donnera le nom de Saint-Barthélemy.

L'envie est l'opium du peuple ; le sang, son ivresse.

Mille fois, Barco avait rêvé de ce massacre, collectionnant dans tous les livres d'histoire le moindre récit, la plus obscure des gravures. Il avait une fascination infinie pour ces immeubles dessinés en perspective cavalière et aux fenêtres desquels femmes et enfants tombaient en lourdes grappes. Petit, il passait des heures à les décalquer et à y rajouter des cadavres et du sang un peu partout, au crayon rouge.

Mais il n'avait jamais pensé pouvoir un jour reconstituer grandeur nature ce chef-d'œuvre. Aujourd'hui, alors que tout est prêt et que rien ni personne ne peut plus l'arrêter, il se redemande simplement à quel moment précis sa détermination avait pris la consistance d'un projet de vie ?

Peut-être dès la plus tendre enfance, lorsqu'il s'endormait en pleurs sous une armée de crucifix ? À moins que ce ne fût le jour où Papa et Maman avaient brûlé ? Ou alors, bien plus tard, lorsque son fameux professeur d'histoire-géo lui avait montré la reproduction, grandeur nature, du célèbre tableau de François Dubois ?

Sans doute, un peu de chacun de ces moments, auxquels il devait rajouter, au premier rang, le massacre originel, celui qu'il avait perpétré dans la forêt, lorsqu'il avait treize ans.

36

France, mercredi 19 août

Art. 36 :

**L'état de siège est décrété en Conseil des ministres.
Cadre général du nouveau système des réserves :**

Pour pouvoir être en mesure de mener les différents conflits envisagés, la loi de programmation militaire a retenu : « le contrat opérationnel de l'armée de terre ». Il s'agit d'être en mesure de déployer à distance avec les moyens logistiques associés et sous commandement de l'armée :

– Soit 30 000 hommes sur un théâtre, pour une durée d'un an, avec des relèves très partielles…

– Soit 50 000 hommes pour prendre part à un engagement majeur dans le cadre de l'Alliance…

Suivant les termes de la loi de programmation militaire, la réserve a pour rôle de remplir des missions sur le territoire national en substitution de personnel ou d'unités actives, pour permettre la disponibilité permanente des forces…

Les unités de réserve organique comprennent 10 PC tactiques et 75 unités de réserve de régiment professionnel…

Barco pouvait être fier de lui. La panique était totale. Le chaos, en grand habit de cérémonie, s'installait, d'autant plus hilare que ce pays de petits bourgeois peinards semblait avoir oublié son existence. Revanchard, le prince des confusions redessinait l'ambiance des rues, en remplaçant les passants par des soldats en armes, en encourageant le pillage et en laissant des cadavres en putréfaction sous les portes cochères.

Dans la grande salle adjacente au bureau d'Amédée, les dépêches de l'AFP tombaient les unes après les autres, sans discontinuer. Catastrophe sur catastrophe. Brûlantes, les deux machines, tout en dégageant une odeur d'encre et de mangue trop mûre, remplissaient la pièce de bruits étranges.

De tous les coins de la France et de pays frontaliers, les nouvelles de nouveaux carnages se suivaient désormais de trop près pour qu'il soit possible de s'intéresser en détail à chacun d'entre eux. Alors, les médias choisissaient les plus beaux scores, mettaient en exergue les plus sanglants, histoire, disaient-ils, de remplir leur devoir, informer la population. En fait, au lieu d'essayer d'endiguer la panique, ils continuaient à mener leur propre guerre, celle de l'audience.

Aujourd'hui, lui et son équipe, le nez dans le guidon, tentaient de faire surface. Mallock était passé très tôt au 36 pour aider ses collaborateurs à sélectionner les télécopies. Ils feraient un second classement après son départ, mais son groupe tenait beaucoup à laisser Mallock pêcher dans les dépêches. Le commissaire avait le chic pour les feuilleter à toute allure et s'arrêter soudain, au pif, sur l'une d'entre elles, apparemment sans intérêt, mais qui se révélait souvent riche d'enseignements. « Mais, comment qu'il fait ? », demandait alors Daranne à ses collègues, qui lui répondaient régulièrement par un haussement d'épaules et une moue tout aussi interrogative.

Vers neuf heures trente, en compagnie de Dublin, escorté de deux motards, Mallock repartit du Quai pour rejoindre l'Élysée. Il avait déjà échappé à la réunion de crise de lundi dernier mais il n'était pas question qu'il se dérobe à celle-ci. À la dernière assemblée, le président avait été parfaitement clair :

– Vous lui direz que sa présence est requise parmi nous. Mes ministres se donnent la peine de se déplacer, Mallock peut en faire autant. Je n'accepterai qu'une seule excuse de sa part, son faire-part de décès !

C'était plutôt amusant, mais personne ne pensa à sourire, surtout pas Dublin qui bafouilla un « Je m'y engage personnellement, monsieur le Président », avant de battre en retraite vers la sortie.

De fait, à dix heures et deux minutes, en ce mercredi d'août de grande hystérie, Mallock déposa précautionneusement sa grande carcasse, sa tignasse blonde et ses yeux absinthe sur l'une des chaises Louis XV qui entourait la table présidentielle. Il l'entendit craquer sous le poids de son mètre quatre-vingt plein à ras bord de lassitude.

L'appréhension était palpable dans la grande pièce. Les regards étaient graves, chacun s'efforçant de cacher à l'autre le début de panique qu'il ressentait, que ce soit comme responsable d'une fonction ou à titre individuel.

Contre toute attente, et contrairement à la réunion du 9 août, celle-ci fut d'une tout autre tenue, constructive et professionnelle. Chacun apporta ses informations et ses suggestions. Les derniers renseignements, reçus par le ministre de l'Intérieur de tous les coins de France, les laissèrent sans voix.

Sur un simple magnétoscope, madame la ministre de la Communication commença la diffusion de différents reportages filmés par l'armée, la gendarmerie ou les équipes régionales de France 3, ainsi que ceux des chaînes privées, désormais sous contrôle. Depuis deux jours, tous ces documents avaient été classés secret défense. Il ne s'agissait pas de censurer, mais de filtrer l'information avait précisé Madame la ministre, avant de passer les bandes. Mallock avait souri.

Il connaissait le refrain. On « met au chaud, en attendant » et puis « Passez, muscade ». D'un autre côté, il connaissait aussi l'irresponsabilité manifeste de certains médias, dont l'amateurisme ou la politisation déformaient la moindre information. Méchante censure, gentils journalistes, rien n'est jamais aussi simple. Personne, il est beau, personne, il est gentil. Ni Grosminet ni Titi !

Lorsque les images apparurent, le visage de Mallock se figea avec le sourire que ses pensées intérieures avaient fait jaillir. Le montage durait dix minutes. Et ce furent parmi les plus éprouvantes qu'il eut à vivre.

Le spectacle commençait par un homme râblé, vêtu comme un chasseur du dimanche. Il se promenait en titubant au milieu de la rue principale d'un village. Le cadreur avait zoomé dans sa direction alors qu'il rentrait dans une maison. Quelques secondes plus tard, après des cris et une série de tirs, on apercevait une femme qui en ressortait, les cheveux pleins de shampoing. Elle eut le temps de faire quelques pas les bras levés vers le ciel, avant qu'un coup de feu, tiré de l'intérieur, ne lui sectionne la colonne vertébrale au niveau de la taille. Elle se mit à se tordre comme un vers coupé, en poussant des hurlements inhumains. Sortant derrière elle, le forcené rechargeait son fusil de chasse, un automatique à cinq cartouches. Arrivé à sa hauteur, il lâcha un coup de chevrotine au niveau du cou, la décapitant, avant de reprendre son chemin.

La caméra tremblait et le point n'était pas toujours très net. Du président à Mallock, en passant par les différents ministres, tous plissaient les yeux afin de mieux comprendre l'action, à moins que ce ne fût pour en supporter la violence ?

Au moment où le chasseur pénétrait, armé de son fusil, dans le café du village, une gerbe de sang avait jailli dans son dos. Trente secondes plus tard, une poignée de soldats s'approchait du corps. L'un d'eux donnait un coup de pied dans le fusil à pompe pour l'éloigner du cadavre, plus par habitude que par nécessité. Au moment où l'un des soldats se penchait sur le cadavre en pointant son Beretta, sur son crâne, on apercevait un autre militaire, faisant signe au cameraman d'arrêter de filmer.

La séquence suivante avait lieu dans un endroit plus peuplé. Elle était en noir et blanc et les plans étaient nets mais fixes. Les caméras de surveillance d'un grand magasin de la région de Nantes témoignaient à leur tour des effets du poison. Munie d'un couteau, une femme courait dans les allées, en poignardant au hasard toutes les personnes sur son passage. Le film sauta brusquement et l'horloge témoin en bas de l'écran indiqua que quatre minutes et vingt secondes s'étaient écoulées. La forcenée, atteinte par deux tirs, était maintenant à un autre étage et continuait son massacre. On pouvait alors voir un agent l'arrêtant net en vidant son chargeur dans son visage. Sa boîte crânienne explosait littéralement et elle s'effondrait sur le sol comme un paquet de linge sale.

Mallock se sentait misérable, il avait la pénible impression d'assister à des rushs de films d'horreur, ces films de zombies tournés dans les années soixante par des réalisateurs italiens tombés dans l'oubli. À l'instar des morts-vivants, dans ces films de genre, les forcenés avançaient le pas mal assuré et il fallait leur exploser la tête pour s'assurer de leur mort.

Le troisième massacre avait été filmé dans le centre piétonnier d'une ville, où boutiques, restaurants et cinémas s'alignaient, tassés les uns à côté des autres. Après avoir fauché trois militaires d'une rafale de mitraillette, le dément s'était promené tranquillement, en dégoupillant les grenades trouvées sur les soldats. Il les lançait au hasard à l'intérieur de différents magasins. Après trois explosions meurtrières, un policier, parvenu derrière lui, lui tirait deux balles à bout touchant en pleine nuque.

Il y eut encore trois autres séquences qui, elles, s'attardaient sur la façon dont l'armée nettoyait les lieux après le passage d'un de ces forcenés. On n'était pas loin de la fosse commune improvisée au bord de la route, ou des charniers dissimulés par des militaires en rupture de banc, dans des démocraties en ruine.

Cette vision, plus que tout autre, impressionna Mallock, lui rappelant, même si ce n'était pas le cas ici, que nous continuerions toujours à nous massacrer, à nous fusiller le long des murs de l'histoire. Encore et toujours, nous violerons nos femmes et défoncerons le crâne de nos enfants. Pour toujours et à jamais, tandis que, là-haut, Dieu et diable continueront à se partager nos âmes. Pour l'aimable clown blanc, celles qui auront lutté contre leurs pulsions ; pour son clone obscur, celles qui leur auront donné raison.

Mallock n'était pas au bout de ses surprises. La dernière séquence le laissa pantelant, le corps courbatu.

À la fin de la vidéo, la pièce ne fut plus remplie que par le bruit du magnétoscope rembobinant la bande. Chacun tentait d'assimiler et de ranger dans une case ce qu'il venait de voir. Mais il n'y avait pas de case vraiment prévue et bien adaptée à cet usage.

– Je m'oppose officiellement à toute action liberticide ou dérive sécuritaire…

Le président de la région Ile-de-France, Georges Montaille – surnommé « George profonde » depuis une sombre affaire d'écoutes – fut le premier à rompre le silence par cette sorte de protestation indignée qui n'ont d'autre finalité qu'elle-même. Cuisinée à partir d'une bonne grosse tranche d'idéologie de récupération, généreusement saupoudrée de despotisme sémantique et mouillée de larmes de crocodile, ce plat se sert bouillant d'indignation, avec de gros morceaux de démagogie dedans, pour le craquant.

Le ministre de l'Intérieur, qui connaissait fort bien la chose, s'efforça de rester calme :

– On est entre nous, Georges, pas en campagne. À la télé, on tâchera de ne pas trop heurter les sensibilités, mais sur le terrain, on se doit d'être efficace et ça signifie des bavures et de la casse. Une démocratie, plus que tout autre régime, ça doit se défendre bec et ongles dès qu'on l'attaque, sinon elle crève.

Le ministre des Armées approuva de la tête, comme le patron de la gendarmerie et celui de la police. Ce qui n'était pas vraiment étonnant. Le président, lui, resta silencieux. Il avait visiblement l'intention de laisser les différentes personnes et opinions s'exprimer. Lorsqu'il prit la parole, se fut pour se tourner vers Mallock :

– Comme vous n'êtes pas sans le savoir, commissaire, toutes les recherches pour mettre au moins un hypothétique antidote n'ont abouti à rien de substantiel. Je crains fort que, dans ce cas, le plus gros de nos espoirs soit en vous. Je n'ai qu'une question. Où en êtes-vous ?

Amédée se sentit soudain comme un étudiant que le prof se décide à interroger, précisément le jour où il a fait l'impasse sur la leçon.

Il parvint cependant à exposer la situation telle qu'elle se présentait : ses pistes, ses espoirs et ses doutes. Il se sentait un peu à poil, avec tous ces regards de ministres où brillaient craintes et espoirs. Il leur dit, sans tourner autour du pot, qu'un *psycho-killer*, un vrai, le psychopathe en pleine action, était difficile à identifier. Pour plein de raisons. Il leur expliqua aussi que la schizophrénie dans laquelle vivait le tueur lui permettait d'avoir une couverture idéale. Le tueur en série ressemblait à monsieur tout le monde, avec une vie pépère et respectable, allant souvent jusqu'à lui-même ignorer l'aspect criminel de ce qu'il faisait. La notion de mal étant pour certains d'entre eux totalement inconnue.

Pour compliquer la situation, le fou furieux avait trouvé une solution aussi démente qu'inédite. Il faisait faire son travail par une armée de tueurs innocents. Des assassins, des « lunatiques » qui ne le connaissaient même pas et qui agissaient à sa place. Un vrai cauchemar et, pour Mallock, une enquête impossible.

Une fois son exposé terminé, il s'attendait à une volée de bois vert ou, du moins, à quelques reproches. Il n'y en eut pratiquement aucun. Pensaient-ils qu'il avait fait le nécessaire ou n'avaient-ils même plus la force de gueuler ?

Ils se contentèrent de lui demander quelques précisions avant de passer aux prises de décision et à la préparation de la prochaine allocution présidentielle. Ce qui troubla le plus Mallock, ce fut cette absence de questions, comme s'ils savaient tout de ce qui se passait au Fort. Il y eut aussi quelques allusions perfides quant aux méthodes de Mallock et à certaines de ses déclarations qu'il aurait pourtant juré n'avoir jamais faites sur la place publique. Voilà qu'en plus d'être dépressif, le Mallock tournait parano ! En tout cas, pour une fois, il sut fermer sa grande gueule.

Au rez-de-chaussée, la pièce prévue pour la conférence de presse était prête depuis le matin. Ils se mirent tous d'accord sur l'ordre du jour.

À treize heures, le président reprendrait la parole devant les caméras. Tout d'abord, il informerait les Français des nouveaux dangers identifiés dans les dernières heures. Trois modes de contamination inédits : la barre des caddies dans les grandes surfaces, les gants de chirurgie et les enveloppes qui avaient déjà commencé à faire leurs premières victimes. Ces trois modes d'empoisonnement, identifiés hier au soir, étaient déjà responsables de cent vingt à cent trente morts et d'un bon millier de blessés. La seule façon d'y mettre un terme était de retirer les produits de la circulation, ce qui avait déjà été fait, mais également d'informer tous les Français afin qu'ils détruisent les produits incriminés, achetés ces derniers jours.

Ensuite, le président proclamerait un durcissement drastique des modalités du couvre-feu et le déploiement des réserves, tant de l'armée que de la gendarmerie. Chef suprême des armées, c'était de sa seule responsabilité.

Il annoncerait enfin la diffusion sur toutes les principales chaînes, à vingt heures, d'un seul et même programme : un journal du soir préparé en commun et expliquant à tous ce qui se passait réellement sur le plan national, suivi d'un reportage sur toutes les précautions à prendre face à la contamination. Pour finir, vers vingt-trois heures, une fois les enfants couchés, il y aurait bien la diffusion d'une version expurgée de ce qu'ils venaient de voir sur le magnétoscope. Cette dernière disposition avait longuement été discutée, entre les spécialistes de communication et les politiques. On en avait conclu que ne rien montrer, alors même que tout un chacun dans le pays avait été ou serait lui-même témoin d'événements similaires, accroîtrait la paranoïa et le sentiment que le gouvernement leur cachait quelque chose. Surtout qu'avec les téléphones portables, munis désormais de fonctions vidéo avancées, et le Net, l'info passerait de toute façon.

Il y avait cependant une partie des infos qu'il fallait absolument essayer de « bloquer ». C'était le terme proposé par le ministre de l'Intérieur. Ça concernait les dernières séquences diffusées par la ministre de la Communication.

Dans certains cas, la rage donnait à certains forcenés l'envie irrépressible de mordre leurs victimes. On retrouvait là la peur moyenâgeuse des loups et des chiens enragés. Morsures. Le mythe de l'ogre et du vampire. Émergences de pulsions préhistoriques, réapparition de ces temps immémoriaux où l'homme dévorait l'homme, mangeait la chair de ses victimes pour se nourrir et en absorber la force. On dénombrait aujourd'hui plusieurs dizaines de cas de cannibalisme. À part les séquences montées à la fin du film, tous les documents photographiques, comme les rapports de police, avaient été tout simplement détruits et les restes de cadavres incinérés sur place. Le retour du cannibalisme sur le sol de France ne devait en aucun cas être divulgué. Il le serait certainement à échéance, mais il fallait gagner du temps. S'il fallait faire prendre conscience de l'ampleur de la catastrophe, il était primordial de tout faire pour contenir un mouvement de panique, déjà bien entamé.

La stratégie était délicate, les marges étroites.

Lorsqu'il revint au Fort, Mallock fut de nouveau happé par les milliers de problèmes à résoudre, décisions à prendre, échecs à assumer. Rien que de la douleur. La nuit venue, il était KO mais debout, se battant contre les cordes jusqu'au dernier round. À minuit, il rentra enfin chez lui.

Le soir était lie de vin, avec des cicatrices grenat au niveau des toits. Rentrer dans son appartement, lorsqu'un tel chaos s'installe tout autour de soi, ça génère un curieux malaise. Celui d'une désertion, d'une culpabilité qui vous squatte l'esprit. Une fébrilité poisseuse que l'on ne parvient pas à jeter tant elle reste collée à la peau. Puis l'impression d'impuissance et la recherche d'un sens à tout ça. Une finalité à tous ces gestes que l'on est bien obligé de continuer à faire, et qui prennent dès lors une apparence surréaliste, du dérisoire à l'obscène.

Traverser la rue, rentrer à la maison, en allumer les lumières, se verser un verre, puis se mettre en pyjama, prendre enfin quelques médicaments pour abréger ses souffrances. Une migraine qu'il traînait depuis deux jours sans même songer à la combattre. Puis, avant de se coucher, avoir encore la force d'ouvrir le courrier en souffrance. Multiples factures que les ordinateurs de l'administration continuaient d'envoyer, comme autant de rafales tirées sur des hommes déjà morts.

Soudain, la main de Mallock s'arrêta et son corps se figea. Glissant d'une grande enveloppe kraft, une série de photos s'était dispersée sur le parquet.

En une fraction de seconde, il identifia la place Saint-Michel, le jour du massacre. Puis cet homme, pris au téléobjectif, les bras ballants, balourd et bouleversé. C'était lui. Il se reconnut, surtout sur le dernier cliché, pris alors qu'il atteignait le pont et s'y arrêtait pour regarder une dernière fois derrière lui. Aujourd'hui, ça lui paraissait étrange qu'il se soit ainsi retourné. Plus curieux encore, ses yeux qui s'étaient levés vers le ciel. Il semblait avoir voulu faire face à l'objectif, regarder le photographe. À moins que son esprit en ait soupçonné la présence ?

L'ordure était là et s'était payé le plaisir de le prendre en photo. Les mains de Mallock se mirent à trembler. La rage et l'exaspération envahirent son cerveau. Mais, par réflexe professionnel, même si ça ne servait probablement à rien, il attrapa photos et enveloppe avec le bas de sa chemise pour les enfermer dans un sachet en plastique. Ses doigts tremblaient, à moitié de peur et à moitié de colère.

Il était minuit dix lorsqu'il appela le Fort. Ce fut Julie qu'il eut directement. Quand dormait-elle ?

– Désolé pour ton nouveau statut de grand patron du Fort, commença Mallock, mais j'ai besoin de toi pour explorer une autre piste. J'ai de bonnes raisons de croire que l'empoisonneur se rend sur le lieu de ses exploits, lorsqu'il le peut, pour prendre quelques photos souvenirs.

Même à Julie, il n'avait pas envie de parler des clichés que le malade avait pris de lui. Il était tout apeuré et blessé dans son petit orgueil, le grand commissaire.

– Pour connaître l'endroit des massacres, il doit écouter toutes les communications de la police, du SAMU et de la gendarmerie. Si c'est bien le cas, il est obligatoirement équipé d'un récepteur radio de toute première qualité. Il ne doit pas y avoir des milliers de personnes à posséder ce genre d'appareil. Tu me vois venir ?

– De loin. Comme la silhouette d'Omar Sharif dans *Lawrence d'Arabie*. Je m'en occupe et je vois ça avec Frank.

– Autre chose, reprit Mallock. Pour passer les barrages et atteindre le lieu des massacres, il doit posséder une fausse carte de presse et se mêler aux journalistes, à moins qu'il ne se fasse passer pour un infirmier.

– Un type du SAMU ?

– Non, ils se connaissent tous, la plupart du temps. Plutôt un ambulancier ou un externe d'hôpital. Dans tous les cas, il faut regarder attentivement l'intégralité des clichés, qu'ils aient été publiés ou non. Identifier les visages et…

– C'est un travail de fou, l'arrêta Julie et on est sûrs de rien…

Mallock soupira :

– Moi si. Il m'a pris en photo sur la place Saint-Michel, juste après le massacre.

– Je vois, déclara sobrement Julie.

– Écoute attentivement. En premier lieu, on doit identifier les reporters présents sur les photos, repérer ceux que l'on revoit le plus souvent et, parmi eux, celui que personne ne connaît. Et il faut que l'on fasse exactement pareil pour le personnel médical, le moindre porteur de blouse. Même si je crois moins à cette hypothèse. Il lui faudrait planquer son appareil et faire ses photos en cachette au risque d'être surpris. Ce serait idiot et l'on est loin d'avoir affaire à un imbécile.

– Comment je m'y prends ?

Julie, bien que convaincue par l'utilité de la tâche, en redoutait l'ampleur.

– Pour commencer, prends du repos et, dès demain, fais le tour des agences de presse. C'est le plus rapide. Après, on verra si l'on attaque quand même les hôpitaux et les urgentistes. Quant à ta mémoire visuelle, ne t'en fais pas, tu ne seras pas seule. Je vais te donner un numéro de téléphone à Londres, celui d'un physionomiste, John McHarrison. L'un des plus doués. Il met habituellement son talent au service de Scotland Yard pour repérer ces tarés d'hooligans, notamment lors des matchs à l'étranger. Il connaît également par cœur la tronche de tous les terroristes habitant sur le sol britannique, et il y en a un sacré paquet.

Une fois qu'il a enregistré une tronche, il est capable de la reconnaître même avec une fausse barbe et des lunettes noires. C'est un phénomène, ce type, il faut absolument qu'il nous aide. Avec lui, tu seras tranquille. Demande-lui de venir avec son collaborateur Richard je-ne-sais-plus-quoi, un Écossais lui aussi. Pour les adresses des agences de presse, on doit avoir un listing à jour. Organise bien ta tournée en les appelant avant. Qu'ils te préparent les clichés et les fichiers numériques, ainsi qu'une salle de projection, pour que tu puisses bien voir les détails, simultanément avec Harrison.

– Et si je leur demandais de m'envoyer les dossiers numériques et les ektas ici ?

– Tu ne te rends pas compte du nombre de clichés pris par tous les paparazzi de l'info. Surtout depuis l'avénement du numérique. Ils ne seront jamais d'accord pour se séparer de leurs précieux dossiers. Ils n'auront pas tort d'ailleurs, on a toutes les chances de mélanger les ektas et d'égarer les disques durs. Rien ne vaut un contact direct. En voyant ta jolie frimousse, ils te montreront tout…

– Je n'en demande pas tant, répliqua Julie, le sourire en coin. Au fait, j'ai un conseil à vous demander. Mon frère Manu, que vous connaissez, devait s'installer dans son nouvel appartement avec Kiko et leur bébé. Je ne sais pas trop quoi leur dire.

– Déjà, primo, qu'ils ne viennent pas se jeter dans la gueule du loup. Deuxio, conseille-leur d'aller se planquer en Corse, chez vos parents, le temps que ça se calme. Les Corses ont eu la bonne idée de couper tous les liens avec la métropole dès le début de l'affaire. Prescience ou réflexe pavlovien d'insulaire bougon, je ne sais. En tout cas, ça en fait une bonne planque pour Manu et sa petite famille. Cela dit, ne me prends pas pour un con.

Julie voulut prendre l'air offusqué, mais Mallock ne lui en laissa pas le temps.

– Ne va pas me dire qu'avec un joli cerveau comme le tien, tu n'y avais pas pensé ! Pour se rendre sur l'île, il faut des autorisations que seul ton vieux commissaire de Mallock peut obtenir. Et c'est ça qui t'intéresse, non ?

Julie acquiesça, un peu piteuse d'avoir été si facilement démasquée. Et puis surtout d'avoir si lamentablement mésestimé Mallock. Elle s'en excusa :

– Je suis nulle. J'aurais dû vous le demander directement.

– Même pas grave, petite Julie, je m'en occupe rapidement.

Mallock lui passa les coordonnées d'Harrison et, à peine raccroché, sortit trois verres larges et se versa trois whiskies différents. Alignés au garde-à-vous, du blond clair à l'ambre profond, ils lui faisaient maintenant face. Promesse d'oublier, de relâcher toute cette tension mentale, physiquement douloureuse. Sa peur.

Il reprit en main le sachet de plastique où l'on apercevait l'une des photographies de lui, prise sur les lieux du massacre de Saint-Michel. Il se sentit soudain tout petit.

– Amédée, poule mouillée, Amédée, poule mouillée. Eh ! t'as rien dans le slip ?

Ce soir, Mallock revit les préaux de son enfance, la cour de récré pleine de tous les dangers, la peur des plus grands et sa propre faiblesse d'enfant. Pourrait-t-il un jour être un homme et se battre ? Il en doutait alors. En fait, il pensait que non. Quand les coups des grands pleuvaient, il se protégeait avec les bras, reculait, fuyait. Il se souvenait encore de ses joues en larmes où venaient se coller boue et feuilles de platane. Honte et tristesse. Quel enfant n'a pas connu ces humiliations ? Quel homme est parvenu à complètement les oublier ?

Il attrapa le premier verre, le porta à ses lèvres et le but en fermant les yeux.

37

Jeudi 20 août, 2 h 07 du matin

Au même instant, loin de Paris, Barthélemy marche à grands pas. Ces enjambées sont celles d'un conquérant, mais aussi d'un enfant. Conquérant, car il a sa vie devant. Devant lui, comme un soleil inédit. Un futur avec des ailes, des elles qui le regardent enfin et qui le touchent. Et lui qui entre dedans.

Un conquérant encore enfant. Un enfant qui pense à Maman et qui se dit qu'il est deux heures et qu'elle doit commencer à s'inquiéter. Jamais il n'est rentré si tard. Mais il est fier de sa nuit, un peu de lui aussi. La femme qui lui a fait l'amour avait les yeux noirs et des jambes musclées. Gentille, avec une robe en soie et l'habitude des hommes. De cela, il ne pourra pas parler. Ni de sa décision de partir, de les quitter et d'oublier la France. Il a pris le matin même un billet open, valable un an, pour le Canada. Toronto, et tout recommencer à zéro.

En fait, tout serait parfait ou presque si, comme sa graisse, son indifférence pour le sort des autres avait fondu en même temps. Les massacres, dont il était le seul à connaître les responsables, pesaient de plus en plus lourd sur sa conscience.

Mais pouvait-il trahir son père, livrer sa mère à la vindicte populaire, révéler l'ignominie des Barco et les enfermer à vie dans un cachot ?

Non. Alors il doit se taire et simplement partir.

« Toronto pour recommencer à zéro », c'était comme un mantra qu'il se répétait, tandis qu'il marchait.

Et ses grandes enjambées étaient déjà une fuite.

Par dix fois déjà, il avait essayé de téléphoner, de dénoncer ses parents. Le numéro à appeler, il le connaissait par cœur. Il l'avait déjà composé, avant de se raviser, comme s'il effectuait une simulation, en attendant d'en être enfin capable, ou un exercice compensatoire, une sublimation, car il n'irait jamais jusqu'au bout, et il s'en voulait.

Barthélemy marche vite, en pensant à sa mère qui devait commencer à s'inquiéter. Jamais il n'était rentré si tard.

Il ratiocina et prit la décision de continuer à ne penser qu'à lui, oublier tous les autres, ruminer les mêmes résolutions, jusqu'à son départ pour Toronto. Qu'ils crèvent tous. Jamais l'un deux n'avait eu la moindre considération pour lui. Qu'ils souffrent donc !

Tout lui sembla clair et simple lorsqu'il décida de fuir et ne pas trahir sa famille, mais ça ne dura que quelques minutes. Très vite, sans qu'il ne puisse lui opposer la moindre résistance, sa conscience était repartie à l'assaut. Et cette voix-là n'était pas la même, elle était douce et chaude, pure comme un front de bébé. Et, à chaque fois qu'elle retentissait à nouveau, elle s'imposait à lui avec plus de force et de conviction.

Il était à moins d'un kilomètre de ce qu'il appelait encore chez lui. À une centaine de mètres au carrefour brillait le cube lumineux d'une installation des postes et télécommunications. Sans qu'il en ait conscience, il pénétra dans la cabine, entra sa carte et composa le numéro du 36.

– Police judiciaire, j'écoute ?

À la seconde où il entendit cette phrase, tout le poids de son silence et de sa responsabilité lui apparut. Flagrant, écrasant. Il était terrifié par tout ce qu'il savait et par ce qu'il ne faisait pas. Par ce qu'il était seul à connaître et qu'il avait gardé pour lui. Le dire enfin ridiculisait ses hésitations et en concrétisait toute l'horreur :

– Il a déposé du poison partout en France et il va maintenant contaminer Paris. Nous ne pouvons rien faire.

– Qui ça ? Peut-on avoir votre identité ?

– Je m'appelle Barthélemy… mes par… mon père est le responsable de tous ces carnages.

– Il me faut votre identité précise, ainsi que vos coordonnées, si vous voulez que l'on prenne en compte votre appel.

– Vous n'avez qu'à… je ne peux pas. Oh, mon Dieu !

À trois heures, Barco et Louise entendirent Barthélemy claquer la porte d'entrée. Ils sont encore dans le laboratoire devant l'ordinateur.

– Il commence à me courir à se ramener à des heures pareilles, lance Barco à sa femme. Monsieur se croit à l'hôtel. On me blanchit, on me nourrit et moi je vous emmerde. Je fais de la gymnastique et je me balade…

– Laisse-le un peu tranquille, c'est de son âge, l'interrompit Louise. Mais tu as raison, il exagère. Je lui en parlerai.

– Inutile, il se fout de nous !

Depuis quelques jours, Louise sentait que la rage de son mari était en train de monter dangereusement, il était temps de l'arrêter. Après, ce serait trop difficile.

– Alors, on le termine ce texte ou non. Demain, je n'aurai pas le temps de te servir de dactylo.

Louise, après avoir fait le dos rond, premier rempart, cherchait l'esquive. Détourner son attention, c'était ainsi qu'elle était parvenue jusqu'à présent à sortir son Barthy des griffes de son père. Sinon, il était plus que probable qu'il aurait fini par le faire disparaître, comme il l'avait fait pour la petite, simplement parce qu'elle l'encombrait.

– Tu as raison, mon travail est plus important. Qu'il crève, ce petit con. Où en étais-je ?

– Tu m'as dicté toutes les formules pour la fabrication des diverses bases du poison et puis les méthodes pour les mélanger…

– Ça fait combien de pages ? Il faut que ça puisse passer facilement…

– Dix-huit, mais il te reste à lister tous les procédés de propagation. Depuis le coup des champignons jusqu'aux barres des caddies.

– Ton invention, ma chérie, lui sourit-il !

Elle minaude et se retourne vers l'écran de l'ordinateur.

– Allez, dépêchons-nous, je commence à tomber de sommeil.

Les bras derrière le dos, sans même un pense-bête, Barco reprend sa dictée. Il n'est pas près de se coucher. Après avoir terminé son texte, il aura encore deux autres tâches à accomplir : réparer le système de manivelle qui anime les cymbales du grand singe et s'occuper de l'un de ses collègues, afin de pouvoir prendre sa place et être sur les lieux lorsque l'événement surviendra. Car c'est à lui, et à lui seul, que revient le droit d'immortaliser ce qu'il considère déjà comme la plus belle œuvre de mort jamais élaborée par l'homme. Mais, chaque chose en son temps, il reprend sa dictée :

– Avant de vous préciser le processus de fabrication du vernis, quelques rappels. Pour contaminer les champignons selon la première méthode, munissez-vous d'une seringue. Elle devra être de préférence en plastique et ce, pour trois raisons. Tout d'abord pour éviter tout risque de…

38

Paris, vendredi 21 août, 19 h 30

Cadre général du nouveau système des réserves :

La loi de programmation assigne à la gendarmerie un rôle particulier dans la défense du territoire, face à une menace par essence diffuse et qui requiert des effectifs nombreux.

La première réserve de gendarmerie (de 50 000 hommes) est répartie en deux grands ensembles : la réserve de 1er échelon, pouvant être mise sur pied en totalité dans un délai inférieur à trente jours, et la réserve de 2e échelon, prévue pour faire face à une crise de haute intensité ou qui s'installe dans la durée... Les réservistes de la gendarmerie renforceront ainsi les unités d'active dans certaines circonstances particulières, notamment la protection et l'intervention armée au profit de points sensibles, en cas de calamité publique...

PRINCIPE DE MONTÉE EN PUISSANCE

Premier niveau : correspond à une crise de basse intensité. La gendarmerie renforcera la capacité opérationnelle de ses unités organiques par des personnels de réserve, volontaires ayant souscrit un ESR[24].

24. Engagement à servir dans la Réserve.

Deuxième niveau : correspond à une crise de moyenne intensité. La gendarmerie mettra sur pied tout ou partie de ses réservistes volontaires sous contrat, en convoquant ou en rappelant le nombre de réservistes nécessaires.

Troisième niveau : correspond à une crise de haute intensité. La gendarmerie mettra sur pied toute sa réserve. Il pourra s'agir de la mobilisation, de la mise en garde ou encore d'une situation de pré-mobilisation, en période de troubles graves. Chaque gendarme recevra en double dotation pistolet automatique et fusil.

On en était là désormais, et dans le ventre d'Amédée, des sentiments croisaient le fer : solitude, stress, pression… Ses mains tremblaient. Dehors, le soleil, bien qu'en sang, refusait de se coucher. Les murs en étaient rouges. Comme toujours, Amédée craignait d'avoir oublié une piste, négligé un indice ou sous-estimé une remarque, une information apparemment secondaire.

Ses troupes étaient parties enquêter aux quatre coins de l'Hexagone, et toutes les pistes semblaient avoir été identifiées. Si son cerveau continuait de fonctionner, c'était par simple inertie. Debout, le regard perdu, là où se rencontrent le couchant du ciel et la pollution de la capitale, Mallock raclait le fond de son crâne pour s'assurer qu'il n'y restait pas, bien caché, un indice ou une piste décisive.

Durant ces deux dernières journées, malgré les avertissements répétés dans tous les médias et une nouvelle allocution du président, il y avait encore eu une augmentation très significative des massacres. Si l'armée avait limité les dégâts, elle était loin d'avoir pu contenir l'épidémie.

Mallock savait trop bien que chaque mort n'était pas un chiffre mais une tragédie pour des dizaines de personnes. Un mort égalait, statistiquement 6,5 blessés. Chaque mort faisait pleurer une dizaine de proches. Dix morts entraînaient un suicide, etc. Ces chiffres étaient ceux de la douleur et de la tristesse. C'était à lui, et à lui seul, d'en résoudre l'équation.

Éclair, craquement, un orage sec arrivait sur Paris. Le commissaire laissa son regard remonter vers le ciel, puis il baissa la tête vers l'enfer. C'était le diable qui avait créé l'homme à son image.

Ce matin, deux journaux s'étaient déchaînés contre lui. Il aurait dû en avoir l'habitude, mais là, c'était pas pareil. Il y avait une sorte de haine derrière les reproches qu'on lui faisait. Et puis surtout un sentiment de malaise dû à la présence de phrases et d'informations qu'aucun journal n'aurait dû avoir. C'était un sentiment de viol de retrouver ainsi des mots et des sentiments, des ressentiments, qu'il croyait avoir gardés en lui. Une taupe au sein du Fort ? Il ne manquait plus que ça. Mallock se refusa à poursuivre plus avant son analyse.

Il se contenta de soupirer, lâchement. Puis de s'effondrer sur le canapé et se sentir minable. Minable, accroché à sa mélancolie, ses havanes et son whisky. Avec son ventre qui grossissait. Et la tristesse infinie qu'il avait de Thomas. Son impuissance à, ne serait-ce qu'un peu, oublier et commencer à se consoler.

Toutes ses réussites et ses victoires passées ne comptaient plus. Il était perdu. Il avait perdu. Amédée-le-Roc n'était qu'une vieille âme molle et douloureuse qui en avait marre de transporter le cadavre de l'homme qu'elle habitait. Nouvel éclair. Amédée avala, cul sec, dix bons centilitres de malt non filtré, histoire d'engourdir un peu ce désespoir à quatre pattes qui, toujours, au fond de lui, marchait en rond. Battant l'amble.

39

Environs de Paris, samedi 23 août

Hervé Lozack n'aimait pas son métier. En fait, il n'aimait rien de sa vie. Sa femme l'encombrait et ses trois enfants aussi. Même son chien, trop sale, trop vieux et qui puait, à l'instar de son HLM, désormais plein de nègres et de bougnoules. F5 dans lequel il était obligé de vivre depuis plus de vingt ans.

S'il avait été honnête, il aurait reconnu qu'il n'avait pas fait grand-chose pour que ça change. Sinon s'acheter une télévision grand écran, une parabole et louer des cassettes pornos. Il avait régulièrement voté pour le Parti communiste, puis trois fois pour le programme commun de la gauche, avant de se décider à prendre sa carte du Front National. Rancœur, envie et jalousie avaient toujours été ses moteurs. Comme ceux de tant de Terriens.

Les derniers événements qui s'étaient abattus sur la France avaient eu sur lui un effet particulier. Loin d'être tourmenté par l'apparition de tous ces carnages ou du couvre-feu imposé à la population, il en éprouvait une sorte de jubilation. Une satisfaction personnelle. En lui confiant temporairement un laissez-passer et une autorisation de port d'arme, l'administration avait enfin reconnu l'importance stratégique de son travail. Second plaisir, voir ses semblables crever tous les soirs sur les trottoirs de son petit écran.

Hervé Lozack était chargé des prélèvements des eaux épurées de la Seine et, notamment, des derniers tests avant sa distribution sur la moitié nord de la capitale. Ce matin-là, il quitta son F5 pour glisser sa grosse bedaine dans sa nouvelle voiture de fonction, une Renault break de couleur beige.

Elle était toute neuve, renouvelée tous les deux ans. L'État le gâtait, mais il n'en avait pas vraiment conscience. Son électricité et son gaz pratiquement gratuits, son treizième, quatorzième et quinzième mois, ses primes de fin d'année, les cadeaux et les ristournes de son comité d'entreprise, tout cela était un dû qui ne lui procurait plus aucun plaisir.

Gagner au Loto, seule cette perspective le faisait encore rêver. Mais il ne poussait plus son rêve jusqu'à prendre un billet. Il avait joué une fois et il avait perdu.

Il accrocha sa ceinture, alluma la radio et démarra sans avoir remarqué quoi que ce soit. Comment aurait-il pu deviner que, durant la nuit, un homme avait pénétré à l'intérieur de sa voiture ?

Barco n'avait laissé aucune trace. Comme dans aucune des quatre autres camionnettes.

Bien que l'on fût en août et qu'il fît particulièrement beau, l'humeur de Lozack restait la même, celle d'un homme aigri, éternellement en colère contre les autres et la vie. Contre lui aussi. À plusieurs reprises, il avait demandé son affectation au grand réservoir de Montsouris, où s'accumulaient toutes les eaux de source qui alimentaient Paris. Mais il avait toujours essuyé un refus et il se sentait condamné à vie à la vérification de ces putains de stations de flotte.

– Et merde ! Ras-le-bol. Tous les matins, c'est le même cirque. Même mes putains de samedis y passent. Depuis vingt ans, on n'a jamais rien trouvé.

Il ponctua sa diatribe par un violent coup de klaxon à l'attention d'une vieille SDF, seule âme en vue, qui manifestait son intention de traverser.

– T'attendra, la vioque, le devoir m'appelle.

Tout au début de sa mise en fonction, Hervé Lozack changeait d'itinéraire selon la journée ou le temps qu'il faisait, histoire de gagner quelques minutes ou de varier le paysage. Tuer ainsi une monotonie dont il ressentait cruellement les effets. Puis, de tous ces parcours, il n'en avait gardé que deux ou trois, pour ne plus prendre que le même désormais, matin et soir, du lundi au samedi. Qu'il pleuve, qu'il neige ou que la canicule, comme aujourd'hui, chauffe à blanc la tôle de sa voiture, il suivait son itinéraire pour ne pas avoir à y réfléchir.

Encore un bienfait des événements. Depuis dix jours, la raréfaction des automobiles et des passants lui faisait gagner près d'un quart d'heure, ce qui lui permettait de rentrer vers onze heures pour ne ressortir qu'à dix-neuf heures pour sa dernière tournée.

De la notion de répétition assumée comme un devoir, il était très brièvement passé à celle de rituel, tentant de donner de l'importance à ce qu'il faisait, puis il en avait fait une habitude, une putain de routine. C'était devenu maintenant une sorte de réflexe conditionné, si naturel qu'il n'avait plus même à y penser, en tout cas pas plus qu'à allumer la télé en entrant, à soupirer en ouvrant son courrier ou à klaxonner sur tous les connards qui se mettaient sur son chemin. Chemin que sa femme s'entêtait à appeler « sa tournée », pour se venger ainsi de son indifférence envers elle, en le comparant, par un simple effet de sémantique, à un postier.

S'il avait été honnête, il aurait reconnu qu'il y avait bien une notion de tournée dans son itinéraire, mais c'était celle qu'ils s'offraient mutuellement, lui et trois autres piliers de bistrot, juste après son départ, sur une petite place du village voisin. Tous les jours, de huit heures et quart à neuf heures moins le quart, il garait son break devant le bistro La Cancanière, sous le panneau livraison, et il y faisait le plein de Picon bière. « Pourquoi Picon ? Parce que c'est bon ! »

Ce jour-là, qui allait pourtant tout changer dans sa vie, il fit comme tous les jours d'avant la crise, car le bar, son bar, venait enfin d'être « sécurisé ». Même arrêt, même boisson, même horaire et mêmes gestes effectués neuf fois dans la journée. En reprenant sa camionnette, après sa petite mousse, il ne nota rien de spécial. L'arrière était muni d'un système de sécurité inviolable. Du moins, le croyait-il !

Dès qu'il arrivait à une station de prélèvement, il faisait le tour de sa voiture, en ouvrait le hayon arrière à l'aide de deux clés spéciales, pour en tirer un pack de douze fioles de verre, alignées sur un support métallique muni d'une tige télescopique afin d'en permettre l'immersion. Il descendait alors quatre fioles par profondeur, les bleutés en surface, les transparentes à un mètre et les rouges, tout au fond.

Lorsqu'il avait ainsi procédé aux neuf relevés sur les neuf sites, il ramenait les quatre-vingt-un échantillons d'eau en vue d'analyse. Il laissait également les neuf supports métalliques, afin qu'ils soient stérilisés et en reprenait de nouveaux.

Ce jour-là, il ne remarqua rien, ni dans l'apparence des quatre-vingt-une fioles ni dans celle de ses clés. Pourtant, de près, s'il y avait prêté un peu attention, il aurait pu voir un résidu de pâte à modeler, incrusté là depuis trois jours.

Mais pour lui, ce fut une journée comme les autres, hormis la dose de Picon dans sa bière, que la fille de la patronne avait servie avec plus de parcimonie que son auguste mère, victime ce jour-là d'une lombalgie. La conne.

40

Samedi 23 août , 16 h

Comme on était samedi, Amédée passa voir Amélie.

Neuf mois après l'affaire des Visages de Dieu, il était venu à son chevet pour passer à son annulaire inerte une bague de fiançailles, un solitaire. La seule chose qui lui venait de sa mère, à part l'odeur persistante de la poudre de revolver.

Depuis, il n'avait jamais laissé passer plus de dix jours sans rendre visite à son Amélie, enserrer son poignet fragile et caresser de son gros pouce les facettes froides du diamant. Superstition. Aujourd'hui encore, il refaisait le même chemin, rapidement, avec toujours le même espoir et les mêmes craintes.

Plein soleil et chaleur caniculaire, peu de voitures civiles et pratiquement personne dans les rues. Sa vieille Jaguar ne mit que vingt minutes pour parvenir à bon port. La maison de santé était située à deux pâtés de maisons de l'immeuble où résidait Frank, en bordure du XIIIe arrondissement. Dans sa voiture non climatisée, Mallock avait le corps en sueur et des mains qui n'arrêtaient pas de trembler.

Comparée à tous les hôpitaux, débordés par la multitude des blessés, l'entrée de la clinique spécialisée semblait presque déserte. Dès son arrivée, une infirmière l'arrêta et lui demanda de patienter. Elle décrocha le téléphone pour appeler le docteur qui s'occupait d'Amélie.

– Entendu, professeur, je vous l'envoie tout de suite.

Mallock, la gorge nouée, se laissa conduire jusqu'au bureau du professeur Médard. Le praticien le fit asseoir. Il avait dû se raser à toute vitesse. Ça et là, des poils solitaires avaient échappé à la grille électrique. Quant à son cou, c'était un désastre. Sa voix aussi était approximative :

– Tout au début, si vous vous en souvenez, je n'étais pas très… optimiste. Notre Amélie avait mis plus d'un trimestre à ouvrir les yeux et à récupérer ses phases de veille et de sommeil. Puis elle en était restée là, sans signe de communication ou même de conscience. Bien qu'il n'y ait pas eu d'origine anoxique à son coma, j'ai bien cru qu'elle allait s'enfoncer dans un état végétatif persistant, chronique comme on dit. Notre Amélie – ce possessif pluriel agaçait prodigieusement Mallock sans qu'il ose cependant se révolter – n'avait pas besoin de sonde ni de trachéotomie mais à par ça, ce n'était pas brillant. J'avais songé à l'envoyer à l'hôpital maritime de Berck, chez mon bon ami, le docteur Métancourt. Puis elle était passée alors dans une phase hyporelationnelle et j'avais repris espoir.

– Moi aussi, murmura Mallock, s'attendant désormais au pire.

– Souvenez-vous, compte tenu de ce qui lui était arrivé, je vous avais dit qu'elle risquait fort de rencontrer des obstacles dans la récupération de sa mémoire. Pas seulement le souvenir du jour du traumatisme, mais aussi ce que l'on appelle dans notre jargon « la mémoire antérograde », celle qui met en cause les événements les plus récents. C'est souvent là que l'on a le plus de mal. Sans parler des problèmes comportementaux.

Mallock, en écoutant le professeur, reconnaissait bien là ses propres circonlocutions, lorsqu'il était mis dans l'obligation d'annoncer une nouvelle cruelle aux parents d'une victime. Mais il laissa le docteur tourner autour de la vérité, sans oser encore s'y poser. Ça leur laissait à tous deux un moment de répit. Jusqu'au moment où il ne supporta plus l'attente :

– Je vous en prie. Dites-moi où nous en sommes exactement.

Le professeur retira ses lunettes et se pinça l'arête du nez avant de relever la tête et plonger ses yeux dans ceux d'Amédée.

– Je suis vraiment désolé, Amélie est repassée d'un état de conscience minimal à un état végétatif.

Puis, sans laisser le temps à Mallock de poser des questions dont il ne connaissait pas lui-même les réponses, il précisa :

– J'ai l'impression que le redémarrage de sa mémoire et le souvenir du traumatisme originel lui ont fait, en quelque sorte, rebrousser chemin. Mais ce ne sont que des suppositions. On est encore très impuissant devant les phénomènes liés au…

– Elle peut revenir ? coupa Mallock.

Le professeur détourna son regard. La question était posée, il lui fallait répondre. Il répondit « franchement, je n'y crois pas beaucoup » car on ne ment pas à un homme qui vous regarde avec des yeux pareils. Puis, comme il pensait qu'une telle sentence méritait du silence, il laissa s'écouler une dizaine de secondes. 1, 2, 3… 10. Le temps d'un KO, avant de confirmer :

– Sauf un miracle.

– Merci pour votre franchise, professeur.

Pendant quelques minutes, ils parlèrent de tout et de rien. Mallock comprit que le professeur Médard ne se sentait pas le droit de clore la conversation. Alors, il le fit pour lui.

– Merci pour votre franchise, professeur, répéta Mallock en se levant et en tendant la main pour partir.

Une fois dehors, il chercha un endroit pour s'asseoir. Juste quelques minutes. La brutalité de la vie lui avait appris à faire son deuil, sauf pour Thomas. Mallock cicatrisait rapidement. On mouille l'index en le trempant dans les toutes premières larmes et l'on tourne la page. Pas de discours, d'accolades humides, de mouchoirs en pleurs, pas de douleur. Ni harmonium asthmatique ni grandes orgues souffreteuses, aucun remord face à la mort, juste faire l'effort. Replier ses souvenirs, les mettre sous vide et plastique avant de les monter tout au fond du grenier.

Déjà guéri d'Amélie, Mallock ? Un peu, beaucoup, pas du tout… Il ne le savait pas vraiment. D'elle, il ne lui resterait que des souvenirs charmants. C'est comme ça, et pas autrement.

Dehors, l'air était toujours aussi chaud et le soleil mandarine. Il avait *Corroboree*, assemblée des grands chefs aborigènes, et nom qu'il avait donné aux réunions qu'il organisait dans son bureau avec ses collaborateurs les plus proches, lors d'affaires sensibles. Il les avait convoqués pour six heures. Il avait un peu de temps devant lui et un besoin vital de marcher, parfaire son deuil en ressassant ses regrets, une dernière fois.

L'hôpital était à côté du domicile de Frank. Son lieutenant lui ramènerait sa précieuse voiture demain matin. Il avait hésité quelques secondes en considérant la différence d'âge entre sa vieille Jaguar et la jeunesse de son collaborateur. Et surtout de son demi-cerveau. Mais il y a des choix à faire dans la vie. En fait, il n'y a que ça.

Il se retourna vers l'hôpital, murmura un adieu et décida de passer la prochaine demi-heure à marcher en pleurant silencieusement, entériner son deuil, le laisser couler et l'essorer en même temps, comme une nappe humide à la lumière du soleil.

41

Paris, samedi 23 août, 18 h

À son bureau, le *Corroboree* n'avait pas commencé. Ses collaborateurs avaient le sourire et de bonnes nouvelles à lui communiquer. Ils ignoraient le drame qu'il venait de vivre et Mallock fit le nécessaire pour qu'ils ne le devinent pas.

Sans rien lui dire, ses seconds attendirent qu'il se soit installé derrière son bureau avant de venir y déposer, chacun son tour, un papier. Un peu comme l'on portait des offrandes aux pieds des dieux sur les îles tropicales, aux époques animistes et cannibales.

Le premier de ces papiers fut mis devant ses yeux par un Jules tout sourires. C'était le portrait-robot d'un homme, le dessin qu'ils avaient obtenu en recoupant tous les interrogatoires des médecins qui pensaient l'avoir reçu dans leurs cabinets. Mallock ouvrit la bouche pour demander des précisions, mais ensemble, ses quatre collaborateurs mirent le doigt sur la bouche, en sifflant entre leurs dents un long « Chuuuuut ! » sonore. Il faillit leur dire que ce n'était pas le moment de jouer, mais les nouvelles sur le sort d'Amélie l'avaient trop abattu pour qu'il ait envie de mener le moindre combat.

Ken s'approcha à son tour pour déposer, juste à côté du portrait proposé par Jules, un deuxième visage que Mallock reconnut. C'était celui qui avait été dessiné, en suivant les indications du vendeur ambulant de la place Saint-Michel.

Puis Julie, sans lui laisser le temps de trop réfléchir, posa à son tour un troisième portrait mais photographique celui-là. Vraisemblablement, le fruit de ses recherches dans les agences de presse.

Au même instant, avec une parfaite simultanéité, ils se reculèrent pour le laisser tranquillement regarder. Les trois portraits représentaient un homme d'une cinquantaine d'années, au visage ovale et allongé, aux yeux rapprochés et au menton fuyant. Lèvres petites mais ourlées. Ils différaient légèrement dans le détail des cheveux ou les marques de rides, mais tous les trois ressemblaient à une tentative de portrait de l'acteur Louis Jouvet.

Frank s'approcha à son tour pour déposer un quatrième document, celui qu'il avait obtenu en travaillant sur ordinateur, grâce à Photoshop et un programme de morphisme. La synthèse optimisée des trois précédents. Ce triptyque représentait le même homme, de face, de profil et de trois-quarts… Mallock comprit qu'il avait enfin devant lui le portrait de l'empoisonneur, du salopard qui avait, dans la longue histoire des tueurs en série, prit la toute première place.

Le travail de fourmi sur le terrain et dans les listings d'ordinateur avait porté ses fruits. Il alluma un Cohiba sans rien dire. Il ne pensait plus à Amélie. Ce portrait avait effacé dans sa tête tout ce qui ne concernait pas le chasseur en lui. Il aurait même pu se réjouir, s'il ne se l'interdisait pas encore. C'était une bataille importante qu'ils venaient de remporter, mais ce n'était pas encore la guerre. Tant qu'il serait libre, ce monstre restait le pire des dangers.

– Beau travail. Tirez en dix ou vingt milles exemplaires et faite-les parvenir à tout le monde : douanes, commissariats, organes de presse… Je veux que toute la France le traque et qu'on l'arrête. Chaque minute compte. Autre chose, je le veux vivant. Lui seul pourra nous indiquer les aliments ou les objets qu'il a empoisonnés. Notre pays est un terrain miné et seule cette ordure connaît l'emplacement des bombes.

Bien qu'ils fissent de leur mieux pour ne rien laisser paraître, ses collaborateurs, qui attendaient au moins un sourire de la part de leur patron, se sentirent frustrés. Leur déconvenue ne put échapper à Mallock, qui les connaissait trop bien.

– Ne m'en veuillez pas. On est sortis du noir et c'est primordial. C'est vraiment un super boulot et un pas décisif pour l'enquête, mais comprenez-moi bien. On a la responsabilité de tous les massacres qui vont encore avoir lieu, avant qu'on ne l'attrape et même après. C'est encore en centaines, voire en milliers de morts qu'il faut compter. Alors, j'ai encore du mal à me réjouir. Il faut le chopper et vite !

Mallock ne savait pas à quel point il avait raison de s'inquiéter. Quant à ses hommes, ils se sentirent soudain un peu couillons, avec leurs sourires idiots encore accrochés à leurs lèvres. Jules et Ken mirent un terme à ce silence gêné, en embrayant sur une autre nouvelle qui pouvait permettre de réduire le champ des recherches.

– Comme vous nous l'aviez demandé si gentiment, commença Ken, on a rapproché l'itinéraire formé par les empreintes de notre empoisonneur avec les différents parcours référencés de la prévention routière et du ministère de l'Intérieur : roulants de la SNCF, stewards ou pilotes de lignes, gitans, forains, troupes de théâtre, cirques et j'en passe… Il y a notamment deux ou trois trajets qui collent à plus de cinquante pour cent. D'autres tournées, qui sont dans les seuils de tolérance statistique, restent à étudier de plus près. Quant aux itinéraires des voyageurs de commerce et des camelots, c'est une tâche pratiquement impossible. Des milliers d'entreprises emploient ces personnes et il nous faudrait beaucoup plus de temps…

– C'est justement de temps dont nous ne disposons pas, reprit Mallock. Il faut trouver une idée, un indice qui nous permette de limiter encore le champ des recherches. Nous devons impérativement définir la profession de cet enculé. Toutes vos réflexions seront les bienvenues. Y'a encore trop de questions en suspends. Nous avons de bonnes raisons de penser qu'il s'agit d'une personne appartenant au monde du voyage. Mais avons-nous affaire à un comédien ? Un manouche joueur de guitare ou saute-en-l'air ? Un démonstrateur de râpe universelle ? Ou un dompteur de tigre ? Quoi qu'il en soit, il doit avoir un sacré passé de scientifique. À moins qu'il s'agisse d'un autodidacte surdoué. Ou d'une bande.

Devant le niveau d'inconnues et le nombre d'interrogatifs qu'il venait lui-même de prononcer, Mallock se ravisa.

– Je crois que je vais me charger de cette recherche. Occupez-vous plutôt d'envoyer partout les tirages de sa tronche et partez sur le terrain. Pour les entreprises, procédez à l'envers. Sélectionnez-les selon leur taille et leur activité et envoyez-leur les trajets que l'on a déterminés, en leur demandant s'ils ne correspondent pas à celui de leurs VRP. Je sais que ça fait un mailing énorme, mais l'on n'a pas le choix. Pendant qu'on y est, demandez à Bob de contacter un morphopsychologue, puisqu'il est en pleine période New Age. On ne sait jamais, le portrait a peut-être quelque chose à nous révéler.

Ken lui demanda qui faisait quoi. Mais Mallock le renvoya dans les cordes.

– Démerdez-vous, vous êtes assez grands. Je vous laisse le soin de vous répartir les tâches. Moi, je reste ici. J'ai encore cette putain d'impression que quelque chose nous a échappé. Mais je ne sais pas quoi. À moins que…

En quelques secondes, Mallock ne fut plus parmi eux. Sa bouche arrêta de sortir des mots et son regard se fit intérieur. Le commissaire s'était enfoncé dans son fauteuil.

Comme on quitte la chambre d'un malade qui vient enfin de s'endormir, ses collaborateurs s'éclipsèrent sur la pointe des pieds.

Dix minutes plus tard. Frank refrappa à la porte de son bureau. Mallock sursauta :

– Qu'est-ce que tu veux encore ?

Vexé par l'accueil, Frank s'avança jusqu'au bureau pour y déposer un paquet :

– Dedans, y'a le sac en plastique de Dessacre que vous m'aviez demandé.

– Ha ! oui, merci. Je vais y jeter un coup d'œil.

Dix minutes plus tard, il en avait fait le tour. Ce n'était pas Ruanita avec un R, ni avec un J, mais avec un W. À part cette information orthographique, rien à en tirer. De banales emplettes, dont une chemise hawaïenne. Par acquis de conscience, Mallock passa une dernière fois son bras dans le sac vide, avant d'y remettre les affaires. Ses doigts sentirent, resté collé au fond, un bout de papier. Sans doute de bonbon. Mallock retourna le sac comme un gant et s'appliqua à décoller ce qui n'était en fait qu'un morceau de serviette en papier. Il mit cinq bonnes minutes à séparer le plastique du bout de feuille. Elle était large de deux centimètres sur trois et déchirée tout autour. Le sucre qui l'avait retenue au plastique était coloré en rouge. Bleu cerise, comme disent les chasseurs alpins. Au travers, Mallock put distinguer trois lettres : N, O, S. Ça lui faisait une belle jambe. En soupirant, il remit le sac à l'endroit et y jeta pêle-mêle toutes les affaires, à l'exception du petit bout de papier qu'il enferma dans un petit sac plastique, avant de le mettre, sans trop savoir pourquoi, dans un des tiroirs de son bureau.

Il était plus de vingt heures et Mallock avait faim. Et puis demain, il avait prévu de rester tard. Alors il leva sa carcasse, tourna trois ou quatre fois en rond autour de son bureau et se décida enfin à sortir en se demandant bien ce qu'il allait pouvoir se préparer pour dîner. Peut-être un confit de chapon des Landes, c'était rapide. Et ceux que lui ramène Jules sont parfaits. Avec des lingots blancs congelés à cuire avec un bouquet garni, trois piments oiseaux et une ou deux gousses d'ail en chemise. Oui, un confit. Au four à 180°, pendant un quart d'heure, histoire de bien dissoudre les graisses et rôtir uniformément et intégralement la peau. Puis, après l'avoir laissé reposer sur une couche de papier absorbant, il le dresserait sur une belle assiette avant de l'arroser délicatement de quelques gouttes de Tabasco et de vinaigre de Xérès. Du persil plat coupé au ciseau, des feuilles de coriandre, sept tours de moulin à poivre et point barre. Pas de sel, c'est toujours trop salé. Oui, le confit, c'était une bonne idée, surtout celui des parents de Jules, se répéta-t-il tout bas, en passant le portail du 36.

Sans oublier, pour autant, de saluer les deux képis en faction.

42

Paris, dimanche 24 août, minuit

L'avenir de l'homme est dans le moins. Moins de choses, de causes, de modes ou de métamorphoses. Moins d'envie, de vanité aussi. Moins de vices et moins de dieux. Moins de vertueux. Moins de menaces et d'amertume, de souffrances et de croyances. D'espérances. L'avenir de l'homme est dans le vide, le désert des rives et des rivières. Moins de poussière, moins de meubles et d'objets assis. Moins de mots, d'images et de nombres. Tout ce qui pèse et ce qui sombre. La nuit, Mallock voudrait ranger la terre de tout ce qui l'encombre.

Seul dans son bureau, après un dimanche plein de bruits et de fureur, il en avait éteint les lumières et il regardait la Seine. C'est dans son flot qu'il déchiffre soudain une toute dernière piste, un autre et ultime possible à examiner. Il rallume brusquement et demande à Frank de le rejoindre. Il est le seul encore sur place. À peine ce dernier arrivé, Mallock attaque :

– Je suppose que, comme convenu, Karine et Klémence ont écouté les différents appels téléphoniques et qu'elles ont également analysé les courriers de dénonciation ?

– Ouais, pratiquement tous les appels depuis dix jours. Après que le service d'écoute a mis de côté les revendications politiques folkloriques, les hystériques, les p'tits comiques et compagnie. Pareil pour les lettres. Elles ont dû en analyser des centaines. Vous avez quelque chose en tête ?

– Je cherche un rapport entre les appels et les circuits.

Frank se gratte la tête, un peu gêné.

– Je ne vous suis pas, patron.

Mallock n'était pas trop étonné.

– Je t'ai parlé de l'importance qu'il y a aujourd'hui à connaître la profession de l'empoisonneur, afin de pouvoir sélectionner l'un des trajets et le localiser. Parmi les différents appels, n'y en a-t-il pas un qui a retenu leur attention ou qui pourrait nous donner une piste sur ce point précis ?

– Peut-être, mais c'est à elles qui faudrait le demander…

– Tu as raison, c'est de ma faute. J'ai complètement oublié d'en parler. À cette heure-ci, elles ne sont plus au Château. Je pense qu'elles sont chez elles, du côté de Bastille.

– J'ai leur numéro. Je les appelle ?

Mallock hésita deux secondes :

– Fais sonner trois fois. Si ça répond pas, raccroche.

Frank composa le numéro.

À la troisième sonnerie, Klémence décrocha.

– On ne vous réveille pas ? demanda Frank.

– À ton avis, à une heure du matin ?

– J'suis désolé, mais c'est important. Karine est à vos côtés ?

– On est là toutes les deux. Ça ne peut pas attendre demain ?

Les sœurs Calmel, finement rebaptisées les « Caramels » par les gens du Château, n'avaient pas l'habitude d'être dérangées chez elles, au milieu de la nuit et elles entendaient bien le faire savoir à ce Francis-Frank qu'elles n'appréciaient pas plus que ça.

– En fait, Mall… le patron est avec moi. C'est lui qui voudrait vous interroger au sujet des appels téléphoniques.

Mallock lui prit l'appareil pour leur expliquer, directement et en détail, ce qu'il recherchait.

–Veuillez m'excuser, mais je crois que ça peut être vraiment primordial pour…

–Je vous en prie, commissaire, vous pouvez nous appeler quand vous voulez.

Un silence s'en suivit. Frank se sentit blessé par la différence de ton, comme il supportait mal qu'elles le tutoient et qu'il se sente obligé de les vouvoyer.

Au bout de trente secondes, ils entendirent une petite voix marmonner :

– Moi, je crois que j'ai quelque chose.

C'était la voix enrouée de Karine.

– C'est l'un des touts derniers appels que j'ai entendus. Il venait d'arriver et David, l'un des pédaleurs[25] responsable des enregistrements, m'avait fait descendre pour l'écouter, avec une vingtaine d'autres. Il faisait partie de ceux qu'il avait trouvés troublants.

– C'est ce qu'il t'a dit, « troublant » ?

– Oui, troublant.

– Pourquoi troublant ?

–Je ne sais pas pourquoi, mais moi aussi, je l'ai trouvé troublant.

–Troublant comment ?

– Disons que le ton de sa voix était…

– Inquiétante ?

– Non… Sincère… Même plus que ça. C'était une question d'intensité. Il était tout à la fois terrorisé et calme, comme résigné. Mais faut dire qu'il appelait pour dénoncer ses parents. Et il semblait téléphoner sans se faire vraiment d'illusion sur le sort que l'on réserverait à son appel. En fait,

25. Ainsi nommés parce qu'ils utilisent des commandes à pied pour réécouter les enregistrements.

il fait partie des messages que ma sœur et moi avons mis sur la liste que nous voulions vous donner demain.

Mallock reprit la parole

– Karine, te souviens-tu de ce qu'il a dit, ses paroles exactes.

– Je préfère ne pas dire de bêtise. Tout ce que je peux affirmer, c'est qu'il semblait désespéré. En première analyse, j'ai détecté un stress exceptionnellement fort et une pronominalisation du discours très sophistiquée. Il saute du « on » au « je », en passant par le « il ». Puis il tente de disculper sa mère. C'est un appel à prendre en considération.

– Pour l'écouter, c'est au sous-sol… Mais…

– Les bandes ont des dates et des heures de début et de fin. Vous devriez pouvoir le retrouver sans problème. De mémoire, l'appel est arrivé entre deux et trois heures, vendredi matin.

– Merci beaucoup, mesdemoiselles. Et veuillez encore m'excuser…

Elles lui répondirent qu'il n'y avait pas de problème. Il les remercia et raccrocha. Il s'en voulait de ne pas avoir été les consulter plus tôt. C'était tout simplement une erreur de sa part et il ne se trouvait pas d'excuse. Normal, il n'en avait pas.

En descendant rapidement les escaliers, le cœur de Mallock se mit à battre violemment dans sa poitrine. Il avait le sentiment exaltant et douloureux d'être sur le point de trouver l'indice qui le mènerait enfin à la vérité et à la possibilité de mettre un terme à tout ce cauchemar. Sortir enfin de l'enfer et remonter vers la lumière.

Au QG d'écoute, trois personnes étaient de garde. Deux d'entre elles étaient en train de répondre à de nouvelles dénonciations. Mallock s'adressa à la troisième, au moment où son téléphone sonnait à son tour. Il reconnut Marie-Joséphine :

– Qu'est-ce que vous faites là ?

– J'ai passé pas mal de temps au laboratoire d'analyse et de traitement du signal, à Écully dans le 69. Toutes ces histoires de débruitage et d'identification vocale, je connais bien. Alors Ken m'a demandé de leur donner un coup de main ici.

– Bonne initiative. Peut-on écouter les enregistrements de la nuit de jeudi à vendredi ?

– Pas de problème.

Tout en répondant à l'appel, d'un geste, Jo lui indiqua une armoire métallique au fond de la pièce. Il ouvrit le meuble et lui rapporta la bande. Elle plaça habilement le ruban magnétique, alluma l'un des vieux Revox qui n'était pas en service et mit l'engin en écoute puis en défilement rapide. Visiblement elle savait pédaler. Des voix aiguës, en accéléré, envahirent la pièce. Elle arrêtait parfois la bande pour vérifier l'heure d'enregistrement, annoncé en clair par David ou ses adjoints après chaque appel.

Soudain une voix jeune retentit dans leurs casques :

– ...et il va maintenant contaminer tout Paris. Nous ne pouvons rien faire.

Sans que Mallock n'ait besoin de lui demander, Jo revint en arrière :

– Deux heures trente-sept.

C'était la voix de David. Puis :

– Police judiciaire, j'écoute ?

Suivi d'un silence d'une dizaine de secondes.

– Il a déposé du poison partout en France et il va maintenant contaminer Paris. Nous ne pouvons rien faire.

– Qui ça ? Peut-on avoir votre identité ?

– Je m'appelle Barthélemy... mes par... mon père est le responsable de tous ces carnages.

– Il me faut votre identité précise, ainsi que vos coordonnées, si vous voulez que l'on prenne en compte votre appel.

– Vous n'avez qu'à... je ne peux pas. Oh ! mon Dieu !

– J'ai besoin de votre nom complet et de votre adresse, répétait David.

Un silence de plus de vingt secondes interrompait de nouveau le dialogue. Visiblement, malgré tous ses efforts, Barthélemy ne parvenait pas à dénoncer ses propres parents. On entendait son souffle court, la douleur de son conflit intérieur.

Mallock comprenait bien ce que Karine voulait dire par son analyse de la « pronominalisation ». Mais aussi le terme de « troublant », qu'elle avait répété. Ces vingt secondes d'hésitation ne troublèrent pas seulement Mallock, elles le convainquirent brusquement et définitivement. Ce fut pour lui un choc brutal, entre le soulagement et la peur, un peu comme s'il avait loupé une marche et s'était rattrapé. Le garçon reprit :

– Prévenez le commissaire qui s'occupe de l'affaire et faites-le très vite, ils sont sans pitié… C'est mon père le seul responsable. Et il prépare un massacre cent fois plus terrible que tous ceux qu'ils ont déjà déclenchés. On doit absolument les empêcher. Mais il y a ma mère aussi, je ne peux pas…

Les bips d'un téléphone raccroché résonnèrent quelques secondes avant d'être interrompus par la voix de David : « Deux heures trente-neuf », suivi d'un nouvel appel.

Jo arrêta la bande et se tourna vers Mallock.

– Qu'est-ce que vous en pensez ?

– Repassez-la, s'il vous plaît.

Joséphine s'exécuta. Il n'y avait là aucune piste vraiment exploitable. Encore un cul-de-sac ? C'est à ce moment que l'un des télé-opérateurs se mêla à la conversation.

– Vous voulez entendre ce que je viens de recevoir. C'est la même voix et le même prénom, si je vous ai bien entendu.

Enfin de la chance, peut-être. L'homme repassa la bande contenant le deuxième appel de Barthélemy :

– C'est moi, Barthélemy, je vous ai déjà appelé. C'est Paris la prochaine cible. Je...

L'appel était coupé, comme si le jeune homme avait été interrompu.

– On est pas plus avancés, murmura Jo, dépitée.

– Pas si vite, lui répondit Mallock.

– Quoi ?

– Tu n'as rien entendu ?

– Comment ça ?

– En bruit de fond ?

– Non, rien. Et vous ?

– Moi non plus.

– Ben alors ?

– Alors, on sait jamais...

Beau dialogue. Joséphine, pas contrariante, reporta l'enregistrement sur un DAT[26].

Une minute plus tard, la grande Martiniquaise avait pris place dans une autre partie de la salle, devant un énorme amoncellement de tables de mixage et d'engins électroniques. Travaillant sur les séquences, grâce à divers algorithmes de compression et d'équalisation, elle remonta lentement le bruit de fond jusqu'à leur annoncer :

– Voilà, c'est ce que je peux faire de mieux.

Mallock prit un casque, ferma les yeux et écouta. Un sourire apparut sur son visage.

Le bruit entendu ne laissait aucun doute sur l'endroit d'où avait été passé l'appel : une fête foraine. S'ils décidaient de croire en l'authenticité du contenu de ce message téléphonique, on pouvait raisonnablement supposer que le tueur était un forain. Ce qui corroborait l'une des hypothèses de Mallock.

– Merci beaucoup, Joséphine, pour votre aide, et à bientôt.

26. *Digital Audio Tape.*

Au rez-de-chaussée, Amédée rencontra Francis qui rentrait enfin chez lui après quarante-huit heures de garde.

– Du nouveau, chef ?

– Ouais, je vais prévenir Ken. Il est bien là ?

– Ben ouais, sinon, j'partirais pas. Qu'est-ce qu'il y a ?

– A priori, on a affaire à des forains. Demande à Jo, elle te racontera. Tiens, puisque t'es là, je te confie les clés de ma voiture. Je l'ai garée hier sur la petite rue descendante, à côté de chez toi. Juste en face d'une petite boulangerie bleue. Tu vois ?

– Très bien, vous pensez. C'est là que je prends mon pain le soir et mes croissants le matin. Qu'est-ce que j'en fais de votre voiture ?

– Tu me la ramènes demain au bureau.

Francis resta un instant immobile, réduit au silence, pris de court par cette exceptionnelle preuve de confiance, vite atténuée par un :

– Et si tu me la rayes, je t'abats comme un chien.

Francis Tremolha se rassura en se disant qu'il ne le ferait pas. Mais en regardant le regard implacable du commissaire Amédée Mallock, il eut comme un doute…

De nouveau seul dans son bureau, Mallock se retrouva avec les bavardages de son cerveau. Pour essayer de les faire taire, il marcha jusqu'à la fenêtre. Puis il y colla son front. D'autres traces sur la vitre attestaient de cette manie qu'il avait de tenter parfois de calmer sa migraine et ses voix intérieures, en refroidissant son crâne sur le verre glacé par la nuit. En contrebas, Paris dormait. Il aurait aimé pouvoir en faire autant.

L'enthousiasme du moment passé, Mallock dut reconnaître que ce bruit de fond de fête foraine n'était pas suffisant pour abandonner toutes les autres possibilités. Dans les films, ça suffisait, pas dans la réalité. Certes, l'idée de forain correspondait bien à la dispersion des lieux de massacre, mais le message téléphonique n'était peut-être que le fait d'un jeune névrosé en plein délire. Ou d'un témoin capital mais téléphonant d'un autre lieu que celui où il habitait avec ses parents. Il s'était peut-être éloigné jusqu'à une fête foraine quelconque pour téléphoner plus tranquillement. Il lui fallait au moins un autre indice, recoupant et croisant parfaitement celui-ci, afin de transformer une hypothèse somme toute vraisemblable en quasi-certitude.

C'est à ce moment-là qu'il eut l'une de ses fameuses intuitions. Appeler Mordome.

Sans trop savoir pourquoi, il avait le sentiment que ce deuxième indice, permettant le recoupement, viendrait du médecin légiste. Comment ? Il y réfléchit quelques secondes avant d'abdiquer. Il ne voyait vraiment pas, mais son intuition était plus forte que tout raisonnement logique. Et puis, il n'avait rien à perdre.

Il laissa le téléphone sonner six fois… Mordome dormait.

– Ouais ?

– Désolé Barnabé, c'est Mallock. Je me demandais si tu n'avais rien pour moi ?

– À trois plombes du mat, j'ai rien pour personne.

Il n'était pas content, alors Mallock entreprit de le calmer en lui expliquant la raison de son appel. Puis il lui raconta ses dernières découvertes.

– En fait, tu voudrais savoir si j'ai trouvé un truc qui conforterait ton hypothèse de forain ? résuma Mordome, bien réveillé.

– Exactement !

– Je ne vois vraiment pas comment.

– Je sais, mais tu peux y réfléchir quand même et me rappeler si tu trouves.

Mallock s'accrochait encore à son intuition.

– Je t'ai donné tous les rapports d'autopsie, tu as vu quelque chose ? demanda Mordome, un peu agacé par l'insistance de Mallock.

– Non, rien. Mais tu aurais pu voir autre chose qui t'aurait semblé sans intérêt et…

– Qui prendrait une signification, simplement parce que tu soupçonnes un forain ? Tu te sens bien, Amédée ? Si y'a un petit manège, c'est dans ta tête, mon ami…

– Bon, ben, écoute, tant pis. Désolé de t'avoir réveillé.

La déception de Mallock était aussi forte que son intuition. Il raccrocha. Six minutes plus tard, Mordome rappela :

– C'est moi. Je viens de réaliser que je ne t'avais pas encore fait parvenir les autopsies des toutes premières personnes empoisonnées. Tu sais, celles qui avaient été exhumées après avoir fait l'objet de soins de conservation. On vient juste de s'en occuper. Je t'avais dit qu'a priori, y'aurait rien, mais que je ferais de mon mieux. J'ai peut-être un petit quelque chose.

Ça y était. Mallock en était certain. Ce qui allait être dit serait essentiel pour l'enquête. Il retint son souffle.

– Je t'écoute.

– Attention, ce que je vais te dire est à prendre au conditionnel. En fait, si tu ne m'avais pas parlé de forain, je n'aurais même pas mis cette information sur mon rapport.

Mallock bouillait d'impatience, mais il sut se taire et laisser Mordome lui exposer toutes ses réserves.

– Je te passe les problèmes d'odeur, et celles liées au formol. Bonjour les yeux, j'en ai encore des picotements, trois jours après. Sur le plan morphologique, on a trouvé de tout : du coton hydrophile sous les paupières, dans le nez, la bouche, le pharynx et l'anus, des espèces de cupules pour soutenir les yeux, des perforations un peu partout et des sutures de cow-boy au niveau des paquets vasculaires. L'interprétation de ces autopsies était et reste d'autant plus aléatoire que l'on est tombé sur une « durcification » des parties molles et sur des colorations inhabituelles, du gris et du brun, et pas toutes les nuances de rouge qui me guident normalement. Il y avait également des moisissures et des dulcifications étranges sur la face et les mains. Malgré les soins post mortem, la putréfaction du pancréas et des membres. Pas grand-chose à en tirer. Par contre, il n'y avait pas de putréfaction gazeuse ni d'adipocire.

Mallock se retint de lui hurler de se dépêcher. Il se contenta de l'encourager par un « Mais tu as bien trouvé quelque chose ? », fortement interrogatif.

– Attends ! Avant de te lâcher le morceau, je veux être sûr que tu comprennes bien. Si la relative conservation des tissus et des organes permet des constatations anatomopathologiques pertinentes, par contre l'embaumement à partir de produits formolés rend empiriques toutes les recherches toxicologiques. Alors, ceci posé, l'un de mes assistants m'a fait remarquer une similitude sur des résidus trouvés dans l'estomac de divers corps. Un coup de bol, le type est un perfectionniste, faudra que je te le présente, Julien Darmon, une perle.

Au moment où Mallock allait craquer, Mordome finit par lâcher :

– Pour en venir au fait, en rapprochant la liste des aliments qu'il a réussi à retrouver et ton histoire de forain, j'ai repensé à un truc curieux.

– Barnabé, tu ne crois pas que tu m'as fait assez languir ?

Mallock n'en pouvait plus.

– C'est une interprétation de ma part et je veux que tu en sois bien conscient.

– Je le suis. Juré, craché. Allez, accouche !

– En fait, il n'a pas fait de recherche pour tous les corps, c'était inutile. Mais trois estomacs, au lieu d'être gris, comme tous les autres organes, étaient roses ! Alors il a voulu savoir pourquoi et c'est pour cette raison qu'il en a fait analyser les résidus et les parois.

– Et alors ?

– Il a trouvé, dans les trois estomacs, les mêmes traces de sirop de sucre, de pomme… Et une grande concentration de colorants E 122 et E 124, ceux qu'on utilise pour la grenadine ou les sucettes aux fruits rouges.

Un grand silence s'installa entre les deux téléphones. Mordome attendait que son ami conclue à sa place. Lui ne savait pas trop qu'en penser. Mallock fit rapidement le vide dans son esprit. Surtout, lâcher prise, donner toute sa chance à l'intuition. Ne pas réfléchir. Pas encore.

Et c'est à cet instant que le prénom de sa première femme revint en surface. Lilou, diminutif de son nom, Marie-Luce Lizou, mais dérivé également de Lolita. Voilà pourquoi il avait rêvé d'elle, simplement à cause de son prénom, celui d'une jeune fille suçant une sucette rouge sur une affiche de film…

– Nom de Dieu, des sucettes ou des barbes à papa. Les fameux bâtonnets !

– C'est possible, confirma Mordome. Et les résidus de pommes, qu'est-ce que t'en fais ? Bon, je te laisse, dodo.

« Moi, je vais en faire des pommes d'amour ! » murmura Mallock, tout en raccrochant, un grand sourire aux lèvres.

43

Paris, dimanche 24 août, 2 h

Sur son bureau, Ken avait déposé les différents listings, fruits des dernières recherches. En ordre alphabétique, les noms de toutes les personnes et sociétés se promenant sur les trajets sélectionnés. Après avoir remercié Mordome et raccroché, Mallock attrapa celui des forains et commença à le parcourir. Arrivé au « C », il se rendit compte qu'il ne s'était pas vraiment concentré et recommença.

L'éclair d'un orage monta jusqu'au plus noir du ciel. Dans le bureau du commissaire, les noms, traversant l'iris d'Amédée, venaient percuter son cerveau avec un léger bruit mat. Au loin, deux ou trois des trente-deux hélicoptères lâchés sur Paris faisaient leur ronde de nuit. Mallock laissa chaque nom entrer dans son esprit pour mieux pouvoir le mâcher, le mélanger à la salive de sa mémoire. Écrasant chaque lettre entre ses mâchoires, il en laissait lentement fondre le sens. Peut-être un nom réveillerait-il quelque chose en lui, de l'ordre du souvenir ou de l'intuition, celle d'un sens caché ?

Arrivé aux F, Mallock-le-Roc se laissa submerger par le doute. Il cherchait une aiguille dans une botte de foin. Ou plutôt, une anguille dans une mare d'anguilles. C'était inutile et il dépensait un temps précieux qu'il aurait pu occuper de façon bien plus rationnelle. Ne serait-ce qu'à dormir.

Il rejeta le listing sur son bureau. Celui-ci glissa sur le bois pour retomber de l'autre côté. Avec un profond soupir, Amédée se leva de son siège pour aller ramasser l'accordéon de papier. Et il reprit sa lecture, se concentrant sur chaque nom. Il allait passer au Q, lorsque son esprit lui intima l'ordre de revenir en arrière.

À P, il vit ce nom : Posinos. Gérant : Théodore-Ann Barco. Activité : confiseries maison et industrielles. C'était écrit en toutes lettres et chacune d'entre elles brillait, éclairée par la lune.

Mallock ouvrit l'un de ses tiroirs pour en sortir une enveloppe en plastique. Dedans, le petit bout de serviette collé à l'intérieur du sac de Dessacre et ses trois lettres : N, O, S. Posinos, nom de Dieu !

Il ressentit un choc. Il avait entraperçu ce nom, à Andernos, lors de la fête de l'huître. Et cette odeur de sucre ? Il y avait ce grand stand plein d'odeurs de nougat et de barbe à papa. Et la vision furtive d'un gigantesque chaudron en cuivre, où se débattaient des dizaines de pommes d'amour. Ce même chaudron qui était venu le hanter dans ses rêves.

Mallock avait autre chose à vérifier, de toute urgence. Pourquoi son ami Claude lui était apparu plusieurs fois dans ces mêmes rêves, armé de son appareil photo ? Il avait pris des dizaines de clichés lors de cette fameuse fête de l'huître, mitraillant pour essayer son nouveau boîtier. Se pouvait-il qu'il ait photographié Barco ou une partie de son stand ? Il composa le numéro de Claude :

– C'est moi, désolé de te réveiller, mais c'est important.

– Pas de problème. Qu'est-ce qui t'arrive ?

Claude n'avait pas l'air d'un architecte qu'on sort de son lit à quatre heures du matin. L'esprit clair, il attendait de pouvoir rendre service à son ami.

– À Andernos, le fameux soir où je me suis trouvé mal…

– Pendant la fête de l'huître ?

– Exact ! Toi, tu n'as pas arrêté de prendre des photos…

– J'ai rempli ma carte mémoire de 2 gigas. Plus de cent clichés !

– Quand penses-tu en faire des impressions ?

L'impatience de Mallock s'entendait dans sa voix et n'échappa pas à Claude.

– À ton avis ? Qu'est-ce que je suis en train de faire à quatre heures du matin ?

– Je croyais t'avoir réveillé ?

– Ben non, mon bichon, je suis crevé, mais je viens juste de terminer l'impression de ma sélection. Mon lit me tendait les bras.

– Désolé, Claudius, mais c'est dans les miens que tu vas te retrouver. Tu n'as pas tout tiré ?

– Non, seulement celles qui m'intéressaient, celles qui en valaient le coup. J'ai jeté le reste.

Mallock eut un choc.

– Et merde !

Claude se rendit compte du désarroi de son ami.

– C'était important ?

– Ça aurait pu, mais c'est trop tard. Merde et merde, j'aurais dû y penser avant.

Puis soudain, il eut une intuition :

– T'as vidé ta carte mémoire aussi ?

Silence. Claude réfléchissait.

– Ben non, je crois pas. Je n'en ai pas encore eu besoin.

– Super. Tu peux les réimporter dans ton ordi ?

– Ben oui. Et après ?

– Met-toi devant. Je vais t'envoyer quelque chose.

– Ben quoi ?

– Ben, t'es pas ben réveillé, mon Claude !

– Attend, tu m'as arraché des bras de Morphée, alors qu'il s'apprêtait à me présenter une de ses copines…

Mallock éclata de rire.

– OK, OK, excuse-moi, mais y'avait urgence.

– Alors, c'est quoi, le truc que tu veux me faire passer ?

À toute autre personne, il aurait dit que ça ne la regardait pas, mais là, ce n'était pas pareil. Il avait confiance en son ami et il lui devait la vérité :

– Le portrait-robot de celui que l'on recherche, l'ordure qui est responsable de tous ces empoisonnements. Te sens-tu capable de veiller encore deux ou trois heures ? Il n'est pas impossible que, sans le vouloir, tu aies photographié l'individu que l'on recherche.

Il y eut un grand silence au téléphone.

– Tu plaisantes ?

La voix de Claude avait changé.

– Jamais sur des sujets pareils, lui répondit Mallock. Je voudrais que tu regardes le portrait, je te l'envoie. Il faudrait que tu inspectes tous tes clichés minutieusement. Je serai chez toi d'ici une demi-heure.

– D'accord, je commence à regarder en t'attendant.

– Attarde-toi sur un stand de bonbons, Posinos, si tu en as des photos, lui précisa Mallock. Je t'envoie le portrait immédiatement depuis l'ordinateur et j'arrive.

– À tout de suite, conclut Claude avant de raccrocher et se précipiter, déjà impatient, vers son ordinateur.

Lorsque Mallock quitta le 36, Claude n'avait pas rappelé. Ce n'était pas bon signe, mais il décida de continuer à être positif. Il n'avait pas encore eu le temps de tout regarder.

Pour Amédée, le visage de son ennemi était sur l'une de ces photos. Il était simplement hors de question qu'il en soit autrement. La chance était avec lui et ils ne se quitteraient plus jusqu'à la fin de l'enquête. Le sifflet strident d'un agent de police le fit sursauter. Il jeta un coup d'œil à son compteur, 130 km/h. Mallock ne s'arrêta pas. La vie de milliers de personnes était en jeu et le poids de sa responsabilité lui fit peser encore plus fort sur l'accélérateur.

Arrivé à Neuilly, il se gara n'importe comment et sortit de sa voiture de fonction, en oubliant même d'en fermer les portes. Deuxième étage. Claude lui ouvrit avant qu'il ait eu le temps de sonner. Au premier regard, il comprit qu'il n'avait rien trouvé.

– Je les ai toutes bien regardées, précisa-t-il, mais j'ai pu passer à côté.

Amédée lui tapa sur l'épaule :

– T'inquiète, s'il n'est là, je vais le trouver, cet enculé. Ce n'est pas facile de regarder des photos sur ordi, tu as dû passer devant... Tu ne les as pas ouvertes en grand dans Photoshop, je suppose ?

– Ben non. J'en aurais eu pour trois heures.

– OK, alors rien n'est perdu.

Sans même retirer sa veste, Mallock se posta derrière l'iMac de son ami, attrapa la souris, commença sa traque numérique. Claude s'éclipsa vers la cuisine pour lui servir un verre de pur malt, un Lagavulin non filtré qu'il gardait de côté pour Amédée.

Une heure s'écoula dans le plus grand silence. La plupart des clichés étaient parfaitement exposés. Les essais qu'ils avaient faits ensemble n'avaient pas été inutiles. Les néons étaient un peu saturés, mais l'on voyait assez clairement les personnages, bien que la moitié d'entre eux soit floue en raison du peu de lumière et du mouvement. Malgré le réglage à 1600 ASA, Claude avait travaillé entre le trentième et le huitième de seconde. Normalement, ça n'autorisait pas le moindre mouvement, Mais là, il était équipé d'un objectif VR, à stabilisation optique, qui lui permettait ces vitesse lentes. L'œil rivé sur l'écran 20 pouces, Amédée regarda toutes ces personnes souriantes. Ses amis et toute cette foule de touristes en vacances. Il eut l'impression que dix années s'étaient écoulées depuis cette nuit-là. Comme après le 11 septembre pour les New-Yorkais, la perte d'une certaine innocence, même si le terme d'innocence ne convenait pas vraiment.

Les minutes passaient, et l'œil de Mallock glissait lentement d'une image à l'autre. Rien ! Claude, de son côté, était de plus en plus nerveux. Il ne croyait pas au miracle et s'inquiétait de voir son ami s'entêter ainsi.

Mallock se redressa enfin. Il avait un regard étrange.

– Tu n'as rien trouvé ? demanda Claude.

– Laisse-moi me concentrer quelques minutes, j'ai une curieuse impression.

Et, sans attendre, Mallock se leva de son siège pour aller s'allonger sur le canapé. Il ferma les yeux et s'endormit. Douze minutes plus tard, il se réveilla avec une phrase dans la tête, une sorte de maxime amenée par son inconscient. « L'ombre d'un homme est plus grande que lui. »

On aurait dit une pensée de Lao-Tseu ou de Confucius. Il la prononça tout haut.

– C'est très beau, très profond et, sans aucun doute, ça mérite que l'on s'y attarde. Mais je ne vois pas trop le rapport ?

Mallock lui fit signe de se taire. Il était parfaitement immobile, le regard dans le vague.

– Nom de Dieu, lâcha-t-il, avant de se replonger dans le dossier contenant tous les clichés. Il savait quelle photo chercher et la retrouva en moins d'une minute. Sur ce shoot, au premier plan à droite, un bout de néon saturé attirait le regard. Toute la partie gauche n'était en fait que l'ombre renversée d'un homme, sa tête énorme dépassant dans le coin gauche du cadre. Cette ombre provenait de la porte d'une caravane, éloignée et éclairée de l'intérieur, au centre droit de la photo. En contre-jour, l'homme debout à l'entrée de celle-ci n'était qu'une minuscule silhouette complètement noire. Mais, à 800 %, on pouvait deviner une tache blanche au niveau du visage. Mallock serra les dents. Il avait la chance posée sur sa main droite et tenait le hasard dans le poing gauche et aucun des trois, lui compris, ne semblait vouloir décevoir l'autre.

L'homme s'était arrêté sur le pas de sa caravane pour allumer une cigarette ou un cigarillo.

– C'est en contre-jour. Pas évident qu'il y ait quelque chose d'utilisable. Enfin, je vais essayer. On sera peut-être sauvés par la lumière de l'allumette.

Claude s'interrogea :

– Qu'est-ce que tu veux faire ? J'ai rien de mieux…

Mallock ricana. Content de lui.

– Souviens-toi ? On a réglé ton appareil ensemble et je t'ai conseillé de travailler en RAW. C'est un format qui, tout en étant plus léger que le TIFF, est bien meilleur que le JPEG. Mais, c'est encore plus magique que ce que je t'ai expliqué. En fait, ce format contient énormément d'informations et si on l'ouvre dans une application qui sait le traiter, on peut pratiquement rendre lisible un cliché entièrement noir.

Devant l'air ahuri de son ami, Mallock préféra passer à la pratique. Son instinct ne lui mentait pas. Il en était sûr. S'il s'agissait bien du diable rouge derrière le cigarillo, il allait vite fait bien fait, le détroncher.

– Tu fait tomber un autre whisky pour ton commissaire adoré ?

– Avec plaisir, ma poule. J'ai justement une bouteille que j'avais rapportée d'Écosse pour toi. Un malt tourbé comme tu les aimes. C'est un *single task* à 62°. Il faut le diluer avec de l'eau, mais il est…

Mallock ne l'écoutait plus. Il avait ouvert le lecteur format brut de son programme favori. La main qui manipulait la souris tremblait un peu. Preuve que Mallock n'était encore certain de rien. Simplement, il sentait la proximité du gibier et, chien de chasse, il en éprouvait une sorte d'ivresse presque douloureuse. Il alla chercher la version mère du fameux cliché. Une fois importé dans Camera RAW, il commença à le travailler en augmentant l'exposition de deux diaph, puis il appliqua 50 points en lumière d'appoint, un peu de luminosité, le maximum de fonction clarté. Déboucher les noirs, c'était magique : travailler la couche alpha, laisser monter le bruit puis additionner les couches en leur retirant leur fonction colorimétrique. Mallock bougonna deux ou trois injures à l'encontre de la souris fatiguée de Claude. Dix minutes plus tard, il avait le résultat.

Il se recula dans son siège, attrapa son verre et regarda son œuvre, comme si c'était un nouveau Vermeer découvert au fond d'un grenier. L'homme, en sortant de sa caravane, s'était en effet immobilisé pour allumer un cigarillo, échappant ainsi au bouger d'une pose pourtant très lente. Un huitième de seconde, avait dit Claude : « Tu m'avais dit qu'avec le stabilisateur de l'objectif, ça pourrait passer. » La lumière de l'allumette avait suffi pour gentiment déboucher le contre-jour dans lequel, normalement, il se serait dissimulé. Le bruit était important, les gris délavés, mais c'était lui.

– J't'ai eu, mon salaud ! lança-t-il rageur, en écho à certaines photos prises de lui et qu'il n'avait pas encore vraiment digérées.

De son côté, Claude arborait un sourire d'éberlué.

– C'est pas croyable. C'est moi qui ai pris la photo de ce connard ?

Mallock lui tapa amicalement sur l'épaule.

– Eh oui, tu es le meilleur, mon Claudius.

– Arrête, j'y suis pour rien. C'est toi qui l'as eu…

– Il n'est pas encore entre mes mains, cet enfoiré de malade. Il faut que je le trouve et que je le serre le plus vite possible. Mais avant ça…

Il ne termina pas sa phrase, se rassit calmement tout au fond du canapé, rejeta sa tête en arrière contre le haut du dossier et ferma les yeux.

Ça le reprend, pensa Claude, moitié inquiet, moitié attendri. Quelques secondes plus tard, comme pour compenser le long accouchement de ce « Qui est-il ? », Mallock se releva en connaissant la réponse au « Où est-il ? »

Son raisonnement était simple. Si l'empoisonneur avait trouvé un moyen diabolique pour attaquer la capitale, c'était bien entendu au milieu de celle-ci que le psychopathe voudrait se trouver, afin de pouvoir assister à son triomphe, s'enivrer de sang et d'images, se nourrir du spectacle dont il rêvait depuis si longtemps. Témoignage, preuves ou œuvres, Mallock ne savait pas encore exactement ce que ces massacres représentaient pour lui, mais ce dont il était sûr, c'est que l'empoisonneur serait là pour contempler le résultat de son travail, l'immortaliser. Or, il n'y avait plus qu'un seul endroit à Paris qui proposait encore une fête foraine. Celle du trône, comme toutes les autres, avait été interdite, mais le maire et la préfecture avaient fait une exception en sécurisant la fête des Tuileries, ultime tentative pour redonner un semblant de vie à la capitale et maintenir ainsi le moral de ses habitants.

Posinos aurait-il pu se faire inviter à participer à cette fête foraine ? Faisait-il partie de ces attractions ?

– Je peux utiliser ton téléphone ? demanda Mallock tout en composant un numéro.

Le réveil du directeur de la foire à cinq heures du matin lui en donna confirmation. Le gérant de la fête expliqua au commissaire qu'il avait reçu une offre de service plus qu'intéressante du fameux Posinos et ce, juste après la mort du propriétaire de son principal stand de bonbons. Le pauvre homme avait fait partie des contaminés. Il avait été abattu après avoir tué femmes et enfants, il y a deux jours… Le gérant n'avait pas hésité à l'embaucher, surtout que Posinos était l'un des rares confiseurs à avoir reçu l'approbation de la DGCCRF et que de toute façon « les candidats ne se bousculaient pas au portillon compte tenu d'un chiffre d'affaires potentiellement très limité, avec toutes ces conneries de lunatiques. » Son installation et ses méthodes de fabrication en faisaient l'une des très rares roulottes de sucrerie sécurisées. C'est sans hésitation, et même trop content, qu'il l'avait invité à se joindre à sa troupe.

Mallock raccrocha après lui avoir demandé la plus complète discrétion. Il avait deux heures pour déclencher le système d'intervention qu'il avait mis au point depuis une semaine en prévision de cet instant. Il soupira profondément. L'appréhension taraudant son ventre, il repartit au Château, sans même penser à remercier son Claudius.

44

Dimanche 24 août, jardin des Tuileries

Dès six heures, deux cents hommes, appartenant aux cinq brigades d'intervention les plus proches, finissaient de prendre position aux endroits stratégiques. Les différents bosquets et rangées d'arbres leur permettaient d'être parfaitement dissimulés, tout en étant prêts à intervenir. Cars et ambulances étaient stationnés sur la place, derrière l'Orangerie, le musée du Jeu de Paume, ainsi que le long du quai des Tuileries. La rue de Rivoli était restée vide, les grilles du jardin ne pouvant cacher aucun véhicule.

Le soleil déjà levé et le silence de la capitale avaient obligé chaque équipe à se mouvoir lentement. Mais à sept heures moins le quart, tout le monde était en place : le GIGN, les hommes des Brigades de recherche et d'intervention, et les oiseaux aussi. Ces derniers avaient dû attendre que tous ces fantômes d'hommes se soient installés pour recommencer à chanter.

C'était l'aube tiède d'un dimanche d'août. Un dimanche que la météo avait promis beau mais lourd. On attendait l'arrivée d'une basse pression venue d'Irlande, perturbation qui transformerait cette chaleur en orage.

Après mûre réflexion, et pour laisser le temps à un début de foule de rentrer dans la fête foraine, Mallock avait pris la décision d'effectuer l'interpellation une demi-heure après l'ouverture. Il opérerait avec ses hommes à lui, divisés en deux groupes : Bob et Ken d'une part ; Jules, Julie et lui, d'autre part. Ces derniers étaient chargés de pénétrer par l'entrée principale, place Jeanne d'Arc, puis de s'approcher des trois chignoles, en remontant le plus discrètement possible l'allée principale de la fête foraine. Ils devaient alors procéder à l'arrestation proprement dite, sans effusion de sang. Non que Mallock se souciât le moins du monde du sort de ces criminels, mais parce qu'il était primordial, même vital, de pouvoir recueillir un maximum d'information auprès d'eux.

Afin de couvrir les éventuelles tentatives de fuite, la deuxième équipe entrerait au même instant par les grilles donnant sur la place de la Concorde.

La fête foraine n'ouvrait ses portes qu'à neuf heures. Jules, Julie et Mallock venaient de passer leur gilet pare-balles, nouveau modèle, bien dissimulé sous leur tenue d'été. Et, plus la chaleur montait en même temps que le soleil dans un ciel déjà plombé, plus ils maudissaient leur « seconde chance ». Tous avaient connu des planques, plus ou moins longues, plus au moins confortables, mais aujourd'hui, c'était différent. L'attente durerait encore deux heures avant qu'ils passent à l'action. L'appréhension et l'importance de l'enjeu la rendaient physiquement insupportable.

Ils avaient pris place, tous les trois, dans le seul café sécurisé du coin. Partiellement ouvert, l'établissement donnait sur la place et la statue en or de Jeanne d'Arc, en face de l'hôtel Regina. Normalement, ils auraient bavardé, parlé de tout et de rien, éventuellement de l'affaire en cours. Aujourd'hui, ils restaient muets, emmurés par la tension et une sorte de concentration douloureuse. Mallock se força à rompre ce silence :

– Je prends une bière. Vous voulez quelque chose ?

Jules et Julie, d'un même mouvement de tête, refusèrent.

– Merci, non.

Amédée se retourna vers l'intérieur du café pour faire signe au garçon. Une minute plus tard, il avait devant lui un verre, enfermé dans un plastique transparent si épais qu'il en était devenu presque opaque, un ciseau pour l'ouvrir et une bière encore encapsulée, prisonnière elle aussi du même type de polyéthylène. Le garçon revint pour déposer, au milieu de la table ronde cerclée de zinc, un ouvre-bouteille.

Tous les trois se disaient qu'avec de la chance, ils allaient pouvoir mettre enfin un terme à tout ce cirque et à tous ces drames. À tous ces morts ! L'important était de rester discrets, si on voulait pouvoir « les encrister à la surprenante », aurait dit Bob.

Fourmis rouges sur cadavre de scorpion, les questions grouillaient dans leurs têtes. Le monstre était-il bien là ? Quel regard avait-il ? Comment réagirait-il ? Était-il seulement humain ? En fait, ils craignaient autant de devoir l'affronter que de ne pas le trouver. Mais aucun d'eux n'aurait osé se l'avouer. L'attente commençait à durcir chacun de leurs muscles et à emplir l'air d'une odeur écœurante, pauvre en oxygène.

Huit heures. Mallock trempa ses lèvres dans la mousse amère. Tous les scénarios possibles défilaient dans sa tête, avec des solutions de riposte pour chacun des cas. Ils en avaient parlé ensemble avant de se séparer en deux groupes, mais lui continuait à les revoir, les ruminer et à en rechercher les failles. Les premières gorgées de liquide calmèrent un peu le feu des interrogations. Relâchant un peu le nœud qui s'était formé dans sa gorge, elles glissèrent glacées, jusqu'au fond de son ventre.

–Vous auriez dû en prendre une…

Jules et Julie se regardèrent avant de se rendre à l'évidence. Le garçon leur apporta deux bières et ils se livrèrent au même rituel d'ouverture avant de pouvoir boire. Le goût familier de la boisson leur fit du bien.

– Putain !

L'exclamation provenait de la jolie bouche de Julie. Jules venait de lui apporter le *Journal du Dimanche*. Elle abattit le canard devant elle.

– Comment ont-ils pu savoir ?

En titre, il y avait : « Les empoisonneurs seraient des forains !!! », avec un triple exclamatif. Mallock n'hésita pas une seconde. Il savait maintenant d'où provenait le coup.

– Je vais avoir un sale coup de fil à passer.

Mais, avant ce sale coup de fil, Mallock en passa deux autres. Il eut les confirmations qu'il attendait, et bien plus. Oui, les indiscrétions provenaient bien du Fort lui-même. Oui, l'informateur se faisait rémunérer. Non, ce n'était pas la première fois. Oui, déjà, lors de l'affaire des Visages de Dieu. Dès qu'il avait pris les rênes de l'enquête, les médias avaient été rencardés par le même individu. C'est lui qui avait lâché l'info sur la mise sous embargo des six premiers meurtres du Maquilleur. Non, il ne l'avait pas fait par amitié pour un journaliste, mais pour de l'argent, « un sacré paquet ». Oui, on s'étonnait un peu que Mallock soit si naïf. « Aveugle », avaient rigolé certains. Non, la donneuse ne semblait pas le faire à regret, il semblait même y prendre un certain plaisir. « Touché », le Mallock par la trahison. « Coulé » par la haine que l'on venait de lui décrire. Il composa le numéro de la balance, celui que l'on n'appellerait plus désormais que par le sobriquet de « ptisalopio ».

– Ouais, chef ?

Mallock laissa passer quelques secondes. De l'autre côté, l'abruti semblait ne se douter de rien. Amédée passa à l'attaque :

– Francis, demain, tu viens pas au Fort.

– Ah bon ? Je vais où ?

Mallock laissa passer un silence. Ce serait bon de l'entendre tomber lentement en se raccrochant aux branches.

– Après-demain, tu viens pas non plus d'ailleurs, mon cher Francis.

– Pourquoi vous m'appelez Francis ?

– Parce que c'est ton nom, ducon, non ?

Gros silence à l'autre bout de la ligne. Le doute venait de toucher la bête.

–Vous avez un truc à me reprocher ?

– À ton avis ?

– Mais, j'ai rien fait…

– Allez, on arrête le petit jeu. Je veux pas revoir ta tronche. Jamais.

– Où je vais alors ? Attention, j'ai des droits… C'est pas moi qui…

Frank-Francis Tremolha avait enfin compris. Le silence à l'autre bout du fil en faisait foi. Il se mit alors à hurler contre Mallock :

– En vieillissant, vous êtes devenu le pire des connards, vous savez ça ? Un ringard. Tout le monde le dit, même…

Mallock referma brutalement le combiné du portable et le posa tranquillement à côté de sa bière. Il se força à respirer profondément.

Après trois secondes de silence, il reprit le combiné et le reposa violemment sur la table.

Faut savoir tirer la chasse après un gros caca… Et deux fois, c'est encore mieux. Parce que, même l'eau, faut la laver.

Jules et Julie le regardaient, interdits.

Mallock comprit. Il devait des explications à ses collaborateurs. Même s'il n'avait pas envie d'en parler. Il se rendit compte qu'il avait peur de leurs réactions.

– Qu'est-ce qui se passe avec Frank ?

–Vous l'avez viré ?

Jules et Julie attendaient des réponses.

– Il informait les médias sur nos actions, leur répondit Mallock. Toutes ces diatribes contre moi dans les journaux, ça vient en grande partie de lui. Et puis, c'est lui aussi, le coup de ce matin. Il était avec moi hier soir. Ça ne pouvait donc être que lui. J'ai reçu la confirmation de copains journalistes. Tous les problèmes que l'on a eus avec la pression médiatique au début de l'enquête sur le Maquilleur, idem. Une véritable putain de donneuse…

Julie fit une grimace. Jules, de son côté, baissa la tête. Ils se penchèrent sur leurs bières, silencieux. Mallock les pensa choqués par la scène dont ils venaient d'être témoin. Offusqués de le voir ainsi licencier l'un d'entre eux, sans même lui laisser le temps de s'exprimer, de passer par la case départ et toucher une seconde chance.

Dans quelques minutes, ensemble, tous les trois, ils allaient passer à l'attaque contre un ennemi redoutable. Il fallait qu'ils aient une explication et Mallock était prêt à faire des concessions :

– Si vous voulez, je le convoquerai dès demain et, en votre présence, je lui demanderai de s'expliquer ? Ça vous va ?

Julie et Jules le regardèrent surpris. Ce fut Jules qui répondit :

– Franchement, j'en vois pas l'intérêt. Ça fait déjà un bout de temps qu'on ne s'y fie plus au Francis. Au départ, ça allait bien, je reconnais. Pas une lumière et un peu menteur, mais il était gentil et serviable. Et puis, rien à dire, il bossait pour deux. Ses défauts se sont aggravés petit à petit, surtout depuis qu'il est avec sa blondasse. La pauvre Tyrolienne voyait déjà en son « Frank » le prochain patron de la Crime. Commissaire divisionnaire Tremolha. À mourir de rire. Alors le fait que le « Benêt-Oui-Oui » ait été jusqu'à baver sur vous et sur l'ensemble du Fort, ça nous étonne pas du tout. Et puis, le coup de ce matin, ça ne se pardonne pas.

– Alors, en fait, vous êtes d'accord avec moi ?

Julie et Jules, malgré la tension du moment, éclatèrent de rire :

– Mais oui, évidemment. Toujours. Même quand vous avez tort !

Ils redoublèrent de rire.

– Non, sans rire, patron, il commençait sérieusement à nous bassiner. Et l'air de rien, ces derniers temps, surtout derrière vous, il mettait une sale ambiance. Bon débarras.

– Et puis, de toute façon, ajouta Julie, celui qui s'attaque à vous, s'attaque à nous.

Cette dernière phrase eut sur ce vieux sentimental de Mallock l'effet d'un onguent. Miracle, il n'avait plus mal nulle part. En leur souriant, il demanda :

– Benêt-Oui-Oui ? Vous l'appeliez comme ça entre vous ?

Julie pouffa :

– Oui, on trouvait que ça rendait bien compte de l'hypocrisie du personnage. Jules l'appelait simplement ducon. Ken préférait QI 007 ou tête de nœud. Il restera le type qui a reçu le plus de surnoms depuis la création du 36. Ce sera sans doute son seul record.

– Et celui de m'avoir bien roulé dans la farine, rajouta Mallock, prêt pour une fois à l'autocritique. J'ai rien vu venir.

Julie le regarda en souriant, tendrement même. Presque maternelle :

– Pour vous consoler, patron, dites-vous que ça nous fait beaucoup de bien, à nous pauvres mortels, de voir que Dédé-le-Devin n'était pas aussi omniscient que l'on pouvait le craindre. Et que sa vaste et envahissante intelligence n'était pas exempte de bugs.

Mallock se demanda, mais pas trop longtemps si, avec son jolie sourire, Julie n'était pas simplement en train de se foutre de sa gueule. Il n'y avait pas vraiment de doute sur la question. Elle se payait sa tête et dans les grandes largeurs, la jolie Julie. Mallock décida, tout aussi rapidement, qu'elle en avait non seulement le droit mais que c'était même une sorte de devoir pour toute personne dotée d'un minimum d'esprit. Ça aurait été du gâchis que de louper une occasion pareille. Il réprima intérieurement un sourire. En plus, c'était fort agréable, pour un vieux pendard d'ours poilu comme lui, de se faire faire l'humour par une créature si séduisante.

– Et puis, en plus, ça fait de la place, rajouta Jules. Vous vous souvenez de Demaya-Dabancourt ?

– Qui ça ?

– Euh, Jo. Son nom complet c'est Marie-Joséphine Maëcka Demaya-Dabancourt. Elle ferait une super recrue.

– Mollo, Jules. On rentre pas au Fort comme ça. On verra.

Histoire de tourner la page et passer à autre chose, Jules se mit alors à souffler comme un phoque :

– Cela dit, vous aviez raison, patron. Il commence à faire trop chaud. On n'aurait pas dû passer nos gilets. Tu viens, Julie ?

– Où ça ?

– Aux toilettes. On va pas se déloquer en public ?

Ce fut à Mallock de chambrer un peu de ses collaborateurs.

– Ne vous gênez pas pour moi. Mais pas de préliminaires, les enfants. Y'a pas l'temps.

Julie passa devant Mallock, en fronçant les sourcils.

– Pour qui me prenez-vous, commissaire ? Je suis une jeune fille convenable.

Et Jules renchérit :

– Et puis, jamais avant le mariage, chef. Croix d'bois, croix d'fer, si j'mens…

– Fais gaffe à ce que tu dis, Jules. L'enfer, on y va dans quelques minutes.

Ses deux capitaines partis, Mallock se sentit soudain un peu couillon. Fallait le faire, se tromper autant sur ses proches. Et puis surtout, douter comme ça, sans raison, de sa Julie et de son Jules, de Ken ou de Daranne ! Question rapports humains, pas de doute, il pédalait parfois dans la choucroute, le commissaire. D'abord, ça le vexa un peu. Mais rapidement, il ressentit autre chose. Et curieusement, cette idée d'être couillon se mit à lui plaire énormément. Peut-être que parce qu'en méritant cet épithète, il se sentait moins seul. C'était somme toute agréable de partager ainsi le sort de tous, jusqu'au dernier des cons, en une communion œcuménique et universelle. Rejoindre la masse, ça peut être libérateur. Et puis, en se reconnaissant comme acteur dans la fabrication quotidienne de la merde ambiante, de cette grosse catastrophe qu'on appelle l'humanité, il se mettait à ressentir beaucoup moins intensément le poids de l'iniquité qui pèse et détruit le juste et l'innocent.

Quand Julie et Jules revinrent de leur strip-tease, leur patron avait encore l'ombre d'un sourire béat sur les lèvres. L'air un peu con, en quelque sorte.

Neuf heures dix. Avec un peu de retard, les premiers visiteurs commençaient tout juste à entrer dans le jardin. Il n'y avait pas foule, loin de là. Or Mallock avait prévu de se mêler aux visiteurs. Il lui fallait encore attendre. C'était à lui et à lui seul de décider du moment idéal pour… allumer la paille. Il conseilla à ses collaborateurs un autre petit tour aux toilettes pour faire l'exercice inverse.

– Faites bien gaffe qu'on voie pas vos gilets sous vos fringues.

Le soleil jouait la canicule et les minutes s'écoulaient lentement. Un petit groupe de Japonais s'approcha de la statue de Jeanne d'Arc. Manège habituel, chacun à son tour se faisait photographier par l'autre devant le monument. Sourire de rigueur ou tu meurs. Mallock se rendit compte qu'il avait les mains moites et glacées. Ça ne lui arrivait presque jamais. Elles étaient toujours chaudes et sèches. Mais le Barco avait mangé du pain rouge, et plus qu'à son tour. C'était un client dangereux et imprévisible. Pas évident. Mallock n'arrêtait plus de regarder sa montre. Jules et Julie revinrent. Mallock vérifia qu'ils s'étaient bien habillés et qu'on ne voyait rien de leurs gilets en Kevlar.

Il n'y avait pas encore assez de monde. Hors de question de monter à découvert. Il fallait attendre. Les minutes se mirent à glisser au ralenti, comme des putains de gouttes d'huile. Pour tous les trois, l'envie, comme la peur, de passer à l'action était en train de devenir douloureuse. Jules faisait monter et descendre son genou droit de plus en plus vite. Neuf heures vingt. L'attente faisait des dégâts de plus en plus visibles. Julie s'était remise à se ronger les ongles, ce qu'elle ne faisait pratiquement plus. Alors, sans demander l'addition, Amédée déposa un billet de vingt euros.

– Respirez lentement et profondément pendant une minute. Après, on y va. Vous avez vos brassards ? OK, vous ne les sortirez que quand je vous le dirai. Pas avant.

Il était dix heures moins le quart, dissimulés dans tout le jardin, des centaines d'hommes attendaient l'attaque.

Jules et Julie se levèrent derrière Mallock et, à grandes enjambées, traversèrent la place. Les guiboles flageolantes, ils avaient rendez-vous avec l'un de ces rêveurs de chaos qui viennent régulièrement déposer, aux pieds des hommes, la parole des anges déchus. Un bon Dieu d'enculé, dirait simplement Bob.

À l'entrée du jardin, le commissaire poussa une grille basse, peinte en noir. Derrière lui, mimant le couple qu'ils étaient en fait dans la vie, Jules et Julie s'étaient mis à parler en riant. Avec ses yeux bleu piscine, ses cheveux blonds rasés et sa carrure d'athlète, Jules faisait avec Julie un couple superbe. Elle mesurait vingt centimètres de moins que lui et était aussi brune que lui était blond. Mais ils avaient pratiquement la même couleur d'yeux. Leurs âmes, leurs esprits comme leur corps s'encastraient parfaitement pour ne former qu'une seule entité. Ils sont vraiment adorables, réalisa soudain Mallock. Lui, les mains dans les poches, avait adopté l'allure nonchalante et le sourire amusé de celui qui accompagne et que l'on a traîné là, un peu malgré lui.

En face d'eux était alignée une douzaine de trampolines. Nul petit visiteur n'avait encore osé s'aventurer dans l'aire de jeu. À droite, le « Jardin de Didine », en cours de sécurisation, était fermé. Derrière lui, la grande roue aux nacelles bleues et jaunes n'était pas encore en service. En face, deux petits jumeaux jouaient à un jeu de pêche sans grand intérêt. Leur père regardait tourner le vieux carrousel aux chevaux figés. Adossé à un arbre, il laissait sa nostalgie se dévider lentement sur cet écheveau de bois.

Des tous les parfums de glace à l'italienne, le stand « Chez Carmen » ne proposait plus que la vanille et le chocolat. Les autres machines avaient été mises sous scellés. En face, Moogli dormait sur le ventre de Balou, décoration du petit train « Jungle » encore immobile. Les caricatures d'hommes politiques du « Top », la bouche grande ouverte, les regardèrent passer.

Mallock, comme Jules et Julie, portaient de larges chemises à manches courtes qui dissimulaient non seulement leur gilet de protection, mais également les armes qu'ils avaient glissées dans leurs ceintures, derrière, au creux des reins.

Les revolvers Manurhin Spécial Police F1 de Jules et Julie étaient chargés de balles 357 Magnum, plus redoutables que les cartouches à bourrelet 38 spéciales, données en dotation. Pour aller avec son gabarit, Mallock avait caché sous son vêtement un 44 Smith & Wesson Magnum. Il l'avait chargé avec cinq balles de plomb à pointe mousse de 15,5 grammes, après avoir hésité avec des balles semi-blindées à pointe creuse. Mais, de toute façon, il n'avait pas vraiment l'intention de l'utiliser. C'était l'arme de la dernière chance. Il comptait plutôt sur le petit joujou qu'il avait mis directement dans sa poche droite, un automatique de calibre 25, 6,35 mm. Cette arme particulièrement légère était chargée de munitions spéciales fabriquées par Winchester-Western, des projectiles à pointe expansive de 2,19 grammes. Chaque balle en plomb n'était pas blindée mais revêtue d'un apprêt de cuivre. Dans la pointe creuse, se logeait un plomb de chasse n° 4 en acier. C'était assez solide pour ne pas s'écraser sur n'importe quel obstacle et assez petit pour avoir le plus de chance possible de blesser sans tuer.

Arrivé entre le « FunHouse » et le « Train Fantôme », d'où jaillissaient les sept têtes jaunes d'un dragon de carton, Mallock murmura :

– Ça va être à vous, les amoureux. Faites gaffe !

Le stand de Barco était situé au bout de l'allée centrale, juste avant deux des plus grandes attractions de la fête foraine : la rangée de sièges volants du « Rainbow » et le toboggan aquatique du « Flume Ride ». Tout en feignant de contempler les statues animalières en bronze qui ornaient l'escalier donnant sur la rue Royale, Mallock se mit à observer du coin de l'œil la demeure nomade de l'empoisonneur.

Longue d'une vingtaine de mètres, la plus grande des trois roulottes s'ouvrait sur tout le côté pour former l'essentiel du stand. À l'extérieur, était accolée une centrifugeuse à fabriquer les barbes à papa. Les sucres en cristaux de toutes les couleurs dégageaient une odeur écœurante de parfums emmêlés. Mallock se revit à Andernos lors de la fête de l'huître. Quelle ironie ! Avant même d'avoir appris l'existence de cet empoisonneur, il en avait croisé le chemin. Et Dédé-le-Devin n'avait rien deviné…

Il partit se planquer en haut des premières marches du grand escalier de pierre, derrière les félins dévoreurs d'antilopes, où il reprit son observation.

Il y avait, à l'extrême gauche du stand, une plaque de marbre sur laquelle s'effondraient lamentablement des coulées de guimauves à Guigui. Juste au centre, il aperçut la fameuse marmite pleine de sang. Une femme lourde, aux lèvres molles, y trempait de grosses pommes vertes. En un instant, il remarqua, à côté de la pile de pommes d'amour, dépassant d'un grand verre en plastique jaune, la forme très particulière des bâtons de bois que la rombière plantait dans chaque fruit avant de les tremper dans la mélasse écarlate. C'était ces mêmes bâtons qu'il avait trouvés chez les premiers forcenés. Décidément, il faut toujours faire les poubelles. Dernier élément identifiable du stand, un grand singe jouant des cymbales. Rien à voir avec les petits jouets à ressort qui sautillaient en remuant la tête. Celui-ci était quatre ou cinq fois plus grand. Attaché au plan de travail, il fonctionnait avec une lourde manivelle activée par le forain pour que le singe frappe ses cymbales et attire ainsi l'attention des badauds. Barco ou Barthélemy accompagnaient ce fracas métallique par le cris de guerre : « Bonbons, guiguis, bonbons, guiguis, bonbons, guiguis ! »

Tout le reste de la roulotte était un alignement de bacs en verre dans lesquels s'entassaient des nougats roses, blancs, vert clair ou noirs, ainsi qu'une infinité de berlingots. Mais, pour raison de sécurité, tous ces bacs étaient hermétiquement fermés par des plaques en plexiglas transparent.

Une barrière métallique avait été installée devant et sur toute la longueur du stand pour empêcher qui que ce soit de s'approcher à moins d'un mètre de ces sucreries. Sur un grand panneau spécifiant que tous ces bonbons étaient de fabrication maison, avait été apposé le précieux label officiel « sécurisé », remis par les services de la DGCCRF. Quelle ironie, là encore !

Adossées au stand principal, deux autres roulottes fermées étaient alignées l'une derrière l'autre. Deux fois plus courtes, elles ne dépassaient pas de la façade principale et restaient ainsi cachées aux yeux des clients. En fait, les trois roulottes, adossées les unes aux autres, formaient un bloc compact. Mallock supposa qu'un système de porte coulissante ou de trappe leur permettait de passer de l'une à l'autre sans avoir à sortir et faire le tour par l'extérieur.

Les observations faites depuis ces dernières heures avaient permis de localiser précisément les habitants des trois véhicules. Hormis la mère, bien visible au milieu de son magasin, le père était dans la roulotte pompeusement baptisée laboratoire. Le fils, le fameux Barthélemy, se trouvait dans la troisième, où dormaient tous les soirs la petite famille. Cette dispersion était parfaite, car elle correspondait à l'un des multiples plans qu'ils avaient mis au point pour appréhender le plus facilement possible les trois membres supposés du gang des empoisonneurs.

Julie se présenterait de face avec Jules, pour procéder à l'arrestation de la femme. Bob s'occuperait du fils et Mallock, épaulé par Ken, interpellerait le plus gros morceau.

Tout se présentait plutôt bien, lorsque l'opération vira au cauchemar.

Depuis des mois, la femme de l'empoisonneur achetait tous les journaux relatant leurs exploits. Elle s'y abîmait corps et âme, ivre de plaisir mais de tristesse aussi pour les pauvres victimes. Elle dégustait chaque mot et léchait les images. En lisant ces phrases et en découpant ces photographies, elle trouvait enfin une autre raison à son existence. Une autre que son fils adoré, une exaltation délicieuse et une possibilité de plaisir pour son corps.

Mallock n'aurait jamais dû oublier que sa tronche à lui se retrouvait fréquemment sur tous ces canards. Son visage très particulier, la marâtre le connaissait par cœur. Il ne se rendit compte de son erreur que lorsqu'il sortit la tête pour mieux surveiller ses collaborateurs. Un quart de seconde, son regard croisa celui de la grosse femme. Bien qu'il fût planqué en grande partie par le socle de la statue et à plus de cinquante mètres, elle l'avait reconnu ! Mallock jura. Se faire retapisser ainsi, quel con !

Au même instant, Jules et Julie, qui n'avaient rien remarqué, se firent un signe pour attraper ensemble leurs armes et mettre en joue leur cible.

On ne se méfie pas d'une espèce de grosse mégère encastrée derrière son stand. On a tort. L'empoisonneuse réagit avec une rapidité et un sang-froid qui laissa Mallock figé sur son escalier. Sans doute avait-elle prévu la possibilité d'être enfin rattrapée par la justice car tous les mouvements qu'elle accomplit alors le furent comme mécaniquement. Sans laisser s'intercaler la moindre seconde d'hésitation. Elle sortit un petit revolver de sous son comptoir et en déchargea le contenu sur le couple de flics qui s'approchait d'elle. Dix balles qui explosèrent en rafale. L'une d'elles atteignit Julie à l'épaule, les autres partirent trop haut, sauf une qui vint transpercer le front de Jules, en plein milieu, à la limite de l'implantation de ses cheveux.

Jules porta sa main à l'endroit de l'impact, contempla ses doigts ensanglantés et s'effondra. Le drame était consommé.

L'empoisonneuse laissa tomber l'arme sur le sol, hurla « Les flics ! » et, d'un geste sûr, tira sur une corde qui referma avec grand fracas le volet principal, celui qui servait tout à la fois d'auvent et de fermeture métallique au stand. Différents claquements s'ensuivirent, sans doute causés par des taquets de sécurité. Prévenus par ces bruits, le père et le fils se livrèrent au même genre d'exercice. Des bruits de verrou et le raclement de barres métalliques indiquèrent à Mallock que la famille des empoisonneurs venait de se barricader en bonne et due forme.

Mallock ne perdit pas de temps et se précipita vers Julie. Elle avait rampé jusqu'au corps inanimé de Jules et, barbouillée de sang et de larmes, prenait son pouls en tremblant. Amédée l'attrapa par le bras pour l'emmener hors de portée d'un nouveau tir.

– Je ne le laisse pas ! Il respire encore, hurla Julie, furieuse de désespoir.

– C'est trop tard, Julie. Il a une balle en plein front.

– Non, il est pas mort. Il peut pas !

Mallock hésita une seconde, puis, sans lui demander son avis, la chargea sur son épaule. Elle cria et supplia, mais dix secondes plus tard, elle était à l'abri derrière la statue de bronze. Hormis une douleur au dos, Amédée avait grimpé les marches sans paraître faire le moindre effort. Cette constitution robuste était bien la seule chose dont il était redevable à ses parents.

Il était dix heures dix, le siège venait de commencer.

Une minute plus tard, Gappaneli, responsable des groupes d'intervention, vint le rejoindre derrière la statue. Pas rasé, il avait les cheveux coupés normalement. Un signe qui ne trompait pas. Il faisait partie du COS. Les militaires appartenant aux forces spéciales devaient à tout moment pouvoir agir en tenue civile. Sans jeter le moindre regard sur Julie, il s'adressa à Mallock.

– C'est à mon tour de jouer. Il ne faut pas laisser pourrir la situation.

– Ne les sous-estimez pas.

– Ce n'est pas mon intention, mais c'est à mes hommes d'intervenir. À moins que vous ne vouliez les affamer en les laissant mariner là-dedans pendant une semaine ?

Touché ! Amédée savait bien que le temps était contre lui. Chaque minute pouvait se compter en morts et en massacres. Et puis, il y avait Jules qui agonisait sur la terre des Tuileries. Il essayait de ne pas trop y penser, mais il ne pensait qu'à ça.

– J'ai besoin de votre autorisation pour passer à l'attaque. Alors c'est oui ou c'est non ?

Gappaneli ne faisait pas de cadeaux, mais il était aguerri et compétent. Mallock jeta un regard sur Julie qui faisait de son mieux pour ne pas s'effondrer. Au bruit, Jules avait été touché par un petit calibre et en plein milieu du front. La balle était encore dans sa tête. Si elle avait tracé son chemin en plein milieu des deux hémisphères, il avait encore une chance de s'en sortir. Mais il fallait faire vite.

– D'accord, pas de négociation, allez-y. Mais il faut d'abord que vos gars se chargent d'évacuer mon homme, immédiatement.

– Je m'en occupe, lâcha le gendarme avant de repartir le dos voûté et les jambes pliées vers son propre QG.

Mallock faillit le rappeler. On ne donne jamais l'assaut sans avoir tout tenté auparavant. Mais il n'avait plus le temps pour cela et surtout, il ne croyait pas Barco disposé à négocier quoi que ce soit. Alors il ne lui restait plus qu'à compter sur l'efficacité des hommes de Gappaneli. Et justement, compter sur les autres, il détestait. Il gagnait sa vie depuis l'âge de quinze ans, laissait rarement quelqu'un conduire à sa place ni prendre une décision. Et il ne prenait l'avion que lorsqu'il ne pouvait pas faire autrement. Tant qu'à faire une connerie, autant la faire soi-même, avait-il toujours pensé.

Sept longues minutes plus tard, son talkie crachota. Malgré ses protestations, Julie avait été évacuée vers l'antenne de secours pour soigner son bras. Mallock, qui était revenu seul derrière sa statue, appuya sur le bouton réception :

– Mallock, j'écoute !

– On est prêts, commissaire. À vingt, on va chercher votre homme et à trente, on donne l'assaut.

– Entendu.

Avant de déposer son talkie-walkie sur le haut du socle de la statue, il en coupa la réception. Puis il tourna le dos aux Tuileries et aux caravanes. Il s'assit à même la terre, le dos appuyé sur la pierre. Il n'avait pas dormi depuis deux jours et, à son âge, ça commençait à compter. Cinquante balais et quelques, tu n'es plus un jeune homme, mon vieux Mallock. Comme son corps, son esprit le réprimandait. Pour une fois, ils semblaient tous deux d'accord pour trouver que Mallock abusait. Lui-même ne leur aurait pas donné tort. Arrive un âge où l'on doit savoir mesurer son effort, s'économiser, comme on dit. Un âge où l'esprit donne des signes de faiblesse et où le corps, désormais douloureux, ne se fait plus jamais oublier.

Que faire pour tromper l'attente ? Oublier le choc et la tristesse d'avoir vu Jules se faire abattre ? Mallock fit ce qu'il ne faisait jamais. Il sortit ses armes pour en vérifier le chargement. Dans les films, tous les policiers font ça, surtout avant de défoncer une porte. Comme s'ils ne savaient pas s'ils avaient chargé leurs armes correctement ! À chaque fois, ça l'agaçait et aujourd'hui, il se surprenait à faire pareil. Mimétisme stupide ou trop grande nervosité, il n'aurait su le dire et il s'en foutait. En fait, ses mains, autant que sa pensée, avaient besoin d'occuper l'interminable chapelet de secondes qui le séparait de l'action.

Il se releva pour surveiller la première phase d'assaut. C'est à cet instant que sa hernie discale se rappela à son intention. En portant Julie sur ses épaules, il avait détruit ses derniers espoirs d'échapper au lombostat. En grimaçant de douleur, il aperçut, entre les divers stands, les silhouettes en noir, bardées de gilets en Kevlar, des forces spéciales. Elles s'avançaient en trinômes, armées de 357 Magnum 4 pouces, de pistolets Beretta ou de mini HK de 9 mm, munis de réducteur de son et de visée laser invisible.

À dix heures vingt, trois d'entre eux, cagoulés de soie, sans armes mais protégés par un bouclier pare-balles de plus de 17 kg, s'avancèrent au milieu de l'allée principale. Ils étaient couverts par trois autres tireurs embusqués. Un à l'abri derrière le « Super Fiesta », un sur son toit, armé d'un fusil Hecate II chargé de balles de mitrailleuse et le troisième planqué derrière un châtaignier, revolver au poing. Parvenus jusqu'au corps immobile de Jules, les deux policiers de la brigade d'intervention l'emportèrent rapidement et sans aucun ménagement.

Bien qu'aucun nuage ne soit encore apparu, le temps était de plus en plus orageux. L'air avait pris une teinte jaune sale. Six hommes en noir vinrent rejoindre la planque de Mallock. Ils portaient tous des casques micro légers R15006, gaffés sur leur cagoule trois trous. Sortant de leur bottes Python coquées, le manche noir des *Big Sharks* était également recouvert de gaffeur noir qui faisait le tour de la cheville. Le dispositif d'attaque ne comptait pas moins de soixante hommes. Il était dix heures vingt-sept et ils étaient tous en place.

Dans le silence pesant qui régnait maintenant sur le jardin, Amédée pouvait clairement entendre la respiration des hommes en arme, autour de lui. On glosait et s'extasiait sur le trac du comédien avant son rentrée en scène, mais l'on ne s'intéressait pas à celui du pompier pénétrant dans un immeuble en flammes. Ces hommes risquaient leur vie au service de la communauté, mais celle-ci ne leur serait jamais vraiment reconnaissante. Sauf en cas de mort, et encore. Cette réalité frappa Mallock, alors qu'il partageait avec eux la même odeur de sueur, de poussière, de graisse à fusil et d'après-rasage. La dernière minute, ils la passèrent ensemble, se concentrant sur leur peur pour la canaliser, l'empêcher d'immobiliser leur corps.

À la même seconde, tous les gendarmes, y compris ceux qui se trouvaient auprès de Mallock, jaillirent de leur position pour tenter d'atteindre le plus rapidement possible le groupe de caravanes. Les premiers n'étaient qu'à une douzaine de mètres lorsqu'un enfer de feu les coupa en deux. L'ordure avait tout prévu et ne se laisserait pas prendre vivant. Mais où avait-il pu se procurer ces armes de guerre ? Sans doute de la même façon qu'il avait obtenu certains de ses poisons. Quoi qu'il en soit, une telle puissance de feu n'avait pas été envisagée par Gappaneli et ses hommes. Ses effets furent épouvantables.

Dans l'autre sens, à l'exception des balles de 12,7 mm tirées par le Hecate II, la pluie de plomb qui s'abattit sur les caravanes s'écrasa et glissa dans un bruit infernal sur le métal blindé de celles-ci. Il n'y avait rien à faire. Après quelques secondes de bruit et de stupeur, l'ordre de repli fut donné à toute la troupe. Sans attendre larmes et regrets, l'intense sécheresse de la terre se mit à boire le sang qui s'échappait des trois corps abandonnés sur place.

Mallock battit en retraite vers le fond du jardin, côté Louvre, là où Gappaneli avait installé son QG, à côté de l'antenne de secours. À peine arrivé, il se précipita pour prendre des nouvelles de Jules. Il était malade d'inquiétude. Trop d'angoisse pour qu'il puisse encore en contenir le flot. Ses mains tremblaient, il les dissimula dans sa poche. Dans le PMA, c'était la pagaille. Personne n'avait prévu autant de victimes. Une vingtaine de policiers, pour la plupart gravement touchés.

Contrairement aux Américains – qui pratiquent le *Scoop and Run*, avec des Paramedics chargés de foncer vers un *Trauma Center* – en France, ce sont de véritables médecins urgentistes qui diagnostiquent, soignent et stabilisent les blessés sur place, avant de les conduire jusqu'à l'hôpital le plus adapté, pas forcément le plus proche. L'autre méthode aurait-elle été plus efficace dans le cas présent ? Mallock n'en savait rien. Mais qu'importe, aurait-il dit s'il avait eu toute sa tête, les types du SAMU avaient été, comme d'habitude, à la hauteur.

Jules, perfusé, intubé, ventilé et immobilisé dans un matelas coquille, était déjà parti vers un bloc opératoire. Julie avait été soignée sur place, mais elle avait exigé d'accompagner Jules. Personne ne s'y était opposé.

Avoir deux de ses collaborateurs blessés, avait anéanti Mallock plus qu'il ne l'aurait pensé. L'idée que Jules soit en train de mourir n'avait pas sa place dans son esprit, car trop invalidante. Il ressortit du PMA, la rage au cœur.

Le ministre de l'Intérieur et un aréopage de hauts fonctionnaires, dont l'inutilité intrinsèque était encore plus flagrante dans ce genre de situation, avaient formé un petit groupe à l'entrée. Mallock ne put les éviter.

– Où en sommes-nous, commissaire ? demanda l'un d'eux.

– Trois morts à zéro ! fut la seule réponse que Mallock trouva adéquate.

Dublin faillit en avaler sa langue.

– Mallock, vous…

Mais le ministre le fit taire. Il était au courant pour Jules et Julie et il laissa Mallock s'éloigner.

Tout semblait soudain désespéré. À quelques pas de la victoire, ils avaient trébuché. Mallock n'avait pas besoin de pression supplémentaire mais, tout au contraire, d'un peu de temps pour se reprendre, retrouver sa capacité à réfléchir. Il parvint à s'isoler derrière une statue. Le bleu du ciel tournait maintenant au mauve sale. L'orage était imminent et la chaleur étouffante. Il était mort de soif. Il rejeta la tête en arrière et ferma les yeux.

Surtout, essayer de penser à autre chose. C'était la première étape, un prologue nécessaire. Parvenir à totalement se vider la tête du problème posé. Pour ce faire, il partit mentalement en vacances vers les trois destinations de son triangle magique.

D'abord, la plus proche, à deux heures de Paris, Saint-Aubin sur mer. Monsieur Lancre, son gentil voisin de jardinier, avait-il pensé à ouvrir les fenêtres pour que les chambres puissent respirer ? Il s'imagina là-bas en vacances, mais la pluie tombait, alors il repartit à toute allure de l'autre côté de la France, tout en bas, à Ramatuelle, où il se rendait régulièrement hors saison, invité par ses amis vignerons, Sylvie et Henri. Il y but un délicieux rosé et un rouge de très bonne tenue, avant de remonter sur la carte de France pour s'arrêter à gauche, sur la côte Atlantique, à Andernos, où toute cette aventure avait commencé. Il se revit sur la plage avec l'eau qui s'évaporait sur son corps et ses amis qui l'attendaient pour déjeuner. Tout était si simple alors, et lui qui se plaignait de son sort !

Puis, tout aussi naturellement, il se retrouva à la fête de l'huître. Il parcourut mentalement les allées de la foire et son esprit le ramena devant le fameux stand… Quelques minutes plus tard, sans avoir bougé de son banc, il ramenait à Paris deux informations peut-être capitales.

La première portait sur les prédateurs de l'huître et les techniques de l'étoile de mer. Il devait essayer de disjoindre les trois caravanes, comme ces astéries le font, en écartant les deux parties d'une huître pour en avaler le contenu. Il fallait lâcher par hélicoptère un explosif adapté entre les trois caravanes. Elle séparerait les trois membres de la famille et, s'ils n'étaient pas assommés par le choc, au moins cela désorganiserait leur défense.

La deuxième information était plus floue. Son esprit s'était souvenu d'une gravure entraperçue au fond du stand, alors qu'il observait la femme. Une image dont la présence prenait, à la lumière des événements, une toute nouvelle signification.

En partie cachée derrière une rangée de bocaux, il y avait une reproduction en noir et blanc du massacre de la Saint-Barthélemy. Fébrilement, il se leva de son banc pour attraper le calepin qu'il avait glissé dans sa poche arrière. Il en feuilleta les pages jusqu'à celle d'aujourd'hui. On était le 24 août et, en petit, en italiques, sous le chiffre, était inscrit le saint du jour. Saint Barthélemy.

« Le massacre des innocents », murmura Mallock.

45

Dimanche 24 août, 13 h 30

Pour ne pas trop contrarier ses parents, Barthélemy avait appuyé sur la gâchette de ses pistolets automatiques, un *Sites Falcon* pourvu de chargeurs à trente coups et un *Partisan Sales Avenger.* Il s'était appliqué à bien viser au-dessus des têtes et ne s'était trompé qu'une fois. L'épaule de l'adjudant-chef Gerbier avait littéralement explosé dans une gerbe de sang et d'os. « Oh, merde ! » avait simplement murmuré Barthélemy, comme s'il venait de casser un verre.

La chaleur était insoutenable, lourde et humide. L'air conditionné ne fonctionnait plus. Mallock avait fait couper toutes les alimentations, sauf celle du téléphone. Il avait d'ailleurs plusieurs fois tenté d'appeler avant que Théo ne se décide à décrocher :

– Alors Mallock, on pense avoir gagné ? Ne raccroche pas, j'aurai bientôt des trucs à te dire, tu seras content. Donne-moi juste une demi-heure… D'accord ?

Mallock avait essayé de parler, mais il n'en avait pas eu le temps. Barco avait reposé le combiné, sans raccrocher, juste à côté de sa base.

De son côté, Barthélemy tentait maintenant de réfléchir, mais c'était impossible. Le soleil tapant sur la carrosserie en acier des caravanes faisait monter la température de façon alarmante. Plus pénible encore, il y avait l'odeur de poudre, si forte qu'elle lui faisait saigner la gorge. Il ôta le casque phonique qui protégeait ses oreilles des détonations. À cet instant, il entendit sa mère crier :

– À table, Barthy !

Il se demanda si elle l'appelait ainsi depuis longtemps ou si c'était son premier appel. Il décida qu'il s'en foutait et se glissa par la trappe d'accès, genre chatière, jusqu'à la caravane dite d'habitation. Sa mère l'avait baptisée le salon. C'était là qu'ils mangeaient et dormaient.

La scène était surréaliste. Les pieds baignant dans deux bons centimètres de douilles vides, son père avait commencé son repas. Une montagne d'huîtres, sur une masse de glaçons pilés en train de fondre. Debout derrière lui, la mère continuait à les ouvrir avec la dextérité de l'habitude. Mon Dieu, songea Barthélemy, c'était pour ça que son père avait demandé une trêve ! Il faut dire que, chez les Barco, les huîtres, c'était sacré. Il y avait toujours une bourriche dans l'un des deux réfrigérateurs. Celle-là avait été achetée hier à Rungis, en prévision de la fête qu'ils avaient l'intention de célébrer. À une autre époque, père et fils s'étaient souvent battus pour en avaler le plus possible. L'un comme l'autre les mangeaient sans pain ni citron. Mais aujourd'hui, Barthélemy n'était plus le glouton qu'il avait été. De la « grosse », douze douzaines, qu'il avalait auparavant, il était passé à huit, qu'il dégustait lentement avec du pain très légèrement beurré et un peu de vinaigre d'échalote. Ça, comme beaucoup d'autres choses, agaçait son père au plus haut point. Et encore plus que le reste. Peut-être parce que cette compétition avait été le dernier lien qui le reliait à son fils. Le seul, en fait. L'instant unique où ils pensaient pareil et, fiers de leur capacité réciproque de dévoration, riaient ensemble en se surveillant du coin de l'œil. Le sacro-saint concours d'huîtres.

Barthélemy s'assit autour de la table en même temps que sa mère. La vision était extravagante, mais lui seul semblait en avoir quelque peu conscience. Dehors, des morts et des canons, toute une armée et, à l'intérieur, dans ce petit fort métallique chauffé par le soleil, une famille de forcenés assiégés, tranquillement attablée autour d'une pyramide d'huîtres. Comme si de rien n'était.

Après en avoir aspiré le contenu, Barco jetait les coquilles d'huîtres par terre avec une régularité parfaite. Trois secondes par coquillage.

Barthélemy, l'esprit vide, n'avait plus peur. Tout était terminé pour lui. La vie comme un cul-de-sac dont il allait enfin apercevoir le mur du fond. C'était la fatalité qui habitait Barthélemy. Avec cette sorte de désespoir mou des destins navrants. Il allait bientôt mourir et il ne se sentait triste ni pour lui ni pour sa famille. Au contraire, leur mort serait une bénédiction pour toute la Terre. En mourant avec eux, il s'évitait la lourde tâche de leur survivre et le poids d'une culpabilité qu'il se savait incapable d'éviter.

Alors, sans doute, n'aurait-il rien tenté si seulement son père n'avait pas cru bon de se vanter :

– On a gagné du temps et c'est tout ce qu'il me fallait. Tant qu'il s'occupe de nous, ils ne se préoccupent pas du reste. Dans moins d'une heure, il sera trop tard. Tous ces cons vont crever et nos policiers vont avoir d'autres chats à fouetter qu'une pauvre famille enfermée dans une caravane…

Jamais Barthélemy n'avait pensé qu'il faisait réellement partie de leur horrible complot. C'était Théo-le-Taré et sa chère maman adorée qui avaient tué tous ces gens, pas lui.

En même temps que cette réaction de refus, il se rendit compte soudain qu'il pouvait faire quelque chose pour arrêter le cauchemar. Pire, qu'il était en fait le seul au monde à pouvoir le faire. Tout était entre ses mains et il ne devait plus compter sur l'extérieur. Quoi que le commissaire Mallock et ses troupes entreprennent, il serait trop tard.

Pour la première fois de sa vie, le réel dépendait de lui. L'histoire s'était inversée. Non seulement, il contrôlait son futur, mais même l'avenir des autres, tous ces autres qui s'étaient si longtemps moqués de lui. Il s'aperçut soudain qu'il beurrait sa tartine depuis plusieurs minutes, laissant son couteau – un Laguiole à manche de nacre – glisser sur le beurre allégé à 20 %, passant et repassant sur une mie de pain parfaitement enduite.

– Tu veux un peu de poivre, mon chéri, demanda sa mère, penchée vers lui.

Il lui répondit en passant sa main sous le cou gras et poudré qu'elle tendait si gentiment vers lui. Entre ses doigts, il avait encore son couteau et la lame traversa la chair avec un léger bruit de soie déchirée, découpant tendons, artère carotide, jugulaire et larynx sans le moindre effort. Elle s'effondra lentement en arrière et la plaie s'ouvrit comme une large bouche sans lèvres. Pendant ce temps, le bras armé d'acier de Barthélemy avait repris sa course pour finir par se planter profondément dans l'œil de son père.

Le sang, coulis écarlate, recouvrit de rouge la montagne luisante formée par les mollusques au centre de la table.

Barthélemy resta sur sa chaise en se demandant ce qu'il venait vraiment de faire. Il ne se souvenait pas d'avoir pris cette décision. En fait, son corps avait agi à sa place. Son esprit n'aurait jamais été capable d'une telle détermination.

Lentement, il porta la première huître à ses lèvres. Le mollusque flottait dans une petite mare de sang. Celui de son père ou de sa mère ? Qu'importe. Il repensa à sa petite sœur, Marianne, lorsqu'il la faisait manger à la cuillère son désert préféré, de la gelée de groseille arrosée de lait concentrée. Elle adorait.

Il leva le coude d'un geste lent pour faire tomber dans sa bouche l'huître froide et le liquide rouge encore chaud. Il avala les deux.

En mordant dans sa tartine, il se demanda si le monde pouvait encore être sauvé. Et si, pour lui, la vie pourrait encore, un jour, avoir le moindre sens…

46

Dimanche 24 août, 15 h 30

Le ciel, en sueur, se cherchait des nuages.

Les hélicoptères n'allaient pas tarder. Ils avaient pour mission de laisser tomber une charge explosive de faible intensité à l'aplomb des trois caravanes afin de les désunir. L'espace était faible mais, en descendant assez bas et en évitant la parabole, l'équipe d'intervention avait jugé que c'était réalisable. Au moment de l'explosion, les troupes passeraient à l'assaut. Les ordres étaient clairs, Mallock ne voulait que des prisonniers vivants. Morts, c'était la catastrophe assurée. Épaules et jambes étaient, par conséquent, les seules cibles acceptables.

Dans le jardin des Tuileries, la tension avait atteint un stade insupportable. En nage, Mallock essayait de retrouver un peu son calme. Ses muscles et son dos étaient douloureux et sa respiration de plus en plus difficile. Plus grave, son esprit battait la campagne, incapable de vraiment se concentrer. Cette histoire de Saint Barthélémy avait ébranlé le peu de contrôle qu'il avait encore sur lui.

Il attrapa la flasque de whisky qu'il emportait avec lui dans ce genre d'occasion et en avala trois gorgées. Puis il se força, les yeux fermés, à respirer lentement. Recommença l'opération.

Quelques minutes plus tard, il releva la tête pour tenter d'apercevoir les hélicoptères. Il entendait déjà le ronflement assourdi de leurs moteurs. Ils apparurent soudain, en formation serrée, au ras des arbres. En deux minutes, ils furent sur les lieux. Au point fixe, son rotor assurant sa sustentation, l'un d'eux, lentement, descendit à deux mètres au-dessus des roulottes.

C'est alors que, contre toute attente, la porte d'une des caravanes s'ouvrit et qu'un jeune homme en sortit.

Sa chemise était collée à son corps par un mélange de sueur et de sang. Il semblait totalement absent et n'avait même pas pensé à lever les bras. Mallock hurla dans son talkie :

– Personne ne tire ! Éloignez les hélicos.

Barthélemy s'arrêta à quelques mètres des roulottes. Ses yeux semblaient chercher quelqu'un. Amédée sut que c'était lui. Il s'identifia :

– Commissaire Mallock, je peux approcher ?

Barthélemy se tourna vers lui.

– Oui, vous pouvez venir. Ils sont morts tous les deux...

Au grand désespoir des brigades d'intervention, et contre toute procédure de sécurité, Mallock sortit de sa cachette pour descendre les marches et rejoindre Barthélemy.

– Merci, mon gars, j'ai eu tes appels. C'est fini maintenant...

Barthélemy le regarda étrangement, avant de lancer :

– Non... Mon Dieu, c'est pas fini. Je n'aurais jamais dû le tuer ! Si vous saviez...

La terreur qu'éprouvait Barthélemy fut contagieuse. Panique fulgurante, elle pénétra directement dans le corps de Mallock.

– C'est cette histoire de Saint-Barthélemy ?

– Oui, commissaire. Il a organisé un nouveau « Massacre des innocents ».

Sueur glacée, ventre pétrifié et respiration coupée, des symptômes qui ne trompaient pas et qui précipitèrent Mallock à l'intérieur de la caravane.

En pénétrant dans la roulotte principale, il fut cloué sur place par le spectacle qui l'y attendait.

Sur une mer de coquille d'huîtres et de douilles en cuivre, les corps égorgés du père et de la mère semblaient flotter. L'odeur était indescriptible. Amplifiée par la chaleur, c'était un invraisemblable mélange d'iode, de poudre, de barbe à papa, de citron et de déjections corporelles. Barthélemy avait suivi Mallock :

– Ils l'ont bien mérité, s'excusa-t-il comme un enfant.

Amédée ne trouva rien à dire. Il lui donna une petite tape de réconfort sur l'épaule, avant de se rapprocher du corps de Théo. Ses chaussures glissèrent sur l'amas de coquilles et il s'affala lourdement à quelques centimètres du visage de Barco. La tête de ce dernier se retourna lentement vers lui, élargissant horriblement la plaie qui remplaçait son œil gauche. Sa voix n'était plus qu'un souffle :

– Salut, mon commissaire. Content de te voir enfin de si près.

Il eut un début de rire qui se termina par un gargouillement infâme. Mallock pensa que c'était sans doute son dernier souffle. Mais Barco était plus solide et bien plus haineux qu'il ne pouvait le concevoir :

– Je suis encore là, sale flic, et j'ai une confession à te faire… Ça t'intéresse ?

Effondré sur son lit de coquilles, Barco ferma les yeux, essayant de retrouver sa respiration.

Puis, en regardant Mallock, à demi-redressé, il cracha en souriant :

– Pardonne-moi, commissaire, parce que j'ai péché.

La voix de Barco était de plus en plus rocailleuse, presque inaudible.

– J'ai empoisonné toute l'eau de ta putain de capitale. Vous allez tous crever, les p'tits chéris.

Ses paupières tremblèrent. La peau de son visage s'était recouverte d'une couche de cire jaune translucide qui rendait ses taches de rousseur presque fluorescentes. Appartenait-il à ce monde ?

– Ne me regardez pas comme ça. C'est vous qui êtes à plaindre.

La rage était passée dans ses yeux, comme un nuage d'altitude chassé par les courants.

– Je suis confus de devoir partir comme ça, en pleine fête, surtout que le meilleur est à venir. J'aurais tant aimé pouvoir photographier tout ça…

Sa main s'agrippa alors comme une serre de rapace à la chemise de Mallock, le ramenant à quelques centimètres de son visage. Sa haine lui donnait une force physique surhumaine.

– Écoute bien, mon commissaire chéri, tu vas être fier de moi… Voici pour toi, en exclusivité, ma dernière œuvre, mon chef-d'œuvre.

– On sait déjà. Tu as essayé d'empoisonner l'eau.

– Essayé ? Pauvre innocent. Mais, de toute façon, c'est pas ça dont je te parle, enculé. C'est beaucoup mieux, tête de nœud. Dans quelques secondes, comme par magie, tous mes secrets, mes formules chéries et mes méthodes de dissémination vont partir dans les airs pour informer le monde entier. Il y a sur cette terre des milliers de gens qui seront trop contents de jouer à mon jeu. Tous les tarés et les terroristes. Et tu ne peux plus rien y faire, commissaire de mes deux. J'ai gagné et l'humanité a perdu. Échec et mat. Regarde bien, connard, c'est encore mieux que la bombe atomique.

Et là, sans que Mallock n'ait eu le temps de comprendre ni de faire le moindre geste, Barco dégagea le bas de sa chemise pour appuyer sur le bouton d'une petite télécommande accrochée à sa ceinture. Ce dernier geste le fit éclater de rire, le noyant en quelques secondes dans son propre sang.

47

Dimanche 24 août, 17 h 05

Ce fut Barthélemy qui comprit et réagit le premier.

– On n'a pas une minute à perdre. Il faut ouvrir la porte de son labo, c'est là qu'il a son ordinateur. En appuyant sur ce bouton, je pense qu'il vient de donner l'ordre à l'unité centrale d'envoyer un mail général vers plusieurs portails. On a peut-être encore une chance d'empêcher les informations de partir.

Mallock était déjà dehors, hurlant à Gappaneli qui les avait rejoints :

– Il faut enfoncer cette porte le plus rapidement possible. C'est une question de seconde.

– Il y a une bombe là-dedans ? demanda le gendarme.

– Bien pire, mais ça n'explose pas, répondit Ken qui avait tout entendu.

– Elle est blindée, dit Gappaneli, on va en avoir pour plusieurs minutes.

– C'est foutu, on ne pourra jamais entrer à temps.

Ken était consterné. Les conséquences étaient terrifiantes. Mallock se sentit soudain complètement désarmé, vaincu à la toute dernière minute. Mais Barthélemy, qui était retourné dans la première roulotte, réapparut :

– J'ai trouvé le double de ses clés dans sa planque.

Et joignant le geste à la parole, il enfonça une clé de coffre-fort dans la serrure principale. Il y en avait deux autres qu'il ouvrit en tremblant.

L'ordinateur était au fond, à droite. Dans l'un des rares espaces non surchargé par les centaines de bocaux au contenu redoutable.

– Que personne ne touche à rien ! hurla Mallock.

Ken et lui s'approchèrent du poste informatique. Sur l'écran, un petit rectangle venait de s'afficher et deux ou trois millimètres de curseur bleu commençaient à remplir une ligne horizontale.

Ken se jeta sur l'appareil pour appuyer sur trois touches simultanément. Le rectangle se figea et une nouvelle fenêtre lui demanda s'il voulait bien quitter. Il cliqua sur OK, puis il partit dans une autre partie du programme, le modem.

– Alors ?

– Je ne sais pas encore, a priori…

Ken composa un numéro, posa sa question et attendit.

– Je crois qu'on a eu du bol. Je viens d'avoir Pascal au SEFTI[27], la connexion a été refusée deux fois avant de commencer à s'établir. Et elle a été interrompue à temps.

Il éteignit l'appareil et pour faire bonne mesure, arracha toutes les cordons à l'arrière.

– On ne sait jamais.

– Mais les infos sont toujours à l'intérieur ? demanda Mallock, qui connaissait déjà la réponse.

– Évidemment et ça va intéresser beaucoup de gens, lui répondit Ken.

– Pas moi, furent les seuls mots prononcés par Mallock pendant qu'il attrapait son 44 Smith & Wesson Magnum. Sans hésiter une seule seconde, il vida son chargeur sur l'unité centrale et plus précisément sur le disque dur. Dans la caravane d'acier, le vacarme fut assourdissant.

27. Service d'enquête sur les fraudes aux technologies de l'information.

À terre, près de la porte, un conteneur de cinq litres de white spirit semblait l'attendre. Il l'attrapa, le déboucha et parcourut les coursives de cet étrange laboratoire, en arrosant tout ce qu'il pouvait sur son passage :

– Tout le monde dehors ! hurla-t-il.

Ken, qui n'en croyait pas ses yeux, tenta de l'empêcher :

– Mais patron, vous avez pété un câble ! C'est toutes les preuves que vous allez faire disparaître.

– On a déjà toutes les preuves que l'on veut et les coupables sont condamnés et exécutés. Crois-moi, ça risque d'intéresser beaucoup trop de monde. C'est toi-même qui viens de me le dire.

– Laissez faire l'armée. Ils ont des services spécialisés pour manipuler et détruire ce genre de choses.

– Ta naïveté est rafraîchissante, lui lança Mallock, en grattant une allumette.

La caravane implosa littéralement, sa carcasse en acier l'empêchant d'exploser. Mallock avait déjà tourné le dos et marchait à grandes enjambées vers la sortie principale du jardin, côté Louvre.

Ils avaient peut-être sauvé le monde, mais Paris était en grand danger. Mallock savait que Barco ne bluffait pas. Il avait dû trouver un moyen de contaminer l'eau.

Cette eau empoisonnée avait-elle eu le temps d'être distribuée ? Que pouvait-il faire pour prévenir plusieurs millions de Parisiens ? Et comment faire pour éviter une panique générale ? Un massacre sans précédent ?

48

« Le massacre des innocents ! »

À cette question, Mallock ne se sent plus la force de répondre. L'heure de la grande terreur est venue et il est trop épuisé. Il ne rêve qu'à deux choses, boire et dormir. Fermer enfin les yeux pour quelques heures ou pour l'éternité, qu'importe ! Il a sauvé le monde, il peut bien laisser mourir Paris et lui aussi, par la même occasion !

– Et merde ! murmura-t-il en avalant une grande gorgée d'eau. Le sommeil viendrait après.

Tout là-haut, le signal du massacre venait d'être lancé par le ciel lui-même. Au zénith, à quatorze heures, le soleil avait été rejoint par un énorme nuage bas, moulé dans le plomb le plus dense. Ersatz d'éclipse. Désormais, la capitale était envahie par une luminosité mauve et sale, comme une mauvaise conscience.

Au loin, parvenaient les premiers hurlements. Du nord, de l'ouest. De toute part. Dix, cent, mille, toutes les clameurs de la douleur. Contaminés par l'eau du robinet, des milliers de Parisiens s'étaient transformés en bourreaux. Il n'y avait pratiquement plus le moindre immeuble qui ne soit habité par la terreur ou l'une de ses sœurs.

Déjà, les premiers corps défenestrés tombaient en faisant un bruit de drap mouillé. Retrouvailles de l'homme et du fer. Des milliers de tiroirs s'ouvraient dans un vacarme métallique. Ils exultaient, le regard enragé et les phalanges tremblantes de désir. Entre leurs mains, les armes blanches, trop longtemps cantonnées à des tâches culinaires, avaient soif de sang.

Barbouillant les corps et les esprits, une vague stridente submergeait la capitale.

Comme dans un rêve, Mallock en sueur, sortit de derrière le PMA, face au grand Louvre.

Le spectacle était apocalyptique. Des multiples fenêtres du gigantesque édifice, êtres humains, tableaux et statues tombaient, pluie d'art et de chair. Au sol, des résidus d'hommes poignardaient les toiles de maître, éventraient cette chair de l'art qui avait survécu à tant d'autres avatars. Des armées de bâtards.

Encastrés dans la terre du jardin des Tuileries, les marbres et les bronzes étaient achevés à coups de marteau, comme les gardiens en uniforme et les visiteurs en short, redessinés eux aussi au burin et au ciseau.

Mallock tourna le dos à la pyramide de verre et commença à marcher. Il n'irait nulle part. Lorsqu'il s'arrêterait, ce serait pour mourir à son tour. Il le savait, mais n'en éprouvait plus aucune crainte. Ainsi donc, aujourd'hui, il allait revoir Thomas. Son pas se fit plus ferme, presque impatient.

L'imminence de l'orage satura les couleurs. Ces teintes lancinantes étaient sans pitié. Mallock s'adossa contre la grille, les yeux fermés, la tête rejetée en arrière. Dix minutes passèrent. Au fond d'Amédée remonta, comme la vapeur d'un geyser, une aigreur infinie. La rage.

Il savait qu'elle arrivait, qu'elle n'avait jamais été bien loin, et qu'il allait enfin la laisser jaillir. Laisser hurler le sauvage en lui, le laisser secouer les barreaux de la cage !

Sur un banc, à sa droite, une grand-mère dans une robe de dentelle jaune mangeait un enfant. Il sortit son 44 Smith & Wesson Magnum et tira. Dans une gerbe rose de cervelle, le projectile fit exploser le crâne bleu de la vieille. Sa perruque arrachée s'affala lentement sur le sol, corps de pigeon fusillé. Plus loin, devant lui, un gros bonhomme nu comme un ver violait frénétiquement une jeune femme morte qu'il avait clouée debout, jambes écartées sur un portail d'immeuble. Mallock s'approcha de l'obèse, leva le bras. La deuxième balle pénétra au niveau du cou, à bout touchant. Le violeur s'écroula avec un bruit de graisse, tandis que son membre éjacula sur son maître sa dernière semence. Une femme en bigoudis verts accourait en riant, un sécateur à la main. Elle attrapa le sexe pour le sectionner. La troisième balle fut pour elle.

Tout cela n'était pas réel, c'était un cauchemar. Il le savait. Si seulement il pouvait se réveiller.

Mallock continua de remonter la rue de Rivoli vers la Concorde. Au-dessus de sa tête, des corps d'enfants se mettaient à voler avant de se planter sur la rangée de pics qui entourait le jardin des Tuileries. Jeu d'adresse macabre, les forcenés s'étaient donné le mot et, deux par deux, attrapaient les enfants à leur portée pour les balancer, vivants, de l'autre côté de la rue. Les petits corps s'empalaient en hurlant de douleur.

Un premier éclair déchira le ciel. Seigneur, prend pitié, murmura Amédée l'athée !

Au milieu de la rue, loin devant lui, trois possédés sortaient, l'une après l'autre, des touristes étrangères d'un autocar immatriculé aux Pays-Bas. À peine jetées au sol, ils les éventrèrent, découpant peau et péritoine, jusqu'aux parties génitales. Le temps que Mallock parvienne à leur hauteur, ils avaient déjà ouvert une dizaine de femmes. Elles poussaient des hurlements hystériques, en tentant de refermer leur ventre. Comme des serpents dépecés, leurs intestins rampaient sur l'asphalte luisant. Seule défense possible, pancréas, estomacs et organes lymphatiques projetaient des odeurs épouvantables. Palpitante, la flaque d'organes exhibait toutes les nuances du rouge ; carmin rose, grenat, pourpre et cinabre, corail et géranium.

La pluie se déclencha enfin. Car était venu le temps des larmes ! Celles des nuages et celles de Dieu. Mallock hurla son envie de se réveiller enfin en un autre lieu, plus miséricordieux.

Plus loin, autour de Notre-Dame, une rivière d'encre orange faite de sang et d'urine s'était formée. La cathédrale la recrachait dans la Seine par les becs grimaçants de ses gargouilles. Enivrées par ce nectar vermeil, les chimères, nourries depuis tant de siècles par l'insipidité de l'eau de pluie, semblaient se réveiller enfin de leur trop longue passivité. À leurs pieds, sans se soucier du charivari de ses rives, la Seine fuyait vers l'ouest, en un courant rapide, rose et désordonné. Des ventres surnageaient, exhibant leurs nombrils dilatés vers le ciel.

De l'autre côté, les pierres blanches des bas-reliefs de l'Arc de triomphe dégustaient des sangs exotiques au goût safrané, blancs, noirs, asiatiques, juifs, chrétiens ou musulmans. Tous ces barbares aux yeux rougis par la fureur semblaient enfin appartenir à la même ethnie. Celle des hommes que tout, un jour, finit par mener au combat et à la barbarie. Communion solennelle, grande messe fraternelle, ils étaient désormais réunis, si lamentablement semblables. Éclairs, coups de couteau. Un simple coup de tonnerre et les âmes des forcenés repartirent en guerre. La mort, l'ouverture du corps de l'autre, les libéraient de leur enfermement, ultime sacrifice à la chair, grande catharsis militaire, pour la fin d'un millénaire.

Mallock s'était adossé à l'une des arches des arcades de la rue de Rivoli. L'eau coulait sur sa peau comme une bénédiction. À deux pas de lui, des hurlements de terreur semblaient vouloir s'enfuir de l'hôtel Meurice. En déchargeant ses armes sur la troupe d'éventreurs, il en avait touché trois. Les autres continuaient leur besogne avec méthode et précision.

Il s'accroupit pour recharger ses armes de poing. Dans son 44, il glissa six balles semi-blindées, à pointe creuse. Puis quinze projectiles à pointe expansive de 2,19 grammes dans son automatique de calibre 25. Il mit également à portée de main, dans sa poche gauche, les deux chargeurs pleins qu'il laissait habituellement sous son aisselle droite dans un étui de toile noire.

Il ressentit une curieuse forme de bien-être, presque de bonheur. Il avait toujours rêvé de mourir en combattant, s'élancer seul vers une armée de démons, une mer de Zoulous ou un escadron de chars. Quelque chose de stupide, morbide et définitif, mais si sublimement simple.

Il prit alors une grande respiration et se précipita dans l'hôtel. Dès l'entrée, il aperçut un enfant qui pleurait. D'une balle en plein cœur, il le libéra de son désarroi. C'était si facile de calmer la douleur. Pourquoi avait-t-il tant attendu pour donner la parole aux armes ?

Il monta quatre à quatre les escaliers, glissa sur la moquette gorgée de sang, se redressa. Une femme lacérée de coups de couteau s'avança vers lui, les bras en avant. Il la prit par la taille et la projeta par-dessus la rampe. Elle ne cria pas, s'écrasa avec un bruit d'os brisé, huit ou dix mètres plus bas.

Pendant plus d'un quart d'heure, il pénétrerait dans toutes les chambres pour en abattre les occupants, mâles ou femelles. Forcenés, lanceurs d'enfants et les enfants également. Car il savait qu'il devait les aider à échapper à l'horreur, les libérer le plus rapidement possible de ce monde. Il défonça porte après porte, tira et fit gicler le sang. Puis, n'ayant plus de munition, il se saisit d'une hache d'incendie et reprit le massacre. Il ne ressentait plus rien qu'une ivresse formidable. Le temps n'existait plus. Seul comptait sa mission, l'anéantissement de tous ces êtres qui hurlaient. Bourreaux et victimes, la différence n'était plus un élément qu'il pensait devoir prendre en compte.

Dehors, la pluie et le vent balayaient l'asphalte, formant des milliers de vaguelettes roses piquées de gouttes. Il était temps de redescendre. Arrivé dans l'entrée, Mallock lâcha son arme et sortit.

Tout autour de lui, un commando de militaires le tenait en joue. À leur tête, il reconnut Gappaneli. Le chef du raid le regarda avec un drôle d'air. N'aurait-il pas compris ce qu'il leur restait à faire ? Était-il possible qu'ils n'aient pas encore commencé à nettoyer la capitale ? Les imbéciles !

Mais il n'eut pas le temps de leur donner de nouveaux ordres. Des canons braqués sur lui, des dizaines de langues jaunes s'élancèrent. Mallock baissa la tête vers son corps, des orifices y apparaissaient, d'où jaillissaient des petits ruisseaux de sang. Il n'avait pas vraiment mal, il était furieux et tenta de se relever. Mais son corps avait été trop abîmé, il n'avait plus la moindre force. Gappaneli, ou quelqu'un qui lui ressemblait, mais avec des cheveux rouges, fit signe à ses hommes de le laisser. Ils détournèrent leurs armes et repartirent en courant vers la Concorde.

Le corps transpercé de balles, Mallock regarda le monde mourir. Il n'avait plus soif, plus d'angoisse non plus. C'était si beau, si bon, de pouvoir enfin mettre un terme à tous ces tourments. La tristesse qui le dévorait depuis si longtemps, le hurlement des questions et le bavardage des morts. Enfin ne plus penser, simplement se regarder partir, en se demandant avec une pointe de curiosité et d'excitation quel sera le but de ce dernier voyage. Des nuages en coton avec Thomas qui l'attendait, une prairie à perte de vue, un océan de brume ou de rien, la miséricorde finale d'un néant paisible.

Soudain, le ramenant une dernière fois dans le réel, un curieux phénomène attira son attention. Juste au-dessus de lui, les derniers bébés jetés par les fenêtres semblaient ralentir et même se figer à mi-course, immobiles dans le ciel. Les couleurs, si puissantes au début du massacre, se désaturaient et s'éteignaient. Lentement, tout devint gris, imprécis. Puis, les nuances même de tous ces gris étaient remplacées, de place en place, par des coups de crayon, ou plutôt des traits de gravure. Mallock regarda ses mains, elles semblaient avoir été redessinées par le pinceau précis d'un grand maître du XVIIIe siècle ou, plus exactement, tracées au burin par un élève de Dürer. Ses doigts, comme tout le décor, les corps défenestrés et les égorgeurs, se figaient lentement, jusqu'à la plus totale immobilité. Mallock comprit, il faisait maintenant partie d'une gigantesque gravure sur bois, celle du massacre de la Saint-Barthélemy. La peau blanche de son visage se craquelait elle aussi en de régulières lignes parallèles, parfaitement noires.

Dernier élément encore vivant, sa bouche se figea à son tour alors qu'il comprenait enfin et se répétait une dernière fois :

– Il faut absolument que je me réveille !

49

Paris, samedi 31 août

Putain de cauchemar !

Jamais, il n'en avait jamais eu d'aussi réaliste. Mallock se réveilla enfin ce matin du trente-et-un août, avec le sourire aux lèvres. D'une part, pour être sorti de cet enfer onirique, mais aussi parce qu'il savait que si aucune de ces horreurs n'était arrivée, c'était en partie grâce à lui. Cette victoire sur les forces du mal remplissait son cœur d'un sentiment bizarre, entre allégresse et jubilation.

Une semaine s'était écoulée depuis le sauvetage de Paris et l'arrestation de la famille Barco, ou du moins de ce qu'il en restait. Un Barthélemy complètement traumatisé.

Six jours plus tôt, vingt minutes après l'explosion de la caravane et après avoir reçu de Barthélemy toutes les informations nécessaires, Mallock avait donné l'ordre de déclencher les sirènes dans tout Paris et la région parisienne. Puis, pour une fois, au lieu de tenter de leur échapper, il s'était précipité vers la masse compacte des journalistes parqués autour de la pyramide du Louvre. Après un puissant « Vos gueules ! », histoire de mettre un terme à l'essaim de questions, il n'avait pas fait dans la dentelle :

– Écoutez attentivement ce que je vais vous dire et ne me posez aucune question, ce n'est pas le moment. La situation est dramatique et vous seuls pouvez nous aider. Restez calmes, l'information risque fort de vous en foutre un coup. Ça tient en une seule phrase. Les eaux de Paris ont été contaminées par le fameux poison !

Le braillement attendu eut lieu. Mallock les fit taire par un très modéré :

– Calmez-vous ! Surtout, calmez-vous. Il faut prévenir la population le plus rapidement possible. Radios, journaux, télévisions. Arrêtez tout, laissez tout tomber et envoyez clairement le message. Personne ne doit boire de l'eau du robinet, ni en donner aux animaux. Chacun doit recevoir l'information dans la demi-heure qui vient. Dites également à chaque famille qu'elle aille sonner chez son voisin de palier pour vérifier qu'il a bien eu le message. Que l'on prévienne tout le monde, sans oublier les sourds, les aveugles et les personnes enfermées dans les laboratoires, les studios d'enregistrement, les hammams ou les prisons…

– Comment est-ce arrivé ? Ce sont les mêmes empoisonneurs ?

– C'est en effet les mêmes individus. Pour votre information, ils viennent d'être abattus.

Mallock n'entra pas dans le détail. Il n'avait pas le temps. Une seule chose le préoccupait, convaincre les journalistes de l'extrême urgence de la situation. Mais il devait également les amadouer en leur donnant un minimum d'information. Or, Barthélemy venait de lui expliquer la façon dont son père avait procédé.

– Le principal empoisonneur se nommait Théodore-Ann Barco, précisa Mallock. Il est parvenu à contaminer les quatre-vingt-une fioles qui servaient à prélever des échantillons d'eau. Il y a une semaine, un préposé, Hervé Lozack, chargé de vérifier la parfaite composition de l'eau, a lui-même, sans le savoir, dissous la substance et empoisonné la réserve d'eau qui alimente la capitale. Cette même eau qui est distribuée depuis hier matin. Il a ensuite berné six autres préposés, de la même manière. Il y a donc urgence. On pense que si les doses ne sont pas létales, l'effet du poison est cumulatif. Je vous en dirai plus ultérieurement. On est en train de mettre en service un seul numéro, le 123. Il sera opérationnel dans un quart d'heure. Informez tout le monde. S'ils aperçoivent un individu contaminé, ils appellent ce numéro. La brigade la plus proche viendra s'en occuper.

– Comment ?

La question était posée et Mallock hésita. « On ne peut pas dire la vérité à la télévision, y'a trop de gens qui regardent », avait dit Coluche.

–Vous n'allez tout de même pas tirer sur ces pauvres gens malades ? rajouta une journaliste, toute belle dans sa jolie indignation durable issue de la bio diversité tricotée main.

Bingo ! Il s'en doutait.

– Eh ben si, madame ! Si l'on ne peut parvenir à les arrêter. Il n'y a pas d'alternative politiquement correcte, juste un sale boulot à accomplir. Assumer un drame pour en éviter un, bien plus grand. Les contaminés sont excessivement dangereux et, qui plus est, il n'y a aucun remède pour les guérir, ni même les maintenir en vie.

– C'est inhumain, lança un autre journaliste. En nous demandant de relayer l'information, vous nous demandez d'être complices de ce massacre ! C'est inacceptable.

Mallock, qui leur aurait bien dit de se carrer leur bien-pensance quelque part, parvint à rester calme.

–Vous faites c'que vous voulez. Je n'ai aucun moyen de vous obliger à quoi que ce soit. Pour l'instant, le choix est simple. Une centaine de morts ou des millions, toute la population de la région parisienne et plus, si affinités. De même, vous pouvez ne rien écrire ou bien faire une putain de première page, un scoop avec l'identité du taré et un record de tirage pour vos journaux.

Un silence de quelques secondes s'établit entre le commissaire et l'armée de micros. Il rajouta :

– Du moins pour les premiers d'entre vous…

Gardant précieusement leur indignation pour une prochaine édition, envol de pigeons, les journalistes se dispersèrent en un clin d'œil à l'énoncé du mot magique. Demain, il leur resterait de toute façon le meilleur, leur vieille copine de beuverie. La polémique.

Mallock, de son côté, décida de ne pas se contenter des médias. Après cette conférence de presse aussi improvisée qu'expéditive, il obtint du maire le droit de réquisitionner tous les véhicules municipaux et les équiper de hauts parleurs. Même demande au préfet pour les voitures de pompiers, et à la préfecture de police pour les véhicules des forces de l'ordre. Il eut rapidement gain de cause et cet apport ne fut pas superflu.

Barthélemy fut mis en examen et incarcéré. Quarante-huit heures après le massacre, pour lui remonter le moral et faire un point avec lui, Mallock lui rendit visite.

Le jeune homme était étonnamment calme. La fin de son cauchemar et quelques pilules pouvaient en partie expliquer cette sérénité. Pas complètement.

Dans son nouveau corps, il venait de mettre une âme toute neuve ou presque. Un peu tachée, grisâtre. Une seconde main peut-être, mais de bonne qualité. Pour un corps réchappé, une âme elle aussi rechapée avec les moyens du bord.

Mallock et lui s'étaient reconnus. Mêmes blessures de guerre, même volonté de s'en sortir, même orgueil aussi. Ce fut Barthélemy qui parla le premier :

– Comment ça se passe dehors ?

– Pour être tout à fait franc, c'est le gros bordel, résuma Mallock. On n'a pas arrêté depuis les Tuileries. Trois jours sans fermer l'œil. Dans notre malheur, on a eu de la chance. La dilution était trop faible pour qu'un seul verre d'eau fasse effet. On s'est retrouvés avec des milliers de malades empoisonnés. Le spectacle était quand même assez hallucinant. À dose non létale, le poison transforme les buveurs en « délirants », c'est comme ça qu'on les a appelé. Et, la plupart du temps, c'était des délires mystiques ! Les rues de Paris étaient envahies de personnes se baladant nues, en hurlant des cantiques ou des imprécations bibliques. Il y eu aussi des lunatiques, et là, ça a été dur, très dur. J'ai…

Silence. Gorge nouée. Mallock marqua le coup. Barthélemy le regarda avec, au coin des lèvres, toute la culpabilité du monde.

– Enfin ! reprend-il, dans un profond soupire, je crois qu'on en a fini. L'eau du robinet ne sera pas renouvelée avant deux ou trois jours, au mieux. On doit être sûr qu'il ne reste aucune trace du poison. En attendant, il a fallu faire venir de toute urgence de l'eau potable par citernes et la mettre à disposition. Tous les fabricants d'eau minérale ont également été réquisitionnés. Sur toutes les places de Paris, il y a des montagnes de palettes en distribution gratuite. Mais ça, c'est l'aspect le plus sympathique. Malgré tes indications et une campagne de mise en garde sans précédent, il y a encore eu des massacres et ça va sans doute continuer pendant quelques jours. Tous les produits incriminés n'ont pas encore été détruits. Un grand nombre est dans la nature. Les enveloppes notamment ont fait beaucoup de dégâts et le sel encore plus. On a eu beaucoup de mal à en retracer toute la diffusion. Mais je suis venu te dire que je n'ai pas l'intention de te laisser tomber. Ton aide a été décisive pour limiter les dégâts…

– J'aurais dû me décider avant. Je les ai laissés faire pendant des jours et des jours sans réagir.

Barthélemy prononçait calmement son propre réquisitoire. Il était bouleversé par ces dernières nouvelles.

– Tu ne savais peut-être pas…

– Je savais tout mais j'avais peur, l'interrompit Barthélemy.

– Je peux comprendre et le jury comprendra aussi.

Barthélemy regarda Mallock droit dans les yeux :

– Si je veux pouvoir recommencer ma vie, je dois dire toute la vérité.

C'était une affirmation qui résonnait comme une question.

– Tu n'as pas tout dit ? l'encouragea Mallock.

Au fond de lui, il craignait que Barthélemy lui avoue sa participation active à certains empoisonnements. Le jeune homme s'en douta :

– Rassurez-vous, commissaire, je n'ai jamais touché aux poisons. Mais je n'ai pas toujours combattu pour les empêcher de nuire. Bien au contraire. Au début, quand j'ai compris ce qu'ils faisaient, je n'ai rien dit.

Mallock se décida à s'asseoir sur le bord du lit, tout à côté du prisonnier. Il prenait, sans trop s'en rendre compte, la place du confesseur. Il sentait que les prochaines phrases auraient du mal à sortir de la gorge de Barthélemy.

– Tu sais, on est tous coupables, l'encouragea-t-il. Depuis toujours, une partie du monde se massacre et l'autre ferme les yeux, heureuse d'être autre part. Aujourd'hui, les hypocrites s'indignent, la larme à l'œil et le pathos aux lèvres. Mais nous marchons tous sur les mêmes trottoirs. Eux, les premiers. On a tous appris à poser le pied là où il faut, entre deux misères, et à se protéger du vent, à détourner la tête au bon moment. Je ne crois pas que l'on puisse en vouloir définitivement à l'homme de préférer le soleil à la pluie, le miel à l'acide ou le futur à la mort. Même ceux qui se dévouent ne sont pas innocents. Il faut simplement se forcer à faire de notre mieux. Combattre notre propension naturelle à l'indifférence. C'est ce que tu as fini par faire, non ?

– Non, vous ne comprenez pas. Il y a eu en effet des moments de détachement par rapport à tout ce qu'ils faisaient, mais il y a eu pire…

Barthélemy perdit soudain toute cette sérénité qu'il arborait à l'entrée de Mallock. Ses lèvres se serrèrent et Amédée sentit que les larmes n'étaient plus très loin.

– J'ai… J'ai aimé ce qu'ils ont fait au début. J'ai…

Barthélemy s'arrêta le temps de laisser passer un troupeau de sanglots. Mallock lui laissa le temps. Il comprenait trop bien cet enfant. C'était un frère de souffrance. Le jeune homme reprit :

– D'une certaine façon, sans le vouloir, ils me vengeaient de tous ces gens qui n'avaient que mépris et moquerie envers moi. L'annonce de leur mort, je l'ai senti comme une libération, une victoire. Au fond de moi, je voulais que mon père continue, qu'il les tue tous, et…

Mallock prit Barthélemy par l'épaule et ce geste de compassion fut de trop. Il éclata en sanglots, tout en continuant à vomir tous les souvenirs de cette époque. Tous ces sentiments dont il avait honte aujourd'hui et avec lesquels il pensait ne pas pouvoir vivre.

– Ne suis-je pas aussi responsable qu'eux ?

– Non, murmura Mallock, tu n'es pas responsable. Ta réaction, à l'époque, est très compréhensible, tout simplement humaine. Si on devait tous se culpabiliser pour s'être réjouis du malheur du voisin, on aurait le monde entier sous antidépresseurs.

Sa remarque arracha un sourire à Barthélemy.

– Je voudrais en parler au procès, même si ça doit aggraver ma peine. Qu'en pensez-vous ?

– « Fais ce que tu crois bien et t'auras tout bon, p'tit con », a dit Confucius un jour de cuite.

Mallock avait vraiment envie de voir sourire son ami Barthélemy, le sortir physiquement de son drame.

– En plus, tu as un témoin à décharge de poids, ton serviteur. J'ai réuni assez de preuve pour que le Vatican puisse même envisager une procédure de canonisation.

Cette fois-ci, Barthélemy éclata de rire. Le premier depuis plusieurs mois. Une éternité.

– Bon, je te laisse. Demain c'est moi qu'ils encensent. Légion d'honneur et tout le cirque autour.

Mallock se leva du lit, en faisant crier les ressorts.

Au même instant, le téléphone sonna. C'était le professeur Médard pour Mallock. On avait fait suivre son appel.

– Bonjour, commissaire, je vous appelle au sujet d'Amélie...

Et puis il a dit qu'il était désolé, qu'il aurait vraiment aimé l'appeler pour lui annoncer une tout autre nouvelle, surtout qu'Amédée ne méritait pas ça, après ce qu'il venait de faire pour le pays. Mallock ne comprit pas le rapport, il écouta ce que le professeur avait à lui dire, le remercia et raccrocha.

La chambre autour de lui se mit à tanguer. Il dut se rasseoir sur le lit de Barthélemy. Le sommier grinça, mais le jeune homme eut la bonne idée de ne rien demander.

Dehors, il y avait encore quelques coups de feu, l'éradication des derniers animaux contaminés par l'eau. Mallock avait la gorge serrée si fort, qu'elle lui faisait mal. Il se demanda à qui appartenaient ces doigts, et qui l'étranglait ainsi. Amélie, qui voulait l'entrainer avec elle, ou le diable rouge soudain ressuscité ?

Amélie était morte. Il avait tout simplement oublié de prendre la moindre disposition pour la protéger. Deux gardiens auraient suffi. Mais il n'y avait simplement pas pensé. En conséquence, la femme, qu'il avait tant aimée et qui dormait sans défense dans un coma profond, avait été massacrée par l'un des infirmiers de l'hôpital. « Il a assassiné tous les malades de l'étage, ainsi que deux médecins. » Le professeur Ménard avait eu du mal à parler. « Je n'étais pas présent cette nuit et, de toute façon, on pensait que c'était fini. » Sa voix tremblait. « On croit que c'est la poudre dans les gants de latex. » Et il avait conclu en précisant qu'il était désolé. « J'aurais vraiment aimé vous appeler pour vous annoncer une tout autre nouvelle. » Puis il crut bon de préciser. « Surtout qu'elle allait de nouveau un peu mieux, notre Amélie, et que je me faisais une joie de vous l'annoncer »

Il n'y a guère que sur un malentendu que l'on peut parvenir au bonheur. Un concours de circonstances hors de portée d'un commissaire marqué par trop de fatalité. Dès que le bonheur semblait enfin prendre forme humaine, dès que les différents éléments du puzzle d'une vie normale semblaient se mettre en place et que le soleil pointait à l'horizon, la mort venait frapper. Il détestait l'idée d'être ainsi marqué par le destin.

C'était à lui de décider, pas à Dieu ou à tout autre crétin.

– Salut Barthélemy, sois sage !

– À bientôt, commissaire. Et encore merci.

Les ressorts de son lit crièrent une troisième et dernière fois.

50

Paris, vendredi 6 septembre

Une semaine s'était écoulée. Il avait enterré Amélie sous un parterre de roses, et dans son cœur aussi. Comme tout le monde, il s'était dit et s'était répété que c'était mieux ainsi. Il commençait même à le croire.

Le contrôleur général lui avait proposé le titre de directeur, sans concours, sans repasser par l'école, simplement « au choix », comme on disait à l'époque. Il n'aurait même pas l'obligation de quitter ses hommes pour les bureaux du haut. Il pourrait rester commissaire divisionnaire, tout en bénéficiant des émoluments et du pouvoir correspondant à ceux d'un DPJ. C'était la première fois que l'on proposait un tel avancement à un policier et Mallock avait accepté sans hésiter. L'argent, c'était la liberté. Il avait été assez longtemps pauvre pour le savoir.

Dans un second élan de bonté et d'exaltation également, l'État s'était aussi mis en tête d'élever Mallock à l'ordre de grand officier de la Légion d'honneur. Directement, sans passer par la case départ, ni chevalier, ni officier, ni commandeur. Clac, clac, clac, trois parties gratuites et le Mallock allait se retrouver tout en haut ou presque. « Tu l'as bien mérité ! », lui avait lancé un Léonard Scheinberg tout fier et tout bronzé, de retour de son exil marocain. Mallock avait grommelé « Tu sais, Léon, j'sais pas trop. »

Qu'une bande de polichinelles vaniteux lui fassent l'honneur de le compter parmi eux, la belle affaire ! C'était comme être reconnu dans la rue par un trou du cul ou honoré dans un salon par un club de cons. Il ne voulait pas rejoindre la moindre confrérie. Il n'appartenait et n'appartiendrait jamais à aucune classe, clique, collectif, cénacle, clan ou coalition, toutes ces tristes couilles en grappe, avec l'envie qui les grattent.

Mallock s'était mis à ruminer, pris d'une colère sourde que rien ne justifiait a priori.

Depuis le départ, il s'était juré de rester loin des ors de la République, comme des lobbies financiers, des partis politiques, des exploiteurs pleurant pour plus de tunes, plus de richesses pour leurs grosses fesses, des « grèveurs » et autres pitoyables « pétitionneurs » hurlant pour plus de privilèges et d'assistance, des lois au pas de l'oie, du surplus de superflu, plein de rabe de gras et de sus en bonus. Ni saints friqués ni syndicats, rester seul, simplement un bon gars.

Alors, accepter cette décoration, ça sentait la résignation. Même si c'était ridicule pour un commissaire de la République, il ne voulait pas rentrer dans le rang. Au fond de lui, tout, de son sens de la contradiction à son horreur du conformisme, l'entraînait à refuser.

Pas à une contradiction près, Mallock vivait également cette proposition comme un honneur, la reconnaissance de la patrie, des gens et des aquariums. « Faut dire que j'en ai sauvé des poissons rouges », murmura Amédée.

Alors, pourquoi refuser de rejoindre, en un même endroit symbolique, les anciennes lumières de la République, les obscurs admirables, les vieux poilus, les jeune imberbes qui, pour la patrie, résistent et meurent, les inventeurs et les aviateurs ?

D'autre part, d'où il venait, un tel honneur ne se refusait pas. Amédée pensa à Aristote. Il était sûr qu'un pincement d'orgueil le retournerait dans sa tombe. Et lui-même n'était pas assez faux cul pour prétendre n'éprouver aucune fierté, ni assez naïf pour oublier la pauvreté de ce sentiment. Pas assez sage également pour ne pas ressentir une grande bouffée d'orgueil, mais pas assez con pour ne pas en être un peu honteux.

Seule Simone Veil, par décret, comme lui, avait bénéficié d'un tel raccourci historique. Cela le rendait fier et heureux. Orgueilleux ? Un peu. Et honteux, par instant. Méritait-il autant de gloire ? Ou alors ne méritait-il pas mieux, un truc plus simple mais plus fracassant ? Dieu qui descend sur terre et lui donne une petite gifle amicale. Oui ça, ça aurait de la gueule !

Une dernière question fondamentale restait encore posée. S'il acceptait de recevoir sa décoration, costume à rayures, jeans ou smoking ?

Alors qu'il venait de se décider pour un simple costume, la sonnerie de la porte le tira de sa rêverie. C'était un motard. Il le salua et lui remit un pli des services du ministère :

– Je dois attendre votre réponse, monsieur le commissaire.

Mallock fit signe au motard d'entrer et de s'asseoir. Ce dernier refusa.

En lisant le message, Mallock se demanda s'il devait en rire ou en pleurer. L'engeance avec un grand E, ce n'était pas vraiment les hommes politiques, c'était surtout l'administration avec un grand A. Mallock murmura un « merde », avec un grand M.

Au départ, il avait été prévu que la cérémonie principale, la toute première, se déroulerait à l'hôpital militaire où Jules se remettait de sa blessure. Il devait être décoré en même temps que Mallock, Julie et, vraisemblablement, l'ensemble de son groupe de sang. Mais là, changement de programme. Dans cette missive, il était expliqué que, compte tenu de l'importance des personnes qui allaient, ce jour même, recevoir la même distinction que lui, il semblait préférable de remettre la cérémonie prévue au départ sine die, ce qui laisserait à Jules le temps de se remettre sur pieds. Aujourd'hui, toutes les télévisions du monde étant présentes, il fallait mettre en avant, « vous comprenez bien », les gens importants, comme les maires des grandes villes, les préfets, le garde des Sceaux et différents hauts fonctionnaires de tout poil. Dix-sept personnalités en tout, élevées au rang de chevalier pour dix d'entre elles, d'officier pour quatre, de commandeur pour deux, le maire de Paris et celui de Bordeaux, et de grands officiers pour un, Mallock. Toutes les précisions étaient inscrites sur la missive.

S'il était bien convié à recevoir sa médaille dès à présent à l'Élysée, on lui proposait une date plus éloignée pour ses collaborateurs. Mallock remarqua également qu'il n'était plus fait mention de Julie, pourtant présente sur les lieux lors de l'arrestation, pour la Légion d'honneur. La fonderie avait dû avoir du mal à fournir.

Il ne l'aurait jamais reconnu, mais il était ravi au fond de lui. On lui donnait, sur un plateau, une bonne raison de refuser.

–Y a-t-il une réponse ? demanda le motard.

Mallock prit rapidement sa décision. Sur le télégramme, il écrivit bien lisiblement : « Désolé, mais je ne recevrai ma décoration qu'avec mon groupe, pas avant et pas sans eux. »

Puis il eut une petite hésitation avant de rajouter en post-scriptum : « Les bons verres ne se prennent qu'en bonne compagnie. »

Ce n'était pas vraiment raisonnable, mais quel soulagement ! Le motard ne put s'empêcher de lire la phrase en refermant la missive. Il resta un instant la bouche ouverte, avant de lâcher en rigolant franchement :

– Alors ça, ça va plaire à tout le monde…

Sa distinction à Mallock, ce fut cet éclat de rire.

À peine le motard parti, il appela Margot. C'était de loin, pour lui, ce qui se rapprochait le plus du bonheur. À la deuxième sonnerie, elle décrocha et reconnut immédiatement sa voix.

– Alors prêt pour le grand jour ? lui demanda-t-elle.

Il avait décidé de ne pas lui dire pour Amélie. Il avait peur d'entendre la moindre inflexion de soulagement dans la voix de Margot. Il ne l'aurait pas supporté. Et puis, il ne voulait pas non plus que Margot pense qu'il l'appelait en désespoir de cause, et parce qu'il n'y avait plus d'Amélie.

– Le grand jour ? Pas vraiment. En fait, ils ont annulé la cérémonie de décoration pour… Je t'expliquerai. L'important, c'est que Jules soit tiré d'affaire. J'ai vraiment eu peur pour lui. A priori, il ne devrait pas avoir trop de séquelles. Pour l'instant, il a une gueule à faire peur. Il est encore raccordé à une palanquée de machines. Son visage est entièrement violacé, avec d'horribles contours jaunâtres. Il n'est pas beau à voir. J'espère pouvoir le reprendre un jour dans l'équipe. En tout cas, je suis presque aussi content que Julie. J'aime ce garçon.

Margot sourit.

– Ne vire pas ta cutie, commissaire chéri, j'ai encore besoin de toi. J'espère que tu vas te reposer un peu, maintenant que tu es devenu le héros de la nation ?

– Je ne crois pas aux héros, et encore moins aux nations. Dieu m'en préserve…

– Parce que tu crois en Dieu, mécréant ?

– Arrête de m'embêter avec tes questions. En fait, je t'appelle pour te prévenir. Je repars une dizaine de jours sur le bassin d'Arcachon…

Margot était bien une reine et elle posa directement la question qu'Amédée n'osait pas formuler.

– Tu voudrais que je vienne ?

– Seulement si tu le peux. Enfin, si tu le veux. Je…

– Je prends mes petites robes noires, mes maillots deux pièces et je te rappelle dès que je suis prête. OK ?

En raccrochant, Mallock constata que son cœur battait à une toute nouvelle allure. Celle tranquille du pas, après une course épuisante. En quelques secondes, le monde avait changé. Tout était plus beau. Le ciel par la fenêtre, son bureau, le stylo dans sa main et même ses idées noires. Tout son présent en fait était soudain plus vaste, plus clair. Un présent dans lequel Margot venait d'ouvrir une sorte de fenêtre avec terrasse et vue sur la mer.

Si Mallock ne reconnut pas immédiatement le bonheur, c'est qu'il vivait depuis trop longtemps sans lui.

Quand il reviendrait de vacances, il se chargerait de Barthélemy. Lui aussi aurait besoin d'un vrai soutien. Pour l'instant, il valait mieux qu'il s'occupe de lui. En attendant Margot, il passa un coup de fil à Ken pour le mettre au courant de son escapade et de la volte-face du ministère, afin de leur éviter de débarquer endimanchés. Il lui demanda de transmettre aux autres et il lui recommanda Barthélemy :

– Vérifiez qu'on ne l'emmerde pas, OK ?

– Reçu cinq sur cinq, patron, mais pour votre médaille, allez-y quand même, ça nous fera plaisir à tous…

– Ken, as-tu la moindre idée du nombre de personnes qui ont été sauvées grâce à nous ? C'est ça qui importe, non ? Et puis la guérison de notre Jules. Crois-moi, de ça, dans cent ans, j'en sourirai encore. Le reste…

– Ah ! au fait, vous m'aviez demandé de prendre des nouvelles de Noémie, la petite qui avait été blessée sur la tour Eiffel.

– Elle s'en est sortie ?

– Ouais, elle a retrouvé l'usage de ses jambes et elle vit avec son grand frère maintenant.

Trop d'émotion depuis trop de jours, et puis cette dernière bonne nouvelle… Il y eut un silence, avant que Mallock ne lui réponde :

– Demain, je serai absent. Julie aussi. Elle reste au côté de Jules pendant trois jours. Occupe-toi du Fort avec Bob.

C'était pas une question, mais Ken répondit :

– Pas de problème, patron.

Puis il y eut un second silence que Mallock finit par rompre, en précisant d'une voix plus claire, aiguë, presqu'enfantine :

– Je vais au bord de la mer…

ÉPILOGUE

Fin février, aux alentours de Paris

Un rayon de lumière trace un long trait orphelin sur le dos en sueur de Barthélemy. Appuyé sur ses poings, le jeune homme monte et descend sans effort. Dehors, c'est février, l'hiver encore. Il a laissé sa fenêtre ouverte. De sa peau, une vapeur argentée monte et remplit la cellule. Il ne s'arrêtera qu'à la centième pompe, puis il prendra une douche avant de se pencher à nouveau sur ses livres, un walkman sur les oreilles. En trois ans d'emprisonnement, il a l'intention d'apprendre l'espagnol et de perfectionner son anglais pour devenir… un enfant du monde.

Il met son bras gauche dans le dos et commence une dizaine de pompes. Il veut sortir de prison avec un corps totalement retrouvé. Parallèlement à cet effort physique, et conformément aux décisions du juge, il a entrepris une psychothérapie. Six mois après, il en ressent déjà les bienfaits. Sans la blessure grave qu'il avait infligée à un policier lors de l'assaut, Mallock serait parvenu à lui éviter toute peine d'emprisonnement. Mais il n'avait pas à se plaindre.

Le brigadier Gerbier, désormais en invalidité, avait fait preuve d'énormément d'intelligence et de mansuétude vis-à-vis du fils Barco. Il avait déposé une plainte, obligatoire pour l'assurance et les démarches administratives, mais ne s'était pas porté partie civile. Les juges également. En raison de son enfance d'une part, mais surtout parce qu'il était clair pour tous que, sans lui, les victimes auraient été bien plus nombreuses. Il avait sérieusement aidé les autorités, en les prévenant de l'empoisonnement de l'eau, ainsi qu'en leur révélant la présence de l'ordinateur. Il leur avait également livré toutes les informations sur les différents lieux et objets contaminés. Tous ces renseignements, minutieusement notés sur un carnet au péril de sa propre vie, avaient sauvé des milliers de personnes.

Tout cela avait constitué l'essentiel des circonstances atténuantes. En se décidant à tuer ses propres parents, il avait également rendu service à l'humanité, tout autant qu'en leur livrant son carnet. Mais ce genre d'action ne se récompense pas. Et on l'avait jugé pour ces deux meurtres, tout autant que pour celui, considéré comme accidentel, du gendarme de la BRI. La sentence était tombée. Sept ans, deux ans par meurtre. La justice n'est pas qu'aveugle, elle ne sait pas non plus compter. Après une dernière année dans un hôpital spécialisé, il serait libérable. En fait, il aura fait trois ans. Sa première sortie consistera à aller jouer sa paye de prisonnier dans l'un de ses anciens « casinos éphémères ». Comme un dernier exorcisme.

Quatre-vingt-dix-huit, quatre-vingt-dix-neuf, cent ! Il vient de terminer son entraînement par une série d'abdominaux. Il se relève pour jeter un regard devant la feuille chromée qui lui sert de miroir. Il n'est plus le même. Son corps naturellement, mais surtout son visage. Débarrassé de ses longs cheveux roux, de ses bajoues et son triple menton, c'est une nouvelle identité qui se reflète devant lui.

Seule son âme a pris du retard. Comment réconcilier cette chair avec un esprit encore empêtré par ses blessures, toutes ses déchirures ? Alors, dans le miroir, ce n'est pas toujours lui qu'il aperçoit, mais son souvenir. Un gros bonhomme goguenard qui lui pose toujours la même question :